世界は時間でできている

ベルクソン時間哲学入門

平井靖史

青土社

世界は時間でできている

目次

世界は時間でできている

ベルクソン時間哲学入門

凡例

アンリ・ベルクソン（Henri Bergson 1859-1941）には以下の八つの主要著作があり、加えて幾つかの雑文集や講義録が残されている。とりわけ二〇一六年以降に出版された一連の『コレージュ・ド・フランス講義』は、学生ノートではなくプロの速記録に基づいており資料価値が高い。

・ベルクソンの著作を参照する際には、以下の略号に原著のページ数を添えた。訳書の該当箇所に当たれるように、訳書に原著ページ数の記載がない場合（DI, MM, EC, HITなど）は［ ］内に邦訳のページ数も添えたので活用していただきたい。例えばDI 166[241]は、『試論』の原著１６６ページ、邦訳の２４１ページを指す。引用に際して訳文は適宜改変した。

・引用分中の「傍点」強調は指示のない限り原文のイタリックに対応し、「ゴシック体」強調は指示のない限り引用者によるもの。［ ］は引用者による補足を示す。

・ベルクソン以外の文献については著者名と刊行年で示し、必要があればページ数を添えた。適宜巻末の文献表を参照していただきたい。

主要著作（主要著作の引用にはすべてPUFより刊行されているQuadrige版を用いた）

DI：*Essai sur les données immédiates de la conscience* (1889)『意識に直接与えられたものについての試論』（『試論』と略記）合田正人・平井靖史訳、ちくま学芸文庫、二〇〇二年。

MM：*Matière et mémcire* (1896)『物質と記憶』杉山直樹訳、講談社学術文庫、二〇一九年。

R：*Le rire* (1900)『笑い』原章二訳、平凡社ライブラリー、二〇一六年（フロイト「不気味なもの」、ジリボン「不気味な笑い」と併録）。

EC：*L'évolution créatrice* (1907)『創造的進化』合田正人・松井久訳、ちくま学芸文庫、二〇一〇年。

ES：*Énergie spirituelle* (1919)『精神のエネルギー』原章二訳、平凡社ライブラリー、二〇一二年。

DS：*Durée et simultanéité* (1922)『持続と同時性』花田圭介・加藤精司訳、白水社、一九六五年（ベルクソン全集第3巻）。

MR：*Les deux sources de la morale et de la religion* (1932)『道徳と宗教の二源泉　Ⅰ・Ⅱ』（『二源泉』と略記）森口美都男訳、中公クラシックス、二〇〇三年。

PM：*La pensée et le mouvant* (1934)『思考と動き』原章二訳、平凡社ライブラリー、二〇一三年。

その他

EP：*Écrits philosophiques* (2011) Quadrige, PUF.

CII：*Cours II. Leçon d'esthétique. Leçon de morale, psychologie et métaphysique,* (1992) *Épiméthée,* PUF.『ベルクソン講義録Ⅱ　美学講義　道徳学・心理学・形而上学講義』合田正人・谷口博史訳、法政大学出版局、二〇〇〇年。

HIT：*Histoire de l'idée du temps: Cours au Collège de France 1902-1903* (2016) PUF.『時間観念の歴史　コレージュ・ド・フランス講義１９０２－１９０３年度』藤田尚志・平井靖史・岡嶋隆佑・木山裕登訳、書肆心水、二〇一九年。

HTM：*Histoire des théories de la mémoire: Cours au Collège de France 1903-1904* (2018) PUF.

EPL：*L'évolution du problème de la liberté: Cours au Collège de France 1904-1905* (2017) PUF.

序章　時間哲学入門――計測の時間と体験の時間

1　時間の多義性を整理するために

本書はベルクソンの時間哲学という峰へと読者のみなさんを案内することを目指しているが、そもそも時間というジャンル自体がなかなかに難物なこともあり、まずこの序章では、時間哲学にチャレンジするための基礎的な装備品（概念）を身につけてもらって、次章以降の本格的な入山に向けた準備をしてもらう。[1]

時間とは何かを考える上でやっかいなのが、時間が非常に基礎的な概念であるだけに、それだけ多面的な意味内容を含んでいる点だ。そのために、しばしば、異なる意味同士の混同や横滑りを起

（1）　ただし、あくまでベルクソンの時間哲学の入り口に最短で進むための導入である点に注意。ベルクソンの初期の訳者の一人である河野与一は、旧岩波文庫のベルクソン『哲学入門・変化の知覚』に寄せた「はしがき」で以下のように書いている。「この「入門」によって導かれる行き先の「哲学」はベルクソンの哲学であって一般の哲学ではないというにとどまらず、一般に哲学ではなくなってしまうかもしれない」（河野 1952 4）。

こす。そこで最初に、その多義性についてざっくりと大まかな見通しを持っておく――後で修正することになるにしても――ことが有益である。

最初に区別すべきは、いわゆる「客観的時間」と「主観的時間」である。前者は、時計で測られ、物理学で問題にされるような時間のことで、人間がいてもいなくても成り立っていると考えられるもの。後者は、個々人が体験する時間である。「いわゆる」とつけたのは、両者の関係が最初に思う以上にやっかいだからで、実際、この線引きは議論が進むにつれてその位置付けを変えていくことになる。登った後で別なものに差し替えるにしても、まずは使わなければならない梯子と思っておいてほしい。

次の線引きとして有用なのが、時間の心理学で用いられる主観的時間のなかの諸段階である。本書での議論としては、最低限、次の三つを区別しておくのが便利である(2)。

時間知覚とは、現在進行形で物事が生じるのを知覚する場面で体験される時間である。鳥が飛んでいくのを眺めたり、流れる音楽を聴いたりする時のことを考えてもらえればよい。わざわざ思い出すことなしに保持できる、心理的現在と呼ばれる比較的短い時間幅で生じるとされる。

時間展望とは、すでに過ぎ去った過去の出来事を思い出したり、まだ先の未来について考えを巡らせたりする場面である。これは現在を越え出て、数日前、数年前のこと、数日後、数年後のことに関わる。そこでは、知覚というよりも記憶や想像力が大きな役割を果たしている(3)。

時間概念とは、様々な出来事が、互いにどのように順序づけられ、どれだけ継続するかといった観点から、整合的な全体の系列を作り上げることで得られるものだ。直線でイメージされる時間像のことだと考えてもらっていい。小さい子供はそもそも過去の個別的な想起ができないが、複数の

	A：主観的時間	B：客観的時間
1	A1：時間知覚	B1：幅のある現在
2	A2：時間展望	B2：過去・未来への広がり
3	A3：時間概念	B3：関係構造

表1　時間概念の区分

出来事間の関係を正確に把握でき、それらをカレンダー上の日付に対応付けることができるにはさらに訓練が必要だ(4)。というのも、それには各場面をただ心理的に再現できるだけではなく、出来事の相互連関について一定の知的な捉え直しが必要だからだ。個人の経験や視点を離れたカレンダー的・年表的な時間理解は、こうして作られる。

ここまできて、「あれ？　これは客観的時間のことでは？」と少し混乱する人がいるかもしれない。その点がまさに最初に述べた「やっかい」な点なのだが、とりあえずは、以下のように整理して話を進めてほしい。時間概念は、あくまで主観的時間のなかの話なので、人間が知的に作り出した概念表象のことを指すのに対して、客観的時間の方は、（人間がいなくても）世界の側で成立している事態のことを指す、と。このように対応関係を想定すると、客観的時間のなかにも、主観的時間の三区

(2)　これらの区分については以下を参考にした。フレッス（1960）、ペッペル（1995）、松田他（1996）。
(3)　心理学では、過去未来へと及ぶ心理的見解全般を「時間展望」と呼ぶ（Lewin 1939）が、特に個人のエピソード経験にかんする哲学的課題を論じる際には、最近はタルヴィングの命名にしたがい「心的時間旅行《タイムトラベル》」と呼ばれることも多い。これには生まれる前の歴史や人類の未来などを考えることは含まれない点に注意。
(4)　小さい子供はスクリプトと呼ばれるタイプ的な時間を生きており（伊佐敷 2017、青山 2021）、二つの出来事の順序が的確に区別できるようになるには四歳を待たねばならず、さらに、指標的・相対的な時間的距離だけでなく絶対的な時間的位置まで言えるようになるのは一〇歳ごろと言われている（Friedman 1991、伊佐敷 2017）。

分に相当する区別を引けるので、合計六つの枠が確保できる。時間のような概念的に拗れた問題を解きほぐしていくためには有益なので、いったんこの枠を使うことにしよう。繰り返すが、あくまでもまずは準備として用意しておく枠であって、そのまま結論になるわけではない。実態に見合った取捨選択や修正は、探求の道中で加えていく。まずはこれらの装備で、時間クエストの旅へ出発することにしよう。

二つの「時間は存在しない」

装備品に馴染むための肩慣らしとして、次のA、B二種類の「時間は存在しない」論を見てみることにしよう。そこで否定されている「時間」が、上記枠のどれに当たるかを考えてみてほしい。

論者Aは、次のように主張する。「時間は存在しない。なぜなら、過去や未来というものは、人間の記憶や想像のなかにしか存在しないからである。時間が過去や未来に広がっているというのは、それゆえ人間の虚構である。客観世界に存在するのはただ現在のみである」。この人物が注目している記憶や予想は、時間展望（A2）に当たる。そして、このA2が主観的なものでしかないということをもって、対応する客観的時間B2を否定する。私たちが時間のことを、過去・現在・未来へと長く伸び広がったものとして思い抱いてしまうのは、記憶や計画という高度な心の機能のおかげだ。そしてそのような能力は限られた生物の特権に過ぎず、世界そのものに備わっていることなどあり得ない。だから、主観的な時間展望に対応するような世界の「時間的広がり」なるものは実在しない――。時間哲学で頻繁に言及されるアウグスティヌスもまた、過去とは「過去についての現在」のこと、未来とは「未来についての現在」のことにすぎないと述べていた（『告白』第十巻二〇章二六節)。同じ理由でこの人物はB3についても否定するだろう。

だがB1、つまり現在の実在についてはどうだろうか。論者Aはそれを認めることになるはずだ。理由は以下である。仮に主張の通り、記憶や想像が思い描くような過去や未来が世界の側に存在しないとしても、今現在、A氏が何かを知覚していて、そしてそれに応じた何らかの変化や生成が世界に生じているなら、(5)その世界にはいくらかの「時間幅」があるはずだ。幅ゼロの瞬時には、いかなる運動も、そして、静止さえも成立し得ないからである。「静止さえも」という点に特別に注意していただきたい。時間を要するのは運動だけではない。何かが静止していることは、異なる時点にまたがって同一状態が維持されていることを論理的に要求しているからである(電車が「ゼロ秒」停まるとは、停まらないことである)。日常語ではしばしば時間と運動は互換的に用いられてしまうが、両者は別物である。フィクション作品で「時間を止める」と称する技や魔法の多くは、時間ではなく運動を止めているだけだ。人や物が「止まり続けている」ために、やはり時間が必要だからである。(6)かくして、A氏は、B1というごく狭い幅の現在に限っては実在を認めていることになる。(7)

では、もう一つの議論に移ろう。論者Bは次のように主張する。「時間は存在しない。なぜなら、

(5) 時間知覚がもつ時間幅とその対象のそれがどのように対応しているかについては、現代の「時間経験の哲学」で多くの議論がなされている。2章「コラム ベルクソンと時間経験の哲学」を参照。
(6) 静止にも時間が必要であることは、すでにアウグスティヌスも指摘している。『告白』第十巻二四章三一節。なお、論者Aは過去や未来を否定しているので、「幅のない境界」としての現在も使うことができない。
(7) そもそも現在の実在すらも認めないとすれば、この人物は時間というより世界を否定していることになる。つまり、時間ではなく認識に関わる懐疑論——あらゆる認識は虚妄である——を主張していることになるだけだ。

物理法則は基本的に時間対称的であって、客観的時間には過去と未来の区別はなく、「現在」などという特別な時点もまた存在しないからである」。この人物は論者Aと違って、B3を肯定してB1やB2を否定する——というよりBのなかに主観的区別を反映したB1、B2などの区分を入れること自体を認めない。現代哲学では、マクタガート以来「B理論」と呼ばれている立場である。

確かに現代の時間論において、しばしば物理法則は時間の流れを説明しないと言われる。例えば、著名な神経生物学者ブオノマーノは『脳と時間』のなかで、こう解説している[8]。「人類がこれまで行ってきた観察のうちで最も頑健ではっきりしている部類に属するものを、物理法則は説明できない。すなわち、**現在は特別であり、時間は流れる**という観察だ」(強調原文、2018 196)。まさに論者Bは、物理学が認めないことを理由に、現在の特別さや時間の流れが錯覚であると主張するのである。

こうして、まったく対立する二つの「時間は存在しない」論が並ぶことになる。一方は、現在という最小限度の時間幅(B1)だけを認め、残りは虚構でしかないと主張する。他方は、流れの現場として現在を特別視することのほうが虚構であり、世界の時間は、(それ自体は流れない)全時点間の関係構造(B3)に尽きる[9]。後者にしてみれば、時間と空間に本質的な違いはないから、流れこそが時間だと言い張る人に対しては「そんな時間は存在しない」と批判することになる。だが前者はまさに、後者のような広がりを持った時間をさして、「そんな時間は存在しない」と主張していたのだった。前者は現在しかないという意味で時間は存在しないと言い、後者は現在などないという意味で時間は存在しないと言っている。言葉尻だけを捕まえると、どちらも「時間は存在しない」と言っているのだが、両者は全く違うことを念頭においていることがお分かりだろう。時間の問題ではこういうことが頻繁に起こる。だからこそ、概念的な識別が不可欠なのだ。

2 持続とは何か

さて、時間の多義性についての簡単な見通しが立ったところで、ベルクソンの時間哲学に目を向けてみよう。まだ入山はしない。麓から山容を眺めてイメージを掴む段階である。

まず、ベルクソンの時間哲学といえば、その第一にして主要な概念は「**持続**(durée)」である。彼がこの概念を導入した第一主著『意識に直接与えられたものについての試論』を繙くと、「相互浸透」とか「異質的」な「多様体」だとか聞き慣れない語句が並んでいて、面食らう人も多いのだが、本章では、この概念が①「流れる時間」を指していること、それが②「純粋な継起」であること、そして③「計測不能」とされていること、この三点だけ押さえておけば十分なので安心して欲しい(それ以外は次章以降で順次説明していく)。

まず、①「流れる時間」ということは、**時間知覚**に位置づけられるのだな、というところは予想していただけると思う。音楽を聴いたり、空飛ぶ鳥を眺めたりしている場面だ。少し厄介なのは、

(8) 同様の仕方で紹介する本は挙げきれないほどたくさんあるが、現実の物理学の時間はもっと入り組んでおり、熱力学第二法則自体に非対称性があるか(法則ではなく初期状態に由来するか)についても議論がある。物理の時間についてより具体的な諸相を知りたければ、谷村(2019)、筒井(2019)、細谷(2019)などを参照。

(9) 「現在主義」や「永久主義」については3章「コラム ベルクソンと現代時間存在論」を参照。

②「純粋な継起」である。「継起」というのは「物事が（同時にではなく）相継いで起こること」という意味である。なので、時間を形容するのに用いるのはごく自然である。だが、そこに「純粋な」という限定句がついている点が実は大事で、これは「純粋でない」継起というものがあって、それとの対比で持続を特徴づけているということを意味している。では、その「純粋ではない継起」とは何か。それが有名な「空間化された時間[10]」だ。これは主観的には時間概念（A3）に相当する。以下では、これを「**計測の時間**」、持続の方を「**体験の時間**」と呼称することにしよう。

計測できない時間？

計測の時間と持続は異なる。計測の時間は後で見る理由で、時間から流れを差し引いたものしか扱えないからである。そして、流れのことを指す持続が③「計測不能」なのもそのためである。

「時間は空間によって十全に表現されるか」という問いに対して、われわれはこう応える。流れ去った時間についてならイエスだが、流れつつある時間についてはノーである。(DI 166[241])

であるから、さしあたり、あなたが今この文章を読んでいる、現在進行形で流れを味わっているその時間経験のことを、「持続」と呼ぶのだと押さえておいてもらえれば良い。現に、多くの教科書的な記述でも、主観的な時間、心の時間を指すとみなされている。私たちの意識にとっては、時間は一秒一秒区切られてはいないし、ピクニックに出かけている時の一時間と事務作業をしている一時間では、印象は質的に異なっている。つまり、客観的に計測される時間にはない、独特の性格が、私たちの体験する時間には備わっている。

よく見落とされるのは、時間全般が計測できないと言っているわけではないという点だ。右の引用でも見て取れるように、ベルクソンは、時間というものの二つの側面を混同してはならないと考えている。計測できるが流れない側面（関係構造：B3）と流れるが計測できない側面（持続：A1）だ。ベルクソンは計測の有効性を決して否定してはいない。だが、同時に、計測の時間のみが実在で体験の時間は存在しないとするような一面的な捉え方に対しては、断固として批判する。ベルクソンは持続を、れっきとした実在[11]と考える。

つまり、単純にどちらかを否定して終わりという話ではないということだ。両者は、時間という複雑な事象の異なる側面をそれぞれ捉えている。問うべきは、体験の時間と計測の時間のどちらが虚偽として退けられるべきか、ではない。そうではなく、両者のそれぞれが時間のどのような側面を捉えており、どのような限界を有しているかという点である。

時間接地問題

では、ベルクソンはなぜ、持続をたんなる主観的な錯覚とみなしてはならないと考えたのだろうか。計測の時間では、いったい何が足りないのだろうか。この点を見定めるために、まずは基本的なイメージを掴んでもらうこと優先して、以下のような言語とのアナロジーを用いてみよう。

（10） 詳しくは、3章5節「時間をどうやって空間化するか」を参照。
（11） この「実在」の意味については、本章4節で検討する。

辞書を一冊持ってくる。ある単語を引くと、別ないくつかの単語で説明される。それらを引くと、また別ないくつかの単語で説明される。それらの単語は全て同じ辞書に載っている。全ての単語は、お互いの関係だけで出来上がっている。各単語は別物でも良かった。しかし、ある単語は、他の単語とのネットワークのなかでその位置を占めることで、意味を持つ。言語学者ソシュールが述べたように、言語は「差異の体系」だ。

では、その相関関係さえあれば、言葉は「意味」を持つだろうか。例えば、電子辞書やアプリには、この相関関係はすっかり書き込まれている。そこに意味は宿っているのか。ある意味では、イエスだ。単語の意味を聞かれたら、別な単語の羅列を答えることができるという機能主義的な意味ではそうだ。それでも、それはやはりただの辞書プログラムでしかない。サールの「中国語の部屋」の思考実験[12]を引き合いに出すまでもなく、別の意味では、つまり「理解」という決定的な意味では、辞書アプリはゾンビ同然である。

つまり、言語という現象には、互いに欠かすことのできない二つの側面がある。一方には一人一人の話者による具体的な理解と使用（パロール）があり、他方に、一つの国語として、相対的に安定した語彙間の相互連関があり、文法構造（ラング）というものがある。今、前者を言語の内的観点、後者を外的観点と呼ぶとすれば、現実の複雑な言語活動のなかから、外的観点に基づく関係構造（文法構造や語彙ネットワーク）をいくら抽出しても、それだけでは「意味を理解する」という内的観点の働きはついてこない、ということだ。[13]実際、そのような仕方でプログラムされたかつての人工知能が、現実世界では使い物にならなかったことはよく知られている。この問題は、研究者たちによって「記号接地問題」と名付けられた。[14]関係構造だけでは言語は接地しないのである。

それと同じようにして、「時間接地問題」という問いを立ててみてほしい。「計測」によって現実から抽き出された時間は、どこまで行っても複数の運動の比較から、それ自体は運動ならざる数量比を取り出すにとどまって、一つの運動がまさに「動き」であることをいつまでも教えない。計測の時間は、それだけでは、どこまでも現実に「接地」しない。動きからは好きなだけ静止を切り出せるが、静止をいくら集めても動きは作れない。言葉に、単語間の相互関係からはでてこない一人称的な「理解」の側面があり、それによって言葉が現実へと接地できたように、時間にも、時計が測る相互関係を内側から満たす、具体的な実在の側面がある。時間が私に「体験」されるという一人称的な場だ。これを「持続」と呼ぶ。持続が「計測」の時間を接地させているわけである。

以上で、ごく大まかな対比をつかんでもらえたと思う。以下では、計測と体験、それぞれの仕組みを順次見ていき、この図式的な理解の解像度を上げ、必要な点に修正を施していく作業に移る。

（12）中国語をまったく解さない人が、部屋の外から中国語の文字列を渡され、所定の変換法則にしたがって機械的に中国語の文字列を返すような状況を想定する。対外的には正しく言語的に振る舞っているように見えるが、実際には「理解」は生じていないことを示す思考実験。

（13）実際、これはベルクソン自身が出している例である。ベルクソン『時間観念の歴史――コレージュ・ド・フランス講義1902-1903年度』、冒頭の数講義。文法と単語ばかり学んでいつまでも喋れない外国語教育の話に聞こえて耳が痛い。

（14）Harnad（1990）、内村他（2016 96-97）。

計測単位と関係構造

時間を計測するとは、いったい何をすることだろうか。いったん立ち止まって考えてみよう。例えば、一週間が七日であるとか、一分が六〇秒であるということは、人が勝手に取り決めたものに過ぎない。人間がいなかったなら、そうした区分は存在しなかっただろう。だが、このことを理由に、時間は存在しないという人はいない。なぜなら、人間が作り出したのは計測単位であって、計測対象ではないからだ。(15) 空間に置き換えてみればすぐにわかる話だ。例えば、長さの単位も人為的である（メートルとヤードなど）。しかし、「だから空間は存在しない」という人はいないだろう。

他方で、計測単位がなければ計測はできない。たとえ恣意的であっても、なんらかの単位を仮設することでしか、計測対象への手掛かりを持つことはできない。ではいったい、単位は恣意的なのにどうやって計測の客観性が得られるのだろうか。

そもそも一般に、「計測」とは何をすることだろうか。空間の場合、それは突き詰めれば、「単位（基本量）として仮定された物体」を基準として、これと「計測されるべき物体」を並べ較べて比を求めることだ（吉田善章 2020）。例えば、机の幅を、メートルの単位系のメジャーで測る。

これが時間の計測になれば、二つの物体の併置の代わりに、二つの運動の併走を用いる。「単位（基本量）として仮定された運動」を基準として、「計測されるべき運動」にこれを併走させて、両者の比を求める。(16) A氏の一〇〇メートル走のタイムを得たければ、秒の単位系で設計されたストップウォッチを一緒に動作させることで計測する。一〇〇メートル走り終わる瞬間に、針が八単位分にまで移動したとする。八秒だ。空間にせよ時間にせよ、こうして比を求めることを通して、複数の対象間の関係だけを取り出せる。計測値はこの関係・比を表している[17]。

求まる計測値そのものは、選ばれた単位に依存するから、八とか一〇という数字一つとっても意味がない。しかし、異なる単位同士の間で比を抽出することができる。つまり「単位換算」が可能だ。また、同一事象に対して複数の計測を行って比較をすることも可能だ。別な仕方や単位で繰り返し計測しなおしても維持されるような「関係構造」がそこから導けるなら、もはやこれは、単位の恣意性を超えたリアリティをもつものとみなされてしかるべきだ。その意味で、この関係構造としての時間は、世界の側に属する客観性を持つとみなせるようになる[18]。単位の恣意性を理由に計測の時間の実在性を否定するのができないのはそのためである。

（15）「われわれの測定単位は規約的なもので、こう言ってよければ、自然の意図とは無関係である」（EC 219[278]）。

（16）アリストテレスは「運動の数」によって時間を定義している（松浦 2018）。永井龍男（1990）は、運動が時間に存在論的に先立つ点を明確にしており、ベルクソン哲学の観点から示唆に富む。アリストテレスにおける様相、テンス、アスペクトの問題については、篠澤（2017）。マッハはこの意味での時間を「変化相互間の依存関係」と呼んでいる（マッハ 1977 153）。

（17）「一般的に言って、計測とはまったく人間的な操作で、二つの対象の一方を他方へと、実際に、あるいは観念上で何回か重ね合わせることを含意した操作である」（EC 219[278]）。

（18）ベルクソンは、人為的単位による計測と、内蔵的な構造・秩序のレベルを区別している。「それぞれの物理法則は、ある学者が物事をある特定の角度から考察し、特定の変数を分離し、特定の規約的な測定単位を適用して作り上げた作品である。にもかかわらず、物質に内在するほとんど数学的と言ってもいいような秩序、客観的な秩序が存在していて、科学は進歩するにつれてそこへと近づいていく」（EC 219[277]）。無次元量については、ウェスト（2020 102-103）。

計測への諸注意

計測に関して、四点ほど注意すべき点がある。第一に、時間を測るという行為は、何か目に見えぬ「時間」なる普遍的・絶対的な目盛りが世界にあらかじめ打ってあって、それを読み取っているわけではないという点だ。そんな謎の実体としての時間など存在しない[19]。時間の計測は常に、二つの具体的な運動体の間の比較である[20]。先に出した一〇〇メートル走の場合でも、これと比較されるストップウォッチもまたこの世界に局所的に存在する具体的な運動体であった。これら二つの併走する運動体の比較を通じて、そこに成立した構造を抽出する作業が、時間の計測である。

第二に、まさにこの抽出作業のゆえに、計測は計測対象からその動性を削ぎ落としてしまう。この事態を指して、時間が「**空間化**」されると言う。現在進行形で動き、変化しつつあるプロセスは、他のプロセスと並べられ、お互いの始端と終端を付き合わされることで、数量としての計測値を引き出す。変化という現実はその両端の「間隔（intervalle）」で起きているのに、計測は、それらを通分するかのように互いに打ち消すことで成立する（3章5節参照）。計測は、期間末端、つまり最初と最後の瞬間しか使わない。これは単に、具体的内容が落ちる（ラーメンを食べていても入試問題を解いていても三分は三分）という話ではない。そうではなく、動から静へ、未完了相《アスペクト》（〜しつつある）から完了相（〜した）への、時間そのもののありようにとって本質的な変換である。初めから対象が同時的である空間の計測ではさして問題にならないことが、ここでは大きな問題となる[21]。

第三に、比較される二つの運動体は平等ではないという点だ。すなわち、単位量に即して設計されたストップウォッチの方が基準運動とみなされて、これ「で」走り「を」測るという主従の関係がある。つまり、走りが測られているとき、針の動きの方は原理的に測られない。こちらは単位量として「仮設」されている。単位が「仮設」されることによってしか、走りは測られることができない。これが、究極的には、計測が接地しない理由になる。

もちろん、お望みなら、当該の時計が正しく一秒を刻んでいるかを確かめるために、単位運動の方を計測対象にすることもできる。その場合は、これを計測するために、また別な基準運動体（より精度の高い時計）を用意するだけのことだ。しかし、この場合も、後者は測られない。だから、こうして、どこまでも「たらい回し」が続く。お互いに整合性を担保しあって、巨大な循環を作っているが、その巨大な循環の全体は、それが「関係構造」であることの宿命として、それ自体としてはどこにも接地しない。それはこの構造が、現象から、動きそのものを削ぎ落とすことで得られたことの代償だと、ベルクソンは考えている。

第四に、しかしまさにこの抽象のおかげで、関係構造としての時間は、現在の現場から持ち出せない個人の時間知覚を超えて、普遍的な共通尺度、量としての時間なるものを獲得できる。それだけではない。流れに接地しないまさにその遊離のおかげで、現在を離れた過去や未来の時点や仮想状況へと認識を押し広げる――しかも、根拠のある仕方で――ことを可能にしてくれもする。ぼんやりと思い描くだけの空想とは違う、適切な心的時間旅行の能力や合理的な計画性が、放っておい

（19）マッハは『マッハ力学』のなかでこう述べている。「あらゆるものは互いに連関しあっていることや、私達自身も私達の記憶も、自然の片われにすぎないことを忘れてはならない。物の変化を**直接、時間に即して測る**ことは絶対に出来ない相談である。むしろ逆に時間は、物が変化するということから私達がひきだした抽象なのである」（強調原文、マッハ 1969 206）。

（20）時間の**関係主義**と対立する**絶対主義**の立場における時間を「絶対時間」と呼ぶが、これについては注39を参照。

（21）「相」については2章できちんと導入するので、今は頭の片隅に留めておいてほしい。

て手に入るものではないのはそのためだ。それは知能の発達と習熟を要求する（注3参照）。

4　時間の体験

体験の一次性と背景性

では、体験の時間に目を移そう。私たちにとって、コースを走っているランナーや時計の秒針が動いていることは「一目瞭然」である。二つの運動を比較する以前に、それぞれを単独で知覚して、それが動いているとわかる。目の前で人が走っていることの体験は、ストップウォッチとの比較なしですでに成立しているし、時計の針の動きもそうだ。動きをまずは体験の水準でダイレクトに捉えているからこそ、「お、今日は調子良さそうだな、タイムを測ってみよう」となりもするわけだし、ストップウォッチの動作が疑わしければ、そこで別の時計を持ち出して比べてみる。それもこれも、体験としての時間があることが出発点にある。二つの運動体を比較して計測を行うその手前で、時間の「地」は体験で埋められ、それが時間の詰め物を構成している。この意味で、計測は体験に対して二次的である。世のなかは計測していない時間に溢れている。

ごく当たり前のことを言っているようで、多くの人が持続という概念でつまずく理由はいくつかある。その一つが、持続が問題にしているのが、対象運動ではなく、その**バックグラウンドとなる知覚者自身**の方だということが見えにくいためだ。この点を以下に説明してみよう。

先ほど、「単独で」知覚すると述べた。しかし、それも実際は、運動体の背景からのズレ（例えば走者とグラウンドのズレ、針と文字盤のズレ）によって検出しているのではないか、だからこれも結局は、二者間比較による計測ではないか、と反論したくなる人がいるかもしれない。しかしそうではない。なぜなら、回る針だけでなく、留まる文字盤も、それを体験するということには時間経過がともなっているからである。文字盤を地、針を図とする対象のレベルではなく、針と文字盤の運動や静止をひっくるめて図としたときの地のレベルに、持続は位置している。つまり、体験においては、静止にさえ、言ってみれば「速度」があるのだ。

だから、むしろ「静止」の事例で考えてもらった方がわかりやすいはずだ。対象世界の側に、図と地のズレは生じていないとしよう。知覚風景になんの変化も起きない。この時、ズレがないだけでは静止にならない点に注意してほしい。それが静止として成立するためには、ズレのない状態が一定期間続かなければならないからである。しかも、単に抽象的な量の意味で「幅がある」、つまり「ズレのない状態1」とそれと隔たった時点に「ズレのない状態2」があるだけではダメだ。その幅の間、時間が流れているのでなければ、静止していることを体験において（前計測的な水準で）見届けることはできない。それが可能なのは背景にいつも、いわばアイドリングの持続、一倍速の時間が流れているからである。つまり対象側の静止にかかわらず、そのバックグラウンドとして通奏低音的な変化が継続している。そしてもしその変化のペースが変われば（例えば薬物を投与したり、別な生物が体験したりすれば）、対象側の同じ静止も別な速さで体験されるだろう。

観測者を対象世界に埋め戻す

そのバックグラウンドの時計の役目を果たすのが、**生物の身体**だとベルクソンは言う。[22] すなわち、固有の周期性を持つ時計運動体の機能を満たすだけではなく、かつ、何かを「体験する」ことができる、つまり**意識**を持つ存在だ。これが時間の問題に、意識が介入してくる理由である。

大事なのは、この体験者＝身体が、関係構造のうちにその一員として埋め込まれているという点である。意識を持つ存在だと言っても、世界を、外部から覗き込む幽霊のような存在ではない。他の運動と関係を取り持ちつつ（それゆえその身体運動自身、別の運動との比較・計測の対象にもなりうる）、自らそれを内的に感知する生物身体の存在によって、関係構造としての時間は、内側から接地するのだ。体験をするのは、どこでもない視点に立つ抽象的な知性《デーモン》ではなく、自身がこの関係構造の歯車の一つである生身の身体だ。それは、期間末端同士の事後的な比較ではなく、期間を内側から貫くリアルタイムの進行形における比較である。

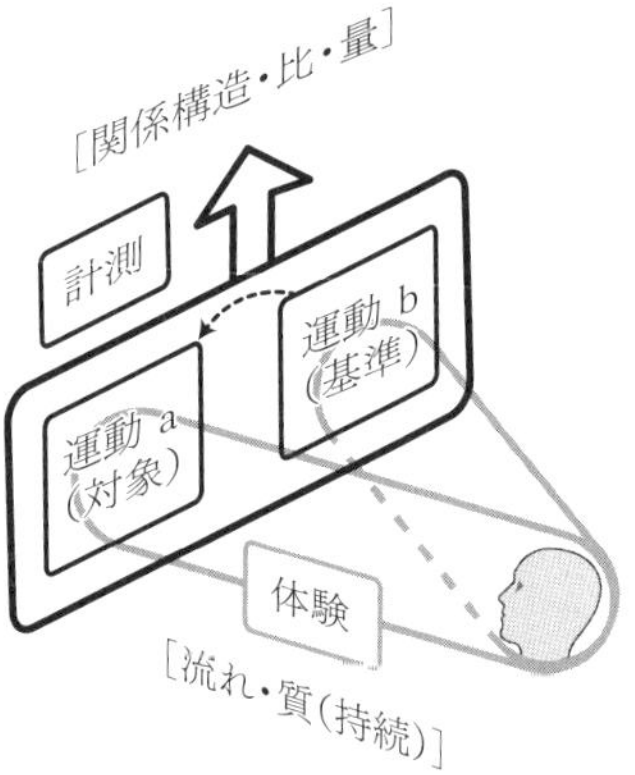

図1　計測と体験

さて、数量を割り出すのは計測によるのだった。体験はそうした量的表現に先立つものであるがゆえに、必然的に**質的**（qualitative）なものとなる。ベルクソンにおいて、持続が、まずもって（量との対比において）質として特徴づけられるのはそのためである。

量と化した時間の手前には、この質的な時間の場がいつも広がっている。体験の時間をどこまでもなしで済ますわけにはいかない。確かに、私たちは量自体についても質的な印象を覚える。数値を見て、「こんなに速いんだ」「これだけしかずれていなかったか」という具合に。しかし、そもそも質が体験されていなければ、いつまでたっても、そうした「量の質」（DI 169[247]）というものを思い抱くようにはならない。了解なしの数値はただの数字でしかない[23]。

コラム　時間に速さはあるか

日常生活では、私たちはよく「時間が経つのが速い」とか「遅い」ということを口にする。だが、そもそも時間に速さはあるのだろうか。

運動には速さはあるが、時間には速さはない――。これはしばしば分析系の時間の哲学の入門書で紹介される論点だ[24]。「時間に速さがある」という考えは無限後退か瑣末さに陥る。なぜなら、そもそも「速さ」とは単位時間あたりの変化量なので、仮に時間の速さを求めるなら時間を時間で割ることになるからだ。もし割る方の時間が元の時間とは別な時間であるなら（この別な時間をメタ時間と呼んで区別しよう）、メタ時間もまた時間である以上、その速さのためにメタメタ時間が必要となり無限後退となる。他方でもし割る方の時間が元の時間なら、自分で自分を割ることになり答えは常に一となり、瑣末（トリヴィアル）となる。以上が、教科書で展開される議論である。実際、本文中で触れたように、時間と運動はしばしば混同さ

（22）「私の現在」は、感覚－運動的身体のゆえに一定の幅を持ち流れる現在を構成する。2章で説明する。
（23）体験の時間には、仮現運動（動いていないものを動いていると感じる錯覚）やポストディクション（後のものが前のものに影響する）など、様々な興味深い事象が伴う。2章。
（24）Garrett（2011 97-98）、コニー＋サイダー（2009 64-67）、バードン（2021 130-131）。

れるため、概念的違いをはっきりさせることがまずは先決である。

だがそれを踏まえた上で、また別な理由から、「時間の速さ」とひとが呼んでいるものを完全なナンセンスとして切り捨てるのは早計であるかもしれない。というのも、先述の批判的議論が当てはまるのは「計測の時間」についてでしかないからである。「体験の時間」という観点では、対象の運動と静止は基調となる固有の持続のもとで質として体験される。体験は対象と自己との相互作用であるため、そこにはいつも対象の運動に由来する成分に加えて、自ら固有の持続に由来する成分が混入している。[25] この後者の成分を運動の速さと区別して「時間の速さ」と呼ぶことは可能である。そしてこれは瑣末でない。というのも、それは身体の特定のセッティング（固有時間スケールのセット：脈拍、呼吸、代謝、各種神経等）に起因するからで、それを変動させることで質の変動が期待できるからである。[26]

5　時間クオリア

クオリアが質的であるということ

持続が流れだというのは分かったが、流れが「質」であるという点がまだピンとこない――。そういう人が多いかもしれない。そこで、（ベルクソンの時代には今ほど流通していなかった）「クオリア」という用語を導入するのが有益だろう。この語は、一九七〇年代以降ネーゲルやチャーマーズなど現代の哲学者たちによって広く普及することになった「心の哲学」の基礎語で、私たちの一人称体験が備えている感覚の質のことを指す。私たちの体験の一つ一つは、それを体験することが「どのようなことであるか[27]」、「どんな感じなのか」という、内的観点からの具体相を帯びている。レモンをかじったときの酸っぱい感じ、黒板に爪を立てたときのあの身の毛のよだつ感じ、花椒をかじったときのあの痺れる感じなど、私たちはあらゆる感覚を、それらに固有の、独特な質感・色合いとともに味わっている。視覚も聴覚も触覚も嗅覚も味覚も、また体内に感じる体性感覚が帯びるこうした質感も、「艶やかだ」「透明感がある」「ザラついた」「モッフモフだ」「ズーンとした」などと、多様な形容を施される。クオリアとは、これらの言葉のことではなく、これらの言葉で指示しようとしている、感覚の質そのもの（あんな感じ、こんな感じ）のことを指す。

　クオリアが質であるということを説明するために、色のクオリアを例に取り上げよう。物理的に「計測」すれば、青色光線と赤色光線の違いは前者が後者よりも波長が短い（単位時間あたりの振動数が多い）という「量」的な違いに尽きる。別段、二つの波が何か質的に異なるわけではない。とこ

（25）よく、「時間の中で対象は知覚されるが、時間そのものは知覚されない」という言い方がされることがあるが、そんなことはない。対象の知覚とは別個に、その登場する頻度やリズムといった時間的構造について私たちが知覚できることは近年の研究でも明らかになっている。例えばJones, M. R. (2017) を参照。

（26）Wearden (2016 16) によれば、加熱により速めることのできる化学時計（ケミカル・クロック）という考えは、ピエロンの弟子にあたるマルセル・フランソワの一九二七年の研究に遡ることができるという。時間見積もりのメカニズムについては、その後、CreelmanやTreismanらによるペースメーカー＋アキュムレータ・モデル、GibbonおよびChurchらによるスカラー期待理論（Scalar Expectancy Theory：SET）などの発展が見られている。また、Jones L. A., et al. (2011) によれば、一定のクリック音の刺激を先行して与えることで、時間経験の「スピードアップ」が見られ、所定のトーンの持続が長く感じられるようになるだけでなく、演算など情報処理の反応速度も向上するという。

（27）ネーゲルの有名な論文（1974）は「コウモリであるとはどのようなことか（*What is it like to be a bat?*）」という。

ろが逆に、トマトから青空に目を移した時に、倍になったとか半減したと感じる人はいない。そこに起きる変化は、「みずみずしい赤」から「抜けるような青」への「質」の変化である。これが、クオリアが量的ではなく質的といわれる意味だ。

なお、五感に基づくこうした基礎的な感覚質だけでなく、表象や観念などのより高次な心の働き全般についても同じクオリアという言葉を——より広義な仕方で——用いる用法がある。[28] 次章以降では、基本的に、狭義（感覚クオリア）に限定し、後者を指したい場合にはより一般的な**「現象的」**[29] **質**という言い方を用いる。

時間が質的であるとはどういうことか

さて、これと同じことを、時間について考えてみて欲しいのだ。まず、私たちのすべての体験は一定の時間を占める。だから、体験には、対象に由来するクオリアの成分と共に、その**時間に由来するクオリア成分**があることが想定できる。[30] 例えば、同じ映画を倍速で見れば、個々の場面の内容は同じでも、体験全体の質は大きく異なるだろう。[31] ただ短縮するだけで変容をこうむる何かが、体験にはある（DI 148[218]）。ある日のレモンは、いつもより酸っぱさが尾を引くかもしれない。そのとき、人は酸っぱさのクオリアは同じで、それを単純に長くしただけだと自ら解釈しがちだが（そのような解釈傾向を持つことの理由までベルクソンは推定している）、実際には体験の質は「引き延ばされるというただそのことによって」変化する（DI 115[173]）。さもなければ「耐え難くなる」瞬間はいつまでも訪れないはずだ。延長されるだけで、受け取る感じは変わってしまうのだ。これらはどちらも、仮定からして**体験の時間成分に由来する質の変化**である。この質こそが、特定の時間の長さを味わうことが「どのようなことであるか」を私たちに告げ知らせてくれる。だからその意味で、これを「**時間クオリア**」と呼ぶことが許されるだろう。

黒板に爪を立てたときの音を聞いたことがないひとは、それがどんな感じか(クオリア)を知らない。それと同じように、五〇年ひとを待ったことがないひとには、それがどういう感じなのか(時間クオリア)わからない。三分待つということがどういうことかであれば、カップラーメンを食べたことがあればわかるし、四〇日の夏休みがどれだけのものか、その経験があれば知っている。もちろん、体験のなかで、対象クオリア(酸っぱさ)と時間クオリア(どれくらい長引くか)は渾然一体となって与えられるから、両者を切り分けることは難しい。それでも、直感的にでも両者を見分けているからこそ、「**時間評価**」(時計を見ずに、時間クオリアをもとに時間長を評定すること)が可能になっていると考えることはできる。元の個々の経験が時間長ごとに異なる質的色合いを教えてくれているのでなければ、いつまで経っても質に基づく評定は学習されないはずだからだ。(32)

(28) 茂木(2001)は、「感覚的クオリア」と「志向的クオリア」を区別している。

(29) 「現象(phenomenon)」という言葉は、古代ギリシア語の「phaino(〜を現す)」という動詞の受動分詞「phainomenon(現れるもの)」に由来する。現代の日常語では、「社会現象」・「自然現象」という風に「心への現れ」に限らず拡大して使われるようになっているが、元々は存在そのものではなく認識への現れを指す語であり、哲学ではその意味で用いられる。

(30) 次章で、実際には前者、つまり普通の意味でのクオリアも、時間由来であることを見ることになる(凝縮説)。

(31) ヒッチコックの『サイコ』を一二倍スロー再生したダグラス・ゴードンの『二四時間サイコ』は、時間経験の質がいかにスケールに依存するかを思い知らせてくれる。この作品が登場するデリーロ(2018)も参照。

計測と体験はどのように相補的か

以上のように、計測と体験は、時間についてまったく異なる関係を取り結んでいることがわかる。厄介なことに、二つは日常語においては混じり合って用いられる。だから哲学の処方箋の第一段階としては、まずは二つの要素を概念レベルで混同しないようになることが先決である。

だが問題はその先だ。二つを区別できるようになると、ひとはとかくどちらが本物かという話に持ち込みやすい。だが、時間のような巨大な問題に立ち向かうときに、そんな仲間割れをしている余裕はない。計測される量は体験には手の届かぬことを教え、体験される質は計測の及ばないことを与える。そうであるなら、両アプローチそれぞれの特性の理解を深めることで、時間という困難な事象に、一つではなく二つの探求次元からアプローチできるわけだ。つまり、処方箋の第二段階は、二つの概念の適切な組み合わせ方を示すことである。

温度の例で説明しよう。ある部屋をA氏が暑くB氏が寒く感じるとして、二人が感じるクオリアと別個に、部屋の空気そのものに暑さや寒さがあるわけではない。そこにあるのは、計測される量としての温度である（気体分子の運動エネルギーの平均）。この場合も、「温度」という日常語は、二つの側面をしばしば混同しているのが困りものだ。だから、まずはこうして明確に区別しよう。その上で、二つを排他的にではなく相補的に援用しよう。温度計が示すものが本当で、A氏の暑さやB氏の寒さが虚構であるわけではない。そんなことを考えるのは、比べるものを間違っている。暑さや寒さは二人の身体を中心に起こっている現実であり、それらは質として提供される[33]。確かに、体感される暑さから推測された「温度見積もり」が誤ることならあるだろう。だがそれは「質から推定された量」と「計測された量」の違いを述べているのであって、「体験される質」と「世界の質」

を比較しているわけではない。部屋の方に「質としての暑さ」などないのだ。

食品開発をしている研究者なら、分子構造や調理手法などによって定義される計測的な味を日々扱うだろうが、実食なしの味覚研究など成り立たない。味も、他と同様、計測と体験の二軸を合わせ持ち、日常言語のなかで二つの意味はしばしば混濁してしまっている。老舗の味が「変わらない」という時、それはどちらの意味だろうか。あるいは同じカップラーメンを食べているのに昨日と味が違う場合でもいい。その時、「本当は同じ味なのに」と言いたくなるなら、少し立ち止まって、排他性の罠にはまっていないか考えてみてほしい。そしてそれを、時間に適用してみてほしい。「あれ、もう三時なの?」と驚く時、体験の時間が「間違っている」と言いたくなるなら、同じ概念的トラップにかかっている。間違えたのは、体験の時間(質としての流れ)ではなく体験の時間に基づく時間評価である。「質から推定された量」が、「計測された量」から外れるというのなら有意味である。しかし、「質」が「計測された量」から外れるというのは単純にお門違いだ。[34]

(32) もちろん、質を使わない評価メカニズムを立てることも可能である。ただし、完全な消去主義をとらない限り、質を先送りにすることは、最終的にはむしろ悪手となる点には注意が必要だ(「魔法のランプ」問題、1章)。「時間クオリア」は具体的には、後述する流れの質(2章)および時間的色合い(3章)を指している。

(33) ある箇所でベルクソンはもう少し発展的な事例を論じている(DI 97[146-147])。例えば久々に食べた同じ(計測的)味が、異なる(体験的)味を与えることがある。その時、二つの味を概念的に混同し一つとみなしてしまっていると、以下のような「拗らせた」描像になるというのだ。すなわち、「その味は変わらず、これと別個に立てられた「嗜好」のほうが変わった」という話である。嗜好(記憶)の影響を否定しているのではない。そうではなく、嗜好(記憶)が変化したのに不変にとどまるような味クオリアなどないということを指摘している。こうした典型的に連合主義的な描像は、その元にこの種の概念的混同がある可能性がある。記憶の知覚への侵入は、4章で詳しく見る。

実在の二つの意味

だが、それにしても、計測の時間と体験の時間とでは、「本当さ」（実在性）の意味が違う。その違いはしっかりと見届けておく必要がある。

計測は、質としての流れの成分（時間クオリア）を切り捨てることで、量を取り出し、関係構造の客観性を達成する。ベルクソンはこのことを、計測によって時間は「質を剥奪され、いわば空虚化される」（DI 65[101]）と記述している。逆に、計測にかけられない限り、素地となる時間の中身、詰め物をなしているのは、持続である。

体験の時間の特徴は、現在進行形で動きつつある変化がそこに実現しているということにある。それは現実にリアルタイムで起きている。ここで重要な対比は、過去／現在／未来という「時制」（tense）の区別とはまた別の、未完了／完了／アオリストという相（aspect）の区別である。持続にとって本質的な「未完了相」とは、ものごとがまさに進行中の「つつある」時間のあり方のことを指す。ちなみにベルクソンの時間論が、（マクタガートに端を発する分析系時間論と異なり）時制ではなく相に依拠していることをいち早く指摘したのは、ベルクソン研究者、杉山直樹である。[35]

計測の時間は、一方で確かに、時間のこうしたダイナミックな性格、未完了相のあり方を取り損ねる。空間化された時間と呼ばれるのはそのためだ。だが他方で、それは根拠のない空想の産物ではない。計測は、現在を超えた時間発展の構造的なあり方を正しく捉えることができる。

簡単に言えば、それは土地ではなく地図だ。[36] 確かに地図は、現実の土地をある仕方で単純化し、抽象し、必要に応じて歪曲する。地図には高さもなければ生物も住んでいないかもしれない。しかし、地図には正しさ（一定の対応関係）がある。さらに、複数の計測手法を使い分けることもできる。

メルカトル図法は面積を歪曲するが正しい方向を再現する。もし正しい面積が必要ならモルワイデ図法を使えばいい。だが、どちらの地図も、地図であって土地ではない。その地図の平たい姿を地球の姿だと信じる人がいたなら、それは勘違いだ。しかし、そうした様々な地図を整合的に析出する構造の存在を、計測は教えてくれる。そして何より、地図のおかげで、私たちは現地に行かなくてもその何かを知ることができる。そして時間の場合、（土地の場合と異なり）私たちは体験によって現在から出る手段を持たないのだ。

他方で、体験は、現実にこの場で生じていることだ。それは質として感じられる流れで埋められている。ただし極端に生もので、そのライブ会場から一歩たりとも持ち出せない。それは、ともかくそういうものとして実現しているという意味で実在的だが、世界について極めてローカルな、限られた知しか与えない。[37] にもかかわらず、ただそれだけが、私たちに、「つつある」ことの予見できぬ不確かさとそれに伴うヴィヴィッドな臨場感を教えてくれる。

まとめるなら、こうなる。体験の時間は、時間の動的なあり方、未完了相そのものへのダイレク

（34） 他方で、「外界の流れ」というものがあるわけでもないから、それと「体験の流れ」の比較も成り立たないことを、本章最後に確認する。

（35） 杉山（2006）。持続概念と未完了相の関わりについては、2章で論じる。

（36） 「地図は土地ではない」は、元はAlfred Korzybskiの言葉で、グレゴリー・ベイトソンが好んで愛用する表現である。

（37） 村山達也は、ベルクソン的な「実在」の意味とは「混合体の相の下に経験してはいるが、しかし認識によって我有化しきることのできていないもの。認識しつくすことはできていなくとも、しかし現にそれを生きているという意味では直接的な仕方で出会ってしまっているもの」であり、それゆえにこそ、実在が「私たちに対して時に「問題」としてその姿を現してくる」ことを指摘している（村山 2009 291）。

トなアクセスを与えてくれるという意味で、現前のリアルさを示す。計測の時間は、そこで起きた内容を俯瞰し、それらの相互関係の構造にフォーカスを当て、それを一定の変換規則に基づいて忠実に再現するという意味で、表象としての真実性を示す(38)。

「一つの本当の時間の流れ」は存在しない

最後に、以上のことから導かれる一つの重要な帰結に触れて、この章を終えることにしよう。この世界には、宇宙全体に通用するような、「一つの本当の時間の流れ」というものは存在しない、ということである(39)。

私たちは、ともすれば、自分が個人的に体験しているこの時間の流れと別に、世界そのものの、いわば「客観的な」時間の流れというものがあると考えてしまいがちである。人によってまちまちな体験の流れとは別に、世界の時間がそれ自体で流れていて、その流れこそが基準となるべき本当の流れだ、と。しかし、これこそが、異なるはずの二つの意味を混同してしまったところから出てきた幻である。理由は以下の通りである。

まず、計測の時間は、個々の体験者を超えた整合的な時間構造を捉えるものだ。だがそこでは、時間は流れない（コラムを参照）。流れは、体験の時間のなかにしかない。だがそれは、体験を可能にする身体という場に係留されていて、そこから持ち出せない。結局、計測の時間は共通だが流れず、体験の時間は流れるがローカルである。故に、万物に共通でありながら流れるような時間は成り立たない。

念のため繰り返すが、個人の体験を超えて、共通のものとして成立する時間などないと言っているのではない。それは関係構造として成立し、量で計測される。ただし、それは流れるようなものではない。だから、体験の時間の親玉のような、体験を超えた外界の流れというものは存在しない。何度も確認したように、体験の時間が間違えるとすれば、その質に基づいた「時間見積もり」である。それは質から推論された量であり、世界の計測時間との、量同士の比較においてそれは間違えうる。だが、世界の流れというものがあって、それと体験の流れが、流れ同士の比較においてずれているなどということはない。

「時間」という単語のうちにあいまいに放り込まれ、ごちゃまぜになってしまっていた複数の意味から、体験と計測をひとたび明確に識別できるようになってしまえば、流れる普遍的時間というものが概念的な混同から生まれたキマイラ(40)でしかないことが、はっきりと見て取れる。これを計測の時間と混同してはいけない。万人に「共通の流れる」時間なるものは、「共通の」量的時間と、

(38) 二つの本当さに関しては、ベルクソンが『物質と記憶』の第三章で述べている、「存在の二条件」を参照してみると面白い(MM 163-165[214-216])。

(39) ニュートンは、こうした流れる宇宙的時間のことを「絶対時間」と呼んでいる。「絶対的で真なる数学的時間は、それ自身で、またその本性に従って等しく、いかなる外的なものにも無関係に流れていくもので、またの名を持続ともいう」(Newton 1729 77)。

なおベルクソン自身は、一九二二年に出版された『持続と同時性』のなかで、自身の立場を振り返って、物質に持続を認めるかどうかについてオープンにしてきたと述べている(DS 43-44)。その上で、どちらかといえば「一にして普遍的な物質的「時間」の仮説」を選ぶとして話を進めている。この「仮説」へのコミット自体問題含みであるが、いずれにせよ明確なのは、そこで物質に認められる「持続」「記憶」もあくまで(二つの瞬間を架橋するだけの)最小限のものでしかなく、本書の定義する規模の「流れ」を構成するものではないことである(2章)。

個々の「流れる」時間の概念的交配から生み出された架空の合成獣だ。そして、もし私たちが自分で生み出したこの虚構を君臨させることで、自らの体験の時間をそれに対して何か劣った、副次的なものとみなしてきたのであれば、その神話を解体しさえすれば、体験の時間を虚偽や錯覚と見なす理由はなくなることになる。もう一方の計測の時間は初めから敵ではなく、（キャラは真逆かもしれないが）信頼のできるパートナーなのだから。

様々に異なる持続の流れが、そこかしこにローカルに、体験の数だけ存在する。ベルクソンが描き出した「**持続の多元論**」への入り口に、私たちはこうしてようやく、辿り着いたようだ。

（40）ベルクソンはこうした種類の概念的混同を「妥協」（compromis）とか「雑種概念」「折衷概念」と呼んで繰り返し指摘している（DI 168-171[246-250], 73[114], 169[248]）。キマイラ的試みという言い方は、『物質と記憶』（MM 168[220]、「馬鹿げた空想」と訳されている）に登場する。

第1章　時間で解くクオリアの謎——物質の時間と意識の時間

それではいよいよ入山だ。これから、ベルクソンの時間哲学に本格的に踏み入っていく。

時間という概念は、そんじょそこらの概念とは違う。気軽にインストールしたりアンインストールしたりできるアプリレベルの概念ではなく、私たちの思考の根幹、いわばOSレベルに組み込まれている概念である。その分、アップデートは手間がかかるし厄介なわけだが、もしそれを果たせればその及ぶ影響も当然大きい。本書では、ベルクソンの哲学を、マルチスケールというあり方（後述）を人類史上初めて本格的に組み込んだ、まったく新しい時間概念を提唱するものとして位置付け、その内実を紹介していく。

世のなかに時間が関係しない哲学的課題はほとんどない。現にベルクソンは、新たな時間概念を軸に、多くの伝統的問題、決定論と自由、認識論、心身問題、生命、道徳と宗教といった問題の抜本的な再検討に次々と取り組んでいる。そのなかでも本書は、感覚クオリアの問題から始めて、意識、知覚、記憶、人格といった心身問題・認識論・自由に関わる概念群を取り上げ、それらが新たな時間概念のもとでどのように書き換えられることになるのかを順次見届けていく構成にしてある。

拡張ベルクソン主義

最初に方法論的な指針について一言述べておく。本書では、歴史上の人物としてのアンリ・ベルクソンが史実として何を考えていたかを同定する哲学史的な手法にとどまらず、拡張ベルクソン主義のアプローチを随時援用する。「拡張ベルクソン主義」とは、彼の提示した概念や枠組みが現代の私たちの課題に対して持ちうるポテンシャルを、彼の思想の大局的な方向性に沿う形で積極的に展開するという指針で、二〇一五年以降の国際協働研究体制PBJ（Project Bergson in Japan）の活動において、フランスの研究者P-A・ミケルとE・デューリングが定式化したものである。[1] 「ベルクソンならどう考えるか」という「仮言的な」問いを自らに禁じない、ある意味で野蛮な方法論に思われるかもしれないが、科学との対話を重視し、完成された閉じた個人の体系ではなく、協働作業で徐々に成し遂げられていく哲学を標榜していた彼自身のポリシーを真摯に継承しようとするものだ。[2] ベルクソンはこう述べている。[3]

この種の哲学が1日にしてなることはあるまい。〔ひとりの天才の作品と違って、〕〔…〕それは多くの思想家たち、加えて多くの観察者たちが互いを補い、互いを修正し矯正し合いつつ、集合的にして漸進的な努力を投じることでしか構築される見込みはあるまい。だから、本試論が目指すのは、巨大なる諸問題を一挙に解決するということではない。ただ方法を定義し、いくつかの本質的な論点において、この方法を適用する可能性を垣間見せようと望むまでである。（EC x[14]）

その意味で、本書で描き出されるベルクソンは、「できあがった哲学体系」という意味での「教科書的」なそれとは言えない点に注意していただきたい。もちろん、あることないことベルクソンに言わせようとしているわけではない。彼の主張を紹介する場面ではテクスト的根拠をしっかり挙げ、発展的な考察をする場合にはその旨注意喚起をしつつ、傍証となる大局的な整合性やテクストがある場合はそれも示すようにしている。ただ、完了したところで彼の哲学を止めて、その静止画を描いているわけではないということだ。

心の哲学と持続

さて、哲学に関心のある人なら、序章で出した「クオリア」に関連して、「心の哲学(philosophy of mind)」というジャンル名を耳にしたことがあるかもしれない。この名称は二〇世紀後半からの比較的新しいものであるが、もちろん、心や魂の問題は、古代ギリシアでの哲学の幕開け以来ずっと哲学者たちの関心事であり続けたし、いわゆる**心身問題**が登場した一七世紀のデカルト以降すでに多くの理論的蓄積のある「伝統的」問いである。それでも、現代における「心の哲学」の再興に

(1) この点で、個別の概念や問題を文脈から切り離して「つまみ食い」的に転用するのとはまったく異なる。一定の基礎的研究の蓄積があって初めて成り立つことも含意されている。すぐに懸念されるように、これは、まったく彼のものでない思想をベルクソンに押し付けるリスクのつきまとう、非常にデリケートな方法論だからである。

(2) 論集はすでに日本語で三冊刊行されており(平井・藤田・安孫子 2016, 2017, 2018)、〈拡張ベルクソン主義〉の「マニフェスト」は最初の巻『ベルクソン『物質と記憶』を解剖する』に収められている。

(3) 複数の「事実の線」(ES 4, MR 263)を延長することで、三角測量的なやり方で実在に迫る方法論を旨としていたベルクソン自身にとって、事実の刷新は当然、測量のやり直しも要求するものであったはずである。

は、特別な意味がある。それを特別にしているのは、脳科学をはじめとする意識関連科学の画期的躍進だ。生きた脳をリアルタイムで観測できるようになり、コンピュータやロボティクスなどの進展により構成論的なアプローチ〔作って理解する〕も試みられるようになり、数学的定式を伴う魅力的な仮説も数多く提出されるようになった。積年の課題であった「心」に、世界中のこれほど多くの研究者が日々取り組んで論文を出しまくっている昨今の状況を、歴史上の哲学者たちは想像しえただろうか。(4)

ただ、本質的な課題については、相変わらず未解決に止まっている。本書では、心の哲学の既存の立場について詳しい解説を施す余裕はないが、とりわけ中核的だと思われる謎は、「**クオリアがどうやって生じているのか**」というものだろう。意識と神経の相関について飛躍的に理解が進み、脳状態から現象体験を一定の精度で予測できる理論が登場し始めた現代にあっても、そもそも(例えば)赤の感覚クオリアがどこからどうやって作られているのかは皆目見当がついていない。

クオリアの存在自体を全否定する消去主義も、永遠に存在しているという立場も今は傍に措くことにしよう。とすると当然、クオリアは歴史のなかのどこかのタイミングでどうにかして生じたことになる。その仕組みが、実は今現在わかっていないのだよという話を授業ですると学生の皆さんにはしばしば驚かれるのだが、事実そうである。今このページを眺めるみなさんには、薄いクリーム色の緩やかにたわんだ紙の上に、黒いインクが並んでいるのが見えるはずだ。ページを繰れば、その乾いた肌触りを指先に感じ、カサカサっとした音も耳をくすぐる。眼球の動作や、脳内での処理や、聴覚器官の構造についての解明は進んでも、こうした主観的体験を作っている肝心のクオリアの成分については、それがどういう由来でどう作られているのか、さっぱりわかっていない。

他に訴えるものがないので、「きっとこれは脳が生み出しているはずだ」という「仮説」は共有されている。脳が感覚クオリアを生み出すという仮説は、一九世紀にトーマス・ヘンリー・ハクスリーによって提唱されたもので、随伴現象説と呼ばれている。ベルクソンはこの説を、これでもかというほど熾烈に批判している。その批判がどういうものかは、後で見ることにしよう。

心身問題を時間で解く

ここで確認しておきたいことは、ベルクソンが心身問題の既存の学説の問題点を踏まえた上で、それらのどれとも違う立場として自らの哲学を打ち出しているという点である。彼は、従来型の相互作用説も、随伴現象説も、並行論も、唯物論も、唯心論も採用しない。そして、こう宣言する。**心身問題は「空間の観点からではなく、時間の観点から**（en fonction du temps）**立てられなければならない」**（MM 74, cf. 248）、と。

ベルクソンが時間に目をつけたのは、どうしてだろうか。それは、時間がOSの根幹に属しているにもかかわらず、いつから同じものを使っているかわからないほど旧式のレガシー・プログラムだったからだ。そして、既存のどの立場も、そもそも時間に注目していないのは事実である。心が

（4） 神経科学、生物進化、情動など様々な角度から新しい研究が試みられている。コッホ（2014）、ガザニガ（2014）、トノーニ＋マッスィミーニ（2015）、ゴドフリー＝スミス（2018）、ファインバーグ＋マラット（2017, 2020）、ソームズ（2021）、バレット（2021）、ドゥアンヌ（2020, 2021）、ギンズバーグ＋ヤブロンカ（2021）、土谷（2021）、セス（2022）など。関連して隆盛を見せている自由エネルギー原理については吉田・田口（2018）、乾（2018）、ホーヴィ（2021）、乾・坂口（2020, 2021）など。コッホの訳者でもあるモナシュ大学の土谷尚嗣は「クオリア構造」の名を冠する研究プロジェクトを率いている。

身体・脳に作用するかしないか、あるいは逆に脳が意識を生み出すか否か、こうした二つのものなり性質なりのあいだの関係を、特に時間に配慮することなく論じている。時間幅への注目も、スケールへの着眼もない。まさにそこに盲点があり、突破口があるというわけである。

言うまでもなく、これはなかなかに野心的な試みである。哲学史上名だたる学者たちが、激論を重ねてきた本丸中の本丸問題だ。それに対して、抜本的に新しい立場を打ち出すなどということは、おいそれと言えたものではない。

だが、私たちの目から見れば、ベルクソンは、成功しているとまでは言わないまでも、成功しているかどうか検証可能な程度には具体的な形で、問題の新しいフォーマットを提出しえている。これを現代の文脈で改めて検証することは、他に同等の代替案のほとんどない現状に鑑みれば、合理的な試みであってよい。本書の任務は、そうした現代的検証可能性に向けた準備としての、論点整理と再構築である。

1　MTS（マルチ時間スケール）解釈の見取り図

体験と計測の発生論

序章では、体験の時間と計測の時間という二つの切り口の区別と相補性について論じた。こうした扱いは、一部の人の目には、もしかすると必要以上に二元論的なものに映ったかもしれない。そこで、ベルクソン的な時間像に歩みを進めていくために、もう少し肉付けしておこう。

持続とは、体験の時間のことである。しかし、ベルクソンの持続の哲学は、単に持続を内観に従って記述し、それを計測された時間と対立させて満足する類のものではまったくない。「記述」はあくまで第一段階である。そのようにして、二つの時間の特性に違いをちゃんと見極めたら、今度は、それぞれがどうやって生じたのかという**発生と実装の問題**に進む(5)。

つまり、単に持続というものが「ある」ということ、「私たちはこんな風に流れを体験していますよね」という事実確認ではなく、そんな時間体験がいったいどのような条件によって成立するようになったのかと問うのだ。なぜ、私たちは流れを体験できてしまっているのだろうか。何かを内側から味わうなんていう不思議なことが、どうして肉の塊でしかない私の身体に可能なのだろうか。同じことがスーパーで売っているお肉にも起きているだろうか。持続、時間の流れの体験などというものが、この物質世界のどこをどういじくったら実現したのだろうか――。このように問いを立ててみると、条件付けられるほうの時間（持続）の手前に、それを**条件づけているほうの時間構造**が見えてくる。そしてその解明のためには、計測の時間が必要になる。

よくある勘違いだが、ベルクソンはただ「考えるな、感じろ」と言っているわけではない。「考える」と「感じる」の違いをしっかり見届けた上で、「感じることとそのものをちゃんと考えろ」と言っているのだ。感じるとはどういうことなのか。どのような仕組みで成り立っているのか。そして、それをちゃんと考え抜くためには、結局、「考える」ということ自体をアップデートしなければ

（5）　ベルクソン自身のキャリアのなかでも、最初の書物『試論』から第二の『物質と記憶』までのあいだに、こうした問題が大きく主題化されることになった。

ばならなくなると言っているのである。

意識は特定の時間スケールのうちに囲い込まれている

持続の発生条件という観点に立つことで気付かれるのが、私たちの時間体験が明確に特定のスケールに束縛されているという事実だ。私たちは、何でもかんでも流れとして感じ取れるようにできていない。速すぎるホイールの回転はどっちに回っているかわからないし、蛍光灯が毎秒一〇〇回以上点滅していることにも気付かない。つまり、体験できる時間スケールの下限というものがあって、それよりミクロなレベルの時間発展は時間発展としては体験できないようになっている。他方で、上限もある。夜空を見上げた時に、天球が回転しているように感じられる人はいない。つまり、遅すぎる時間発展も体験から隠されている。頭では一二時間で一八〇度回転していることは知っているが、知っていても回転を体験できるようにはならない。

物事が「スケールに相対的」だということは、空間については、ごく馴染みのことである。私たちにとって平らなあぜ道がアリにとってはアスレチックワールドだ。逆に、地球が球体であることも商店街のスケールでは体感できない。大きすぎても小さすぎても知覚できないものがあることは、説明するまでもないことだ。

これと同じことを時間でも考えるのに慣れる必要がある。私たちは速すぎる変化も遅すぎる変化も流れとして体験できない。飛んでいるハエの羽は半透明に見えるし、潮の満ち引きは記憶を使うかタイムラプス映像に頼らなければ認識できない。「日々の生活の流れ」という言い方をするが、それは記憶による再構成であって、数十時間のスケールでの変化を私たちは流れとして体験できるようにはなっていない。

以上の制約は、明らかに生物種としての人間特有のセッティングに由来する。だから当然、種が異なれば、人間が流れとして経験できないような小さすぎるスケールや大きすぎるスケールを流れとして経験するということは十分にあり得る。「流れ」るかどうかが種に依存するなら、前章末尾で見た〈誰から見たのでもない宇宙が流れている〉がおかしいのもわかってくる（流れについては次章でまた詳しく取り上げる）(6)。それは、どの波長域を色として知覚するか自体が生物種によって異なるというのに、六三〇nmの電磁波そのものは何色かと尋ねているようなものだからだ。

すでに序章で説明したように、体験は意識される流れのことだから、この束縛は、意識が成立するための時間スケール的制約になっている。世界で物事が流れ進んでいて、それを私たちが単純コピーするように受け取るという具合にはできていない。意識は、特定の時間的条件を備えたシステムを必要とし、環境との相互作用を通じてローカルに――空間的だけでなく時間的な意味でも――実現されているのである。ベルクソンは、こうした**特定の時間スケールという制約を持つことが、意識の成立条件に関係しているのではないか**と踏んでいるわけである。

（6） 客観的に流れが実在すると言いたくなる人は、スケールを忘れている。小さすぎても大きすぎても流れない。逆に、ベルクソンは順序構造を否定しているわけでもない。順序構造は流れを含意しないのである。この点は、二〇世紀を通じてマクタガートに由来する分析系の時間論が明らかにしたことだ。私もベルクソンもB論者でないが、この点ではまったく同意する。ベルクソンとB理論についてはDeppe（2016）、順序構造については伊佐敷（2016）および本書3章を参照。

持続の多元論とは何か

ベルクソンの持続という概念は、一般的な通念としては、漠然と意識の時間、主観的時間を指すものだとされているし、そのことは序章でも述べた。そして、その意味での時間が一様ではないということなら、むしろ当たり前のことだと思われるかもしれない。

だが、ベルクソンの「持続の多元論」は、もっと踏み込んだことを示している。確かに、一人一人時間の経験の仕方は異なるし、同じ人でも時によって異なることもあるだろう（「子供の頃は夏休みを永遠のように感じたなぁ」）。共同的な変化というものについて語ることもできる（「八〇年代の映画はもうテンポが遅くて観ていられない！」）。だがそのようなことは他の誰でも、とまでは言わないが、ベルクソンの同時代人たちがもう普通に述べていたことだ（例えばギュイヨー[7]）。ベルクソンのオリジナリティはそこにはない。

ベルクソンの時間論のオリジナルなところは、単に複数の時間が横に並行して走っているというだけでなく、縦に積層しているという点にある。生物種によって、あるいは同じ人間のなかでも個人によって時間が違うという話ではなく、一人の個人のなかに、同時に複数の時間が流れている。ベルクソンは異なる「持続のリズム」という言い方をしているのだが、彼が念頭に置いているのは「スケール」の違いだ。途方もないミクロな時間スケールから、マクロな時間スケールまで、多層的なスケールの時間が同じ一人の人間（あるいは一匹の生物）のうちに走っていて、そしてその構造が、私たちが意識や心を持つこと、想像し発明する知性を立ち上げるための条件となっているというのである。これが、単にバラバラな多元論ではなく、時間に「縦軸」を擁したマルチ「スケール」と形容すべきだと私が考える理由である。

昨今、科学の様々な領域において、マルチ時間スケール（以下、MTSと略記する）の観点に基づく研究が進められている。[8] 脳神経構造におけるMTS、生物時計実装におけるMTS、脳型ロボットにおけるMTS、生物物理におけるMTSなど。もちろんこうした諸研究の哲学的含意は一様なものではないが、少なくとも、時間を複線的に捉える見方は、一定の科学的価値を有しているとは言えるだろう。さらに言えば、狭義の科学的知見にとどまらず、私たちの人間性を理解する上でも重要な射程を持つと私は考えている。ところが、私たちの日常的な思考の背景には、あいも変わらず単線的な、「一つの客観的な時間」という旧態然とした時間理解が、意識されるとされないとにかかわらず、ずっと根深く残り続けている。意識や心や自由といった、今なお十分な解明を見ていない多くの問題は、まさにそうした時間概念そのものが知のボトルネックになっている可能性を示唆している。ベルクソンは、そうした文脈のもとでいち早く、時間概念そのもののアップデートを掲

（7） ギュイヨー『時間観念の発生』（1890）。フイエは、同書に寄せた序文のなかで、時間観念が還元不可能であるということはただちにカントの言うようにア・プリオリであることを意味するのではなく、「純然たる経験に属するもの」、つまり「それを知るには自ら感得してみるほかないもの」である証拠だと述べている（1890 xxxiv）。ちなみに刊行の翌年に、ベルクソンはこの本の書評を書いている（EP 145-152）。

（8） 島崎（2019）は生物の学習と認識を複数の時間スケールを持つ熱力学的事象として捉える。スパイク活動から内在的時間スケールを同定する手法についてはSpitzner et al. (2021)、時間意識と認知タイミングに関わるマルチ時間スケールについてはSinghal and Srinivasan (2021)、MTSを組み込んだRNNモデルについては谷（2018）、私たちの脳神経が実装しているマルチ時間スケールの概要についてはKukushkin and Carew（2017）の意見論文が役立つ。多重時計原理（「コラム　単位以上と単位以下」を参照）についてはブオノマーノ（2018）、学習レベルから進化に及ぶ時間スケールが生物物理において果たす役割ついてはPocheville（2018）、金子（2019）。"multi time scale brain"でgoogle scholarを検索すると一六〇万件ヒットする。

げ、**時間のマルチスケール的共存**という考え方を提唱した人物なのである。

ところで、こんな複雑な多層的時間がこの宇宙に突然降って沸いたとは考えにくい。それが実現するためには、システムの時間構造が進化規模で徐々に拡張されてくる必要があったはずだ。そこで、ベルクソンは、原初的・要素的な物質の相互作用というレベルから始めて、**時間構造自体の成長を進化スケールで辿り直す**——意識というものの成立をその文脈のなかで段階的に位置付ける——という壮大なプロジェクトに思い至るわけである。

他方で、計測の時間のほうもまた、ア・プリオリに仮定して済ませることはできない。時間の線形表象などというものが、タダで手に入るわけがない。実際、素粒子が飛び交っているだけの初期宇宙に、そんな表象があったなどとは期待しようもない（そうした宇宙にも神の目線からは過去未来に広がる時間軸があるとするような立場をベルクソンは取らない。どんな認識も計測も世界に埋め込まれてしか存在しない）。したがって、計測の時間にも、それが出来上がるに至った経緯がある。計測は体験よりも発生的に後である。体験レベルの持続に加えて、記憶や、記憶に能動的に介入する知能が登場しなければ、複数の時点を整合的な仕方で配列するなどという芸当は成り立たないからだ。そうすると、発生の順序からすれば最後のものを遡行的に持ち込むような形でしか、発生論的起源を探究することはできないということになる。時間の起源を問う探究は、このような不条理を宿命づけられている。それでも、ベルクソンは怯まない。二つの時間の峻別を維持しつつ、そして回顧に伴うバイアスに十分留意しつつも、必要とあれば自覚的に援用すらして、探求を踏み進めようとする。制約の厳しい極限的な探究の場面では、方法的な潔癖症を緩めることも時には有効でありうる。

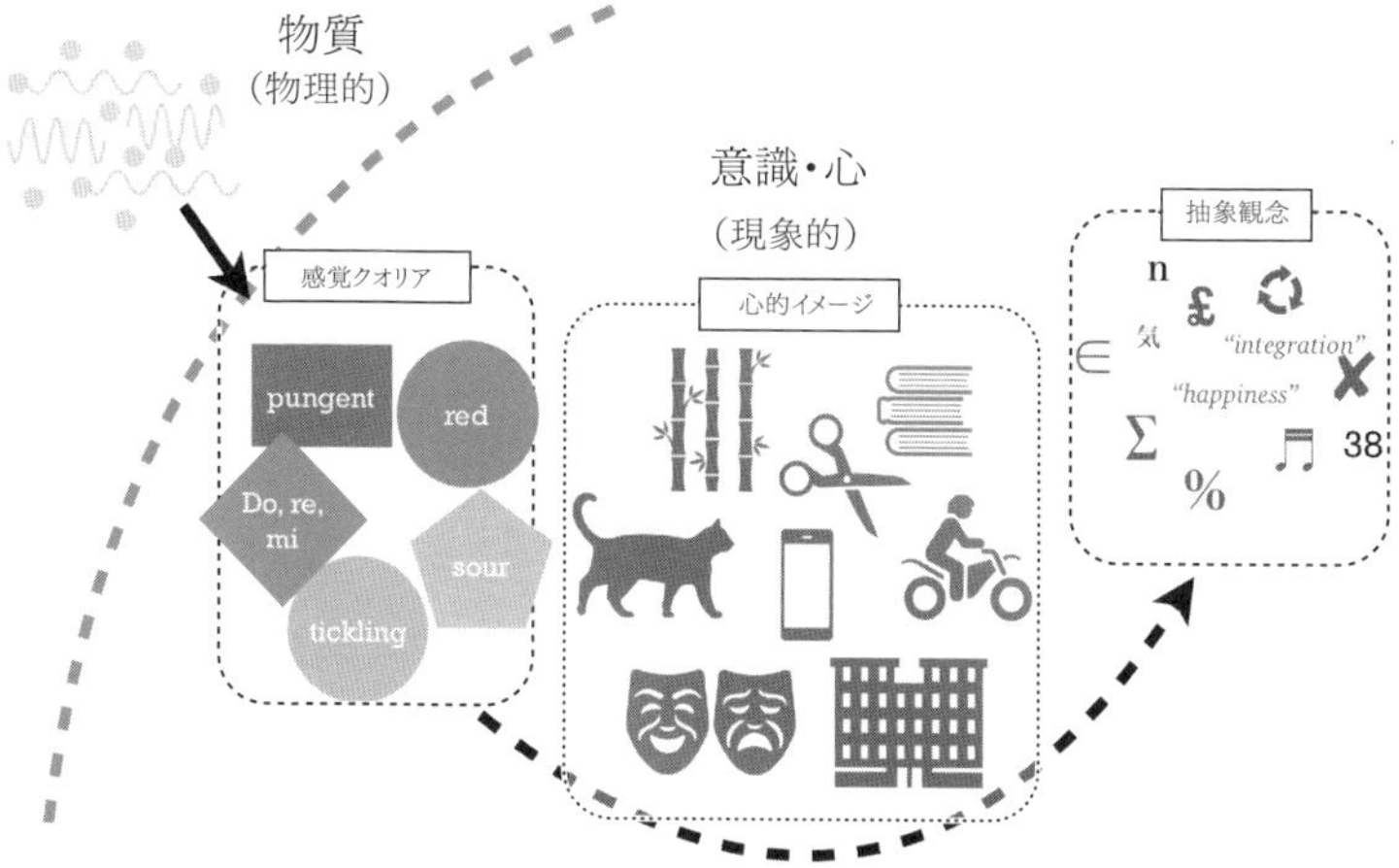

図1　意識・心に関する用語の一般的位置付け：五感を通じて体験される狭義のクオリアを「感覚クオリア」と呼ぶ。心の玄関口にあたる。感覚クオリアが現在の刺激入力に対応してリアルタイムで生成するものであるのに対し、心的イメージ・抽象観念は記憶による中長期的な保持を想定している。心的イメージが経験から受動的に総合されるものであるのに対して、抽象観念はイメージへの能動的・積極的操作を想定している。

時間の二種類の変形

ベルクソンは、要素的な物質から始めて、一から心を作ろうとしている。一口に「心」と言っても、簡単ではない。心は段階的な奥行きを持っているからである。感覚クオリアのわずかな瞬きから始まって、流れを体験する意識ができ、さらに大きな時間窓が開くことで、心的イメージや抽象観念などが構成されるようになる（図1参照）。感情もあるし記憶もある。それなりに長いストーリーにはなるが、一歩一歩ちゃんと辿っていきたい。そうすることでしか、各段階で時間が何をやっているのかが見えるようになってこないからである。

MTSは、先ほども述べたように、システムの〈時間的拡張〉によってもたらされるが、時間に生じる変化はこれだけではない。〈反復を通じて運動回路が改変・アップデートされていく〉という、習慣化・学習に関わる時間的変化がある。繰り返し流れる水によって川の形は決まるし、リスニングを重ねていれば聞き取れるようにもなる。こちらを本書ではベルクソンの用語をそのまま用いて〈**運動記憶**〉と呼ぶ。彼の記憶理論をすでにある程度知っている人は、〈拡張〉のほうがベルクソンのいう「自発的記憶」に対応すると思ってもらっておこう（いずれも後述）。

つまり、私が本書で示すベルクソンの時間哲学は、大きく言って〈**拡張**〉と〈**運動記憶**〉という縦糸と横糸で構成されていることになる。現実のなかで二つはほとんど常に合成されて現れるが、適切な分解によって概念的に直交成分を取り出したものだとイメージしてほしい。生物進化、ひいては創造的知性の登場の背後には、これら二つの時間的変形が働いているのである。

本書の構成

MTSを論じる1章〜3章は〈拡張〉に対応し、私たちの知覚と再認とその背景的構造を論じる4章・5章は〈運動記憶〉に対応している。タイプ的イメージ、エピソード想起そして自由を論じる6章・7章は、〈拡張〉と〈運動記憶〉の掛け合わせ事例になる。この大きな枠組みが議論できるようになるのは、本書後半になってからなので、〈運動記憶〉のことはしばらく忘れておいていただいて構わない。

〈拡張〉がもたらすMTS構造の見取り図は以下の通りだ（図2参照）。前章で話したような時間の流れを体験する〈**持続**〉の水準を中心にして、ベルクソンの議論は、上方と下方に時間階層が広がっている。便宜上、本書では階層0から階層3まで四つのスケール階層に区分して提示した。[9]

階層0には「物質」が位置し、階層1との時間スケールギャップを通じて「**感覚質**」（現代でいう感覚クオリアのこと）をもたらす。これが、ベルクソンが『物質と記憶』第四章で展開している「**凝縮説**」であり、本章はこれを扱う。凝縮のメカニズムは、上の階層まで貫くＭＴＳの根幹をなすのでしっかり説明したい。

階層1と階層2のあいだに持続が成立するわけだが、ここでは上下の時間階層間の縦方向の相互作用が必要になる（2章）。なお、「**注意的再認**」（意識的にものを見聞きすること）におけるトップダウンのイメージ投射（4章）もこの現場で起こる。つまり、私たちの外界認識というものも、下の速い処理と上の遅い処理からハイブリッドな仕方で構築される。今のところは、「持続」と一口に言っている現在の流れが、実際には下と上の時間スケールが合流することで成り立つらしいということを押さえておいてほしい。

階層2は体験の現象的側面の「記憶」（これを本書では「体験質」と呼ぶ）を構成し、それらが累積した階層3は「心」の現象的側面を構成する（同じく「人格質」と呼ぶ）。私たちは、現在の枠内に切り詰められた物体ではない。人生という巨視的な時間を貫いて存続する一人の人格である。この巨大な時間的リソースが、その粒度をダイナミックに変動させうるようなシステム形成を可能にする。これが、「意識の諸平面」を擁するベルクソンの**記憶の逆円錐モデル**のコアをなす考えであり、そこから私の意志的活動・志向性が与えられる（3章）。

（9）　こうした階層の区別は、すでに先行する解釈者たちによって指摘されている。例えばWagner and Srubar (1984) は、はっきりと意識「諸階層（strata）」、「意識のマルチレイヤーシステム」という表現を利用している。私たちの解釈は、これをマルチレイヤーの時間構造であることを前面に打ち出した点にある。

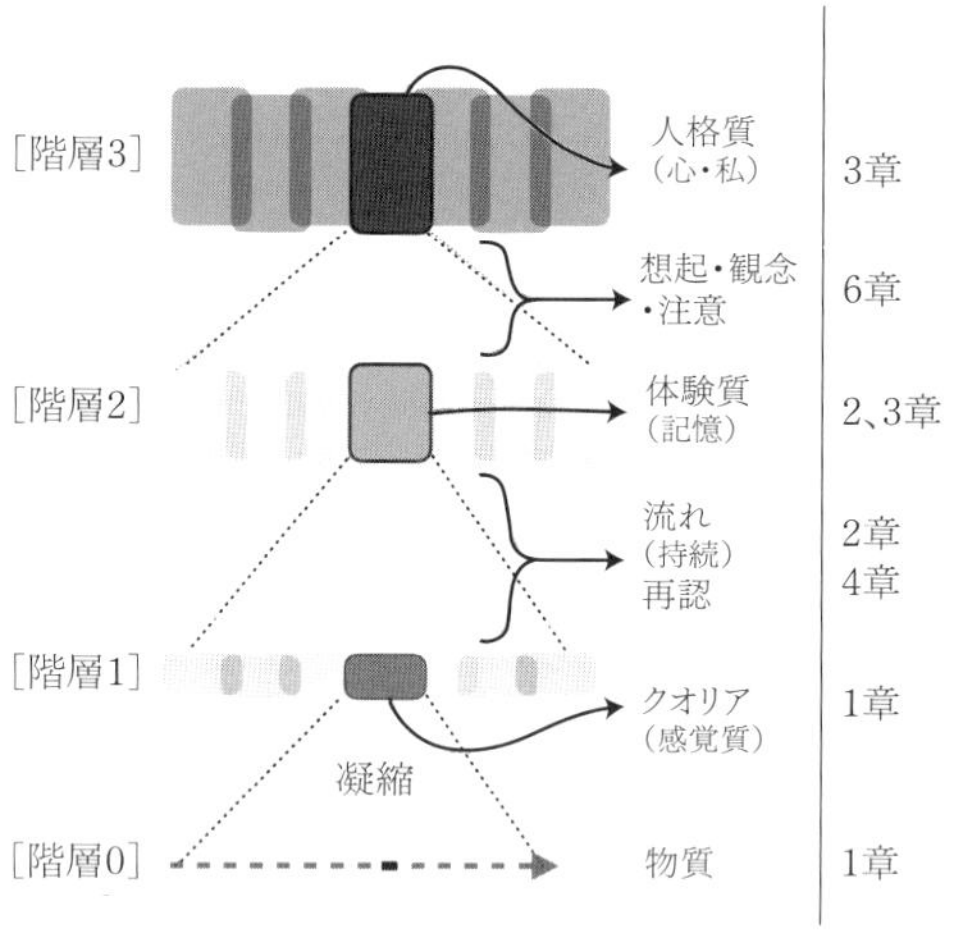

図2　意識・心に関するMTS構造内での位置付けと対応する章：ベルクソン哲学における各要素の位置付けについては、本文を参照のこと。「階層0～3」「人格質」「体験質」は本書の呼び方。(　)内にベルクソン自身の表現から代表的なものを挙げた。〈運動記憶〉の原理（5章）は〈拡張〉と直交する軸であるため記入されていない。

そこに含まれる膨大なリソースを展開し、自動的あるいは能動的に操作することで得られるのが想像や想起、一般観念、注意といった高次認知の働きである（6章）。

個々の論点は順次見ていくとして、この段階で押さえておいてほしいことが一つある。**スケールが変わるということは決して同じことの反復ではないということだ。**この現実世界では、ドラえもんのスモールライトやビッグライトで倍率を変えても同じ仕組みが維持できるようになっていない。ハエを人間サイズにすれば排熱問題で生きていけないし、人間をガンダムサイズにすれば関節が荷重に耐えられずろくに歩くことも叶わない[10]。そのサイズではできないことがあり、そのサイズにしかできないこともある。スケールが変われば、設計からやり直す必要があるのだ。空冷で回せるエンジンの排気量には上限がある（昆虫は「空冷」である)。大きくするには、水冷の仕組みを新しく作り出さなければならない。そして、ベルクソンの目の付け所は、同じことを、時間でも考えようというのである。

2 出発点を見定める——物質の時間

まずは、出発点として与えられているのが何かを確認しよう。階層0である。生物がそこから進化してくることになる物質は、どのような時空的特徴を持っているだろうか。

ベルクソンは、物質と生物を一貫して「システム」として扱う。システムというのは、他のものと相互作用する際のまとまりとして扱われるというほどの意味である(5章)。「物質システム」とは、「中心を持たず」、「各要素がそれ自身に関連づけられた」相互作用の全体として定義されている(11)。難しそうに聞こえるが、ここではこの言葉が指すものとして、「相互作用でできた宇宙全体」のことを考えておけば良い。物質システムは、この宇宙空間を隅々まで埋め尽くしているのに対して、普通、生物のシステムは基本的にローカルなシステムである。

空間の観点から見れば、物質はこの宇宙に等しい、つまり最大の広がりを占めている。それに対

(10) 表面積は長さの二乗に体積は三乗に比例して増加することから、「二乗三乗則」と呼ばれる。
(11) MM (20-22[31-34])。ベルクソンは慎重にも「原因が結果に比例する」という言い方をしており、結果的に、現代の我々が非線形と呼ぶことになった物理系は排除している。

し、時間の観点から見れば、逆に最小の幅を定めるものになる。もちろん、物質しかない段階では比べるものがないので最小も何もないが、後から出てくる生物のシステムと比較しての話である。進化を通じてシステムが徐々に時間的に拡張されていく、その起点となる物質は、相互作用の最小の時間スケールを定義するものとみなされる。[12]このことを、ベルクソンは、物質が「**絶えず再開される現在**」（MM 154[203], 168[220], 236[304]）に封じ込められているという言い方で表現している。

物質は継続しないのか

しかしながら、困ったことに、私たちにはこれに対立するように見える直観もある。つまり、私たちは「物質というものは、私たちなどいなくても、客観的に、「ずっと」存在し続けているものだ」、「物質は、勝手に消えて無くなったりしない、安定したものだ」という固い信念を持ってもいる。実際にデリケートな概念的取り違えに注意しなければならないのは、こちらである。

私たちが、物質について安定的に継続するものだという信念を持っているのは事実だ。そしてその信念は、今の宇宙についてなら、大局的に見て真であると言ってもいい。しかしながら、巨視的な時間についての真なる把握を持てるためには、時間概念、あるいは少なくとも時間展望が実現している必要がある。つまりは、同じ宇宙のなかに、それ〔物質が存続するという信念〕を正当化するに足るほどには巨視的な時間スケールの実在的なシステム（人間でなくてもよい）が成立していなければならない。「外的世界で継起的と称される諸状態は、その各々が**単独で存在するばかり**である。それらが多として実在性を持つことになるのはただ、まずはそれらを保存し、ついでそれらを相互外在化して併置することのできる意識にとってのみである」（DI 89-90[136]）。ところが、そうした巨視的なシステムは宇宙の初めから自動的に与えられているものではない。

誰も計測・記録する者がいない宇宙、より単純で要素的な物質の運動だけからなる宇宙の時代を考えてみてほしい。そこにおいては、何かが「長期的に継続する」ということを示したり知らせたりするような仕掛けが——機械であれ生物であれ——存在しない。[13] 全ての相互作用がミクロな時間幅のうちに完結してしまっているのだ。何らかの時間軸を外から「持ち込み」でもしない限り、そうした相互作用が「巨視的な時間を通じて継続する」とは言えない。[14] 物質が「絶えず再開される現在」から一歩も出られないのは、そのためである。

勘違いしてはいけないのは、その瞬間一つにおいて、物質はれっきとした現実作動の実在であるという点だ。そして、その点では、次節で見る生物システムも同等である。両者は、それらの時空的広がりにおいて異なる。物質システムは、空間的な広がりにおいて最大だが、その時間幅は最小とされる。逆に、生物の感覚‐運動システムは、空間的には局所的である代わりに相対的に大きな時間スケールを獲得している。ここから始まる長い創発の連鎖の果てに知性を持つ生物が登場し、巨視的な時間内での出来事の配列を整序して、そこからようやく「関係構造」としての時間を抽出するに至る、という順序だ。このように、システムの実現する順序から考えていくと、物質と、知

(12) 物質が最小の時間幅とは言えプロセスに属するものとみなされるようになった点は、『試論』から大きく変わった点だ。

(13) しかも6章で見るように、時間がタイプ的に「潰れている」ため、質的に異なる諸時点というものが成り立たず「経過する」という構造自体が樹立していない。ベルクソンが「絶えざる再開」と呼ぶのはこうした水準のことだと解釈できる。

(14) 「神でもいれば話は別だが」と付け加えたいところだが、相互作用なしに観測はなく、相互作用の外に時間はないと考える徹底した関係主義の立場からすれば、それすら言えない。

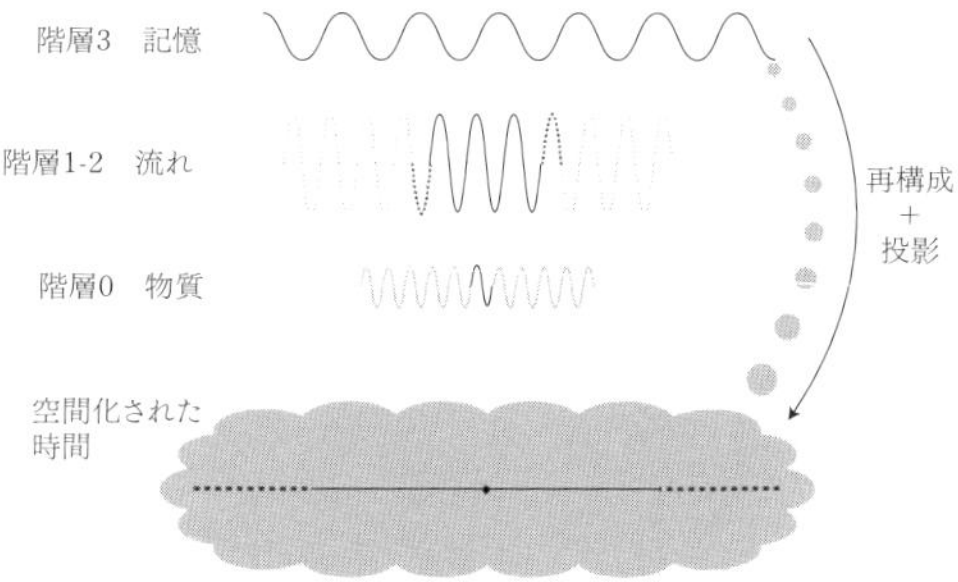

図3　物質に投影される時間

的に再構成された物質表象とは、時間進化の始点と終点の対極に位置するとさえ言える。

地図と土地の概念的混同を避け、抽象的に表象された物質から、具体的な作動態における物質を識別することで、後者を極めてミクロな時間幅に収まるものと定義する次第は見えてきただろうか。

用語の導入——瞬時・瞬間・流れ

ここでいくつか時間に関する用語を導入しておこう。まず、ある特定のシステムが内在的に弁別しうる最小時間単位を「瞬間（moment）」と定義する。「内在的に弁別する」というのは、外因の時間的変動に対してどれだけ鋭敏に追随できるかということで考えてほしい。一般に、瞬間のサイズはシステムごとに異なる。[15]「瞬間」は、この意味で幅を持つ。そして文字通り幅ゼロの、つまり理念的にしか存在しない「瞬時（instant）」と対比される。[16]

そして本書では、「流れ」というタームを、そのシステムにとっての複数「瞬間」にまたがる「幅」を要するものとして用いている。その意味で、一瞬間だけでできている物質は、流れようがない（序章末尾参照）。だが、つい先ほど述べたように、物質は一瞬間であっても現実の作用である限り実在である。こうした語彙の準備によって、物質から生物までをシステムのタームで包括的・連続的に語る準備が整った。では、いよいよクオリアの成立を見届けることにしよう。

3　クオリアの何が問題なのか

「説明されるべき違い」

では階層1に進もう。クオリアがどのようにして発生しているかについては、現在においてなお、誰もが認めるような共通見解は存在しない。カメラでも、赤と青の区別はできる。味分析装置は、苦味や渋みを判定できる。しかし、私たちとそれらとの違いは、私たちが赤や青、苦味や渋みを体験する時に、「こんな感じだ」という質として体験しているという点にある。これがクオリアだ。物質にはないはずのものが、意識のなかでは生じているのだから、チャーマーズによって「ハード・プロブレム」と名付けられる通り、これを説明するのは難問だということは予想していただけるだろう。この難問に対してベルクソンは、いったいどのようにアプローチしているのだろうか。

クオリアの問題については多くの混乱が予想されるので、まずはベルクソンの立てている「問題」を正確に位置付ける。同じ問題への二つの「解答」は対立・競合しうるが、別の問題を考えていてはそもそも同じテーブルについていないからだ。ベルクソンと同じテーブルにつくまでには、以下の**三段階のチェックリスト**がある。

---

(15)　なお、これは計測の単位とは別である。計測の単位は、人間が勝手に取り決めた時間長で、システムにとっては外在的なものにすぎない。

(16)　ごく僅かだが幅があるというニュアンスで「**準瞬時的**（quasi-instantané）」という形容が使用される場合もある。木岡（1984）を参照。ただし、他の用語についても言えることだが、ベルクソンはこうした区別を機械的に厳守するわけではない。なお、瞬間と瞬時の区別については、デカルトでもなされている。武藤（1994）、吉田健太郎（2000）。

チェックリストの第一段階は、**①機能面ではなく現象面の問い**だという点である（図4）。そもそもクオリアの問いは、「どうして私たちが赤と青を区別できるのか」と立てるだけではうまく伝わらない場合がある。説明の森に分け入っていくうちに、「説明されるべき違い」がどこにあるかを見失ってしまうのだ。よい説明とは、説明されるべき違いを、それとトリヴィアルに同一ではない別の違いによって説明することを目指すものだ[17]。クオリアの問題において、「説明されるべき違い」とは、（a）「六三〇nmと四六〇nmの電磁波」の違いではない。それは単に物理学の問題だ。それはまた、（b）「六三〇nmと四六〇nmの電磁波の違いを識別できる状態と識別できない状態」の違いでもない。これは単に観測**機能**の問いでしかない。そのメカニズムならとっくにわかっている（カメラでも人間でも、特定波長に対応するセンサーが付いていてそれらが応答している）。そうではなく、（c）「六三〇nmと四六〇nmの電磁波の違いを単に識別できる状態と、その違いを体験の質の違いとして内的に識別できる状態」の違いである。

私たちの脳内で行われている画像処理なら似たようなことをデジカメでもやっている。それは物理的に説明できる「機能」の話だ。だが、デジカメには、そこに写っているものは「見えて」いない（つまり「現象」が伴っていない。図4（1））。そこが「説明されるべき違い」なのだ。

つぎに、同じく現象面に関わる問いのなかで、相関・決定の問いと産出の問いを区別しよう。これがチェックリストの第二段階になる。つまり、ベルクソンが扱っているのは**②相関・決定の問いではなく産出の問い**である（図5）。

脳がある状態Aをとると、意識はαという状態になり、脳がBになるとそれに応じて意識もβになる。脳がCの場合には意識は消えるとしよう。そうすると、「脳が意識を生み出している」こと

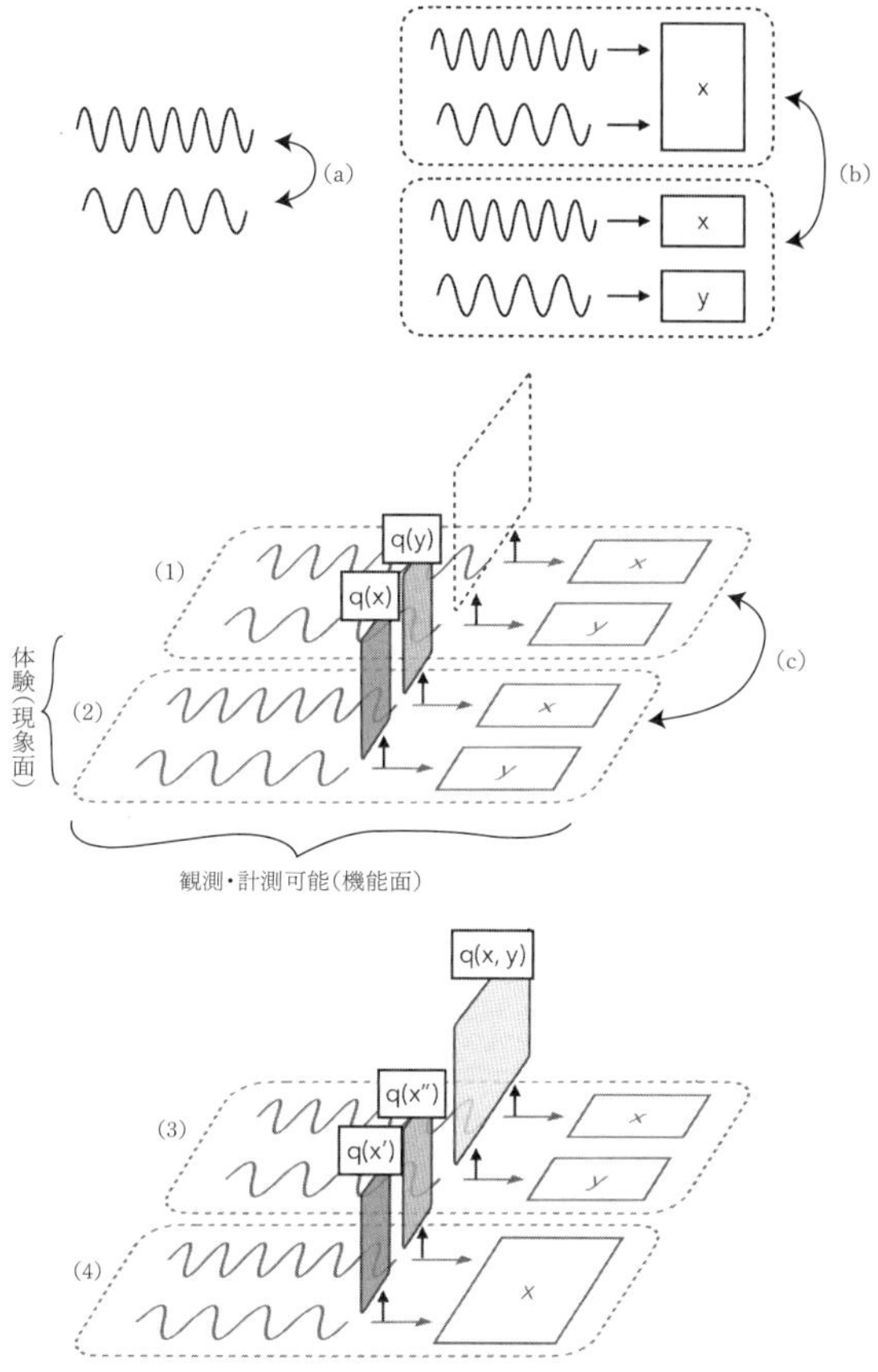

図4　機能面と現象面の違い：(a) 二つの異なる物理刺激の違い、(b) 異なる物理刺激を識別できるかどうかの違いではなく、(c) 異なる物理刺激を「体験される質（現象的質）の違いとして」識別できるかがクオリアの問題。入力の違いと出力の違いは外から観察・計測できる。図 (2) では物理状態の識別 (x, y) がなされていると仮定した上で、対応するクオリアによる識別 (q (x), q (y)) が成立している状態を描いた。成立していない (1) はデジカメや哲学的ゾンビ。逆転クオリアは、(2) が二人分用意されたときに双方のq (x) とq (y) が食い違っているケース。(3) は観測可能な識別は出力できているが、体験の質の水準では識別できないケース。(4) は観測可能な識別は出力できていないが、体験の質の水準では識別できているケース。ただし、同じ (c) の問題でも、機能面との相関・決定関係を調査する探求と、ベルクソンが扱う産出の問いはさらに別である。

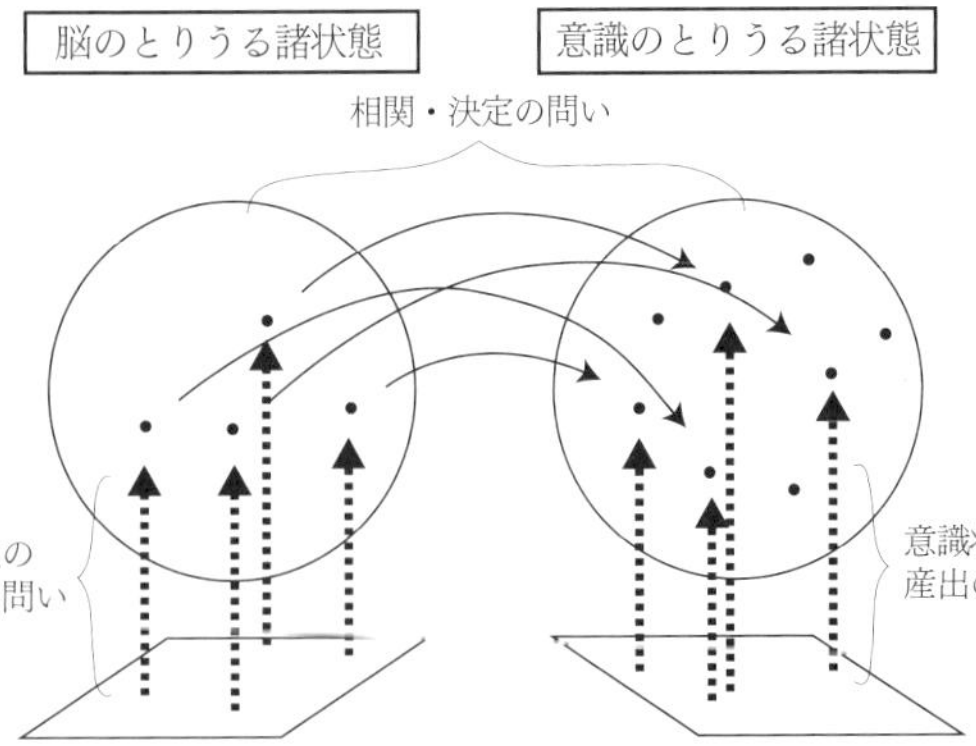

図5　相関・決定の問いと産出の問い：現代の意識の科学で探求されているのは、どんな脳状態にどんな意識状態（クオリア）が対応するかという「相関・決定の問い」。脳がある状態になるとクオリアがある状態になるというルールを発見する営み。意識状態の「産出の問い」はこれとはまた別の問い。

になるだろうか。答えは、「ならない」である。決定は、相関の一種でしかないからだ。それは、「意識ゼロ」の状態を含む相関でも同じである。

蛇口をひねるとその度合いに応じて水流が増し、締めると水は止まるが、別に蛇口が水を生み出しているわけではない。リモコンのボタンで番組を切り替えられ、別なボタンを押すとテレビ自体が消えるが、リモコンが番組を生み出しているわけではない。

一般に、決定は産出を含意しない。

脳と意識の「対応表」を作るという仕事と、特定の脳状態を産み出すメカニズムの探求は、別なものであって、別に排他的なものでも競合するものでもない。それと同じように、**クオリアの産出メカニズム**を考えようというわけである。(18) それは相関の探求と敵対したり矛盾したりするものでは全くない。

「作る」の意味

産出の問いに辿り着いたところで、今度は「産出」という語の多義性の落とし穴が待っている。

チェックリストの第三段階だ。ベルクソンが示そうとしているのは③「無からの創造」ではなく**「素材の加工」という意味における「産出」**である（図6）。

一般に、「産出する」とか「作る」という言葉の多義性に、人は足元をすくわれる。そこで二つの意味を区別しよう（図6）。「作る①」は、「無から何かを産み出す」という正真正銘の超常現象の意味で、神でもなければ成し遂げようがない。「作る②」は、**「ありもの」を加工・整形・編集するという意味**だ。地上の生物になしうるのは第二の意味しかないはずで、第一の意味のほうは、神話以外の場所では「ふんわりとした比喩」として用いられるものでしかない。馬が仔馬を「産み出す」場合でも、仔馬が無から忽然と出現するわけではない。元を辿れば餌や水など世界から提供された「素材」が、母馬の胎内で一定の仕方で組織されることで仔馬の**「形をとる」**だけのことだ。麻婆豆腐を「作る」といっても、ひき肉や豆腐といった素材を料理人がフライパンの上に突如沸き起こすわけではない。素材は普通に仕入れてきて、それを**「調理」**するだけだ。

もしクオリアが自然現象なら、同じことが当てはまらなければならない。「非物質だから無から作ってもよい」という話にはならない。それは説明の放棄に等しいからだ。クオリアはでたらめに発現するわけではない。

そしてもし第二の意味で脳がクオリアを「産み出す・作る」というなら、クオリアというものの

（17）G・ベイトソンが情報を「違いをもたらす違い」と定義したことは有名である（2000 602）。

（18）もちろん、産出そのものを見たり聞いたりすることはできない以上、この問いの「応答」においては、相関を用いることになるが、ここで区別しているのは「問い」そのものがどこを目指しているかの区別である。さらに進化水準と個体水準の区別があるが、それは後述。

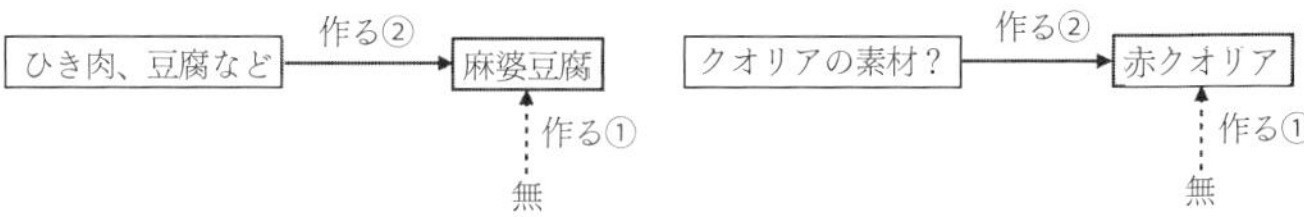

図6　クオリアを「産み出す・作る」の意味：通常の事物の場合物理的存在に可能なのは「作る②」だけである。非物理的なクオリアでも事情が同じだとすれば、説明すべきは「素材」の候補と、それを「どう加工・調理するかのメカニズム的説明」（作る②）の候補。

「素材」を示さなければならない（図6右）。確かに、そこが難しい。クオリアは分子でできていないし、質量も持っていない。そんなものの素材をどうやって用意するのだろうか。だが、それができないのであれば、「脳が産み出す」は、実質、魔法のほうの意味（①）になってしまう（MM 201[262]）。

だから、何かカテゴリーからして違うところに「素材」を探し求める**態度変更**の必要がある。養分をとってそれで皮膚や血液を作るのとは訳が違うである。さらに、素材を見つけたとしても当然そのカテゴリーが違ってくる以上、求められているのは通常の物理的因果的産出とは違う説明原理となるはずだ。

以上、三つのチェックリストを通じて、ベルクソンが扱っている問題を絞り込んだ。私たちは、外から観察できない「体験」の領域（現象面）で、物理的には量的・機能的に記述される事象を、質的なあり方に変換して味わっている。彼がターゲットにしているのは、それがどうやって産み出されているのかの「レシピ」だ。無からの説明を避けるからには、「レシピ」には、「調理法」（図6の「作る②」の横矢印に対応）**だけでなく**、「素材」が必要である。次節から見るように、ベルクソンはその両方を含むレシピ案を提供している。それが凝縮（contraction）説である。

脳は魔法のランプじゃない

「随伴現象説」は、現代でもなお常識のデファクト・スタンダードである。

「脳がクオリアを生み出す」とするこの立場に対して、ベルクソンは批判的である。[19] その理由が、右記の点にある。

現在、この立場が抱える問題点としては「現象報告のパラドクス」[20] や進化的意義などがよく知られている。だが、ベルクソンの批判点はそこ（だけ）ではない。そうした批判は、主に意識が物理状態に対して無力である点、つまり意識から物理への因果を認めない点に向けられるが、彼は随伴現象説のもう半面、つまり「脳が意識を生み出す」点にこそ重大な批判を向けているのである。

脳が「歩行を引き起こす」なら分かる。「発声を引き起こす」のも分かる。神経を伝わる電気信号によって足腰や顎や喉の筋肉が次々と収縮されるという実現メカニズムが言えるからだ。だが、同じように脳が「赤クオリアを引き起こす」というのは単純にカテゴリー・ミステイクである。

脳による産出を否定することで、ベルクソンは物理学を貶めているのではない。むしろ、擁護しているのだ。なぜなら、この「産出」が空語でしかなく、もしこれを通してしまえば、むしろ〈**コストゼロで生み出せる自然現象を認めることになってしまう**〉からである。

(19) ベルクソンは、この仮説はもともとは暫定的・消去法的な作業仮説であったはずで、その身分を保持している限りは批判の対象ではないとしている。科学的探究の当座の指針として採用された作業仮説が、いつの間にか検証された理論であるかのように取り違えられる次第を、『精神のエネルギー』所収の講演「心と体」で丁寧に描写している。

(20) 随伴現象説によれば、物質の「因果的閉包性」のゆえに、クオリアが物理状態に介入する（「心的因果」と呼ばれる）ことはあり得ない。そうすると、私たちがクオリアについて記述したり哲学談義をしたりできる事実と矛盾する。このパラドクスをこう呼ぶ。「進化的意義」とは、意識が実効力を欠くならなぜまだ淘汰されず残っているのかという問題だ（HTM 318）。ベルクソンは、教室の外に立たされて何も言わせてもらえない「罰をくらった子どものよう」という、なんとも可愛らしい比喩で痛烈に揶揄している（PM 137）。Wormsも、感覚質は現象内容だけではなく「働き」を持つことを指摘している（1997 240）。

物質は物質にしか作用しないし、物質からしか作用を被らない。この原理を「因果的閉包性」と呼ぶ。随伴現象説が相互作用説を批判するのに用いるまさに同じ原理が、ブーメランのように戻ってくる。クオリアが、脳内の電気パルスを引き起こせないなら、逆もまたしかりではないのか。ベルクソンは、「魔法の杖」（MM 37, 38）を振るのはやめよと言う。「脳が生み出す」というのは耳障りはいいが、結果的に、クオリアの出自を**むしろ魔術化・神秘化してしまう悪手**だというのだ。

ベルクソンは脊髄と脳に電流が流れる場合を比較して、こう述べている。同じ電流が脳を経由しただけで「事物の表象に姿を変えられる奇跡のごとき力をこの運動がそこから汲み取るなどというのは私にはさっぱり理解できないし、この先も理解できる気がしない」（MM 25[38]）と。[21]

実を言えば、随伴現象説の生みの親とされるハクスリー自身、『生理学と衛生学の基礎』（1868）のなかで、神経組織が刺激された結果として意識状態がどのようにして生じるかについては、「お話のなかでアラジンが魔法のランプを擦ったときにジン〔ランプの魔人〕が現れるのと同じくらい説明がつかない」と自白していたのだった。[22] ランプが照明を引き起こすのはわかる。オイルが燃焼するからだ。損壊を引き起こすのもわかる。力学法則に従って運動するからだ。しかし魔人の出現が、もし事実なら、「ランプを擦る」ではまったく説明に貢献しない。原理的に新しい説明が必要だ。

ベルクソンもこれを読んでいたかもしれない。一九〇二年の講演「知能について」のなかで、先ほどの「魔法の杖」に加えて、「妖精に貸し出されるアラジンのランプ」（EP 273）を「無用の贈り物」に並べているからである。

4　クオリアと時間

そこでベルクソンが目をつけたのは、**時間スケール**だったわけである。

例えば赤色のノートが目の前に見えるとする。この時、別にノートの表面を赤色の原子が覆い尽くしているわけではない。原子に色などついていないからだ。その表面に反射した光が私の目に届くわけだが、この反射光に色がついているわけでもない。確かに、ノート表面で他の波長は吸収されて、特定の（例えば六三〇nm程度の）波長の電磁波が反射される。しかし電磁波は赤くない。それが網膜の錐体細胞を興奮させ、電気信号に変換された刺激は視神経を伝って脳に入っていく。しかし神経のなかを赤色の何かが流れていくわけではない。脳まで行っても話は一緒だ。脳のなかを埋め尽くしているのは、灰色の神経とグリア細胞たちであって、ノートの赤色はどこまで進んでも登場してくれない。では、どこで生じたのか？

そう、「どこで」生じたのか、と私たちは問うてしまうのだ。しかし「どこで」という疑問符は、空間の問いである。ベルクソンはこう述べている。

実を言うと、もはや物体について語っていないときにも「どこ」という問いが意味を持つのか、

（21）この点は、のちのち脳が記憶表象を生み出すわけでもないことを理解する上でも重要である。3章。

（22）Huxley and Youmans (1868 178)。ただし、のちに出た改訂版（1896）では、この比喩は削除されている（§234 216）。なお、「ジン」の名は『アラジンと魔法のランプ』におけるアラビア語の呼称であるが、現代では「ジーニー」の名の方が有名かもしれない。なおこの引用はギンズバーグ＋ヤブロンカ（2021）におけるエピグラフから知った。

私には分からない。(ES 55)

この「どこ」という疑問符自体が、答えのスコープ〔対象範囲〕を制限してしまっていることに気付かぬほど、私たちの知能は深く空間へのバイアスに犯されている。もうお分かりだろう。見逃しているのは、時間次元だ。ベルクソンが、心身問題を「時間の観点から」(MM 74[95])立て直すと述べていたのはこういう事情があるためだ。

感覚 - 運動システムを時間で見る

では、時間を使って、クオリアの発生の問いはどのように立て直されるのだろうか。

まずは、物質の時と同じように、生物をシステムとして、つまり相互作用において捉える。ある生物個体を考えよう。生物も環境と相互作用する。環境から及ぼされる作用は感覚によって、逆に環境へ及ぼす変化は運動によって担われる。これが生物のふるまいの基本形であるから、ベルクソンは生物のことを特に「**感覚 - 運動システム**(système sensori-moteur)」と呼ぶ。この言い方そのものは生理学においてごく一般的なもので、現代でも通用するから、いっそう注意が必要なのだが、ベルクソンはこの感覚 - 運動システムという言葉に、ある特定のニュアンスを持たせている。[23]

私たち人間の身体には、日や耳、全身の皮膚などから刺激を中枢へと吸い上げる感覚神経と、逆に中枢から全身の筋肉へと指令を送る運動神経とが備わっている。根っこのように枝分かれした神経の図を、教科書などで見たことがあるだろう。ベルクソン自身、著作のなかで明示的に言及しているから、当然これらの神経のことを知ってはいる。しかし、それを**空間的にではなく時間的に**、解剖学的な事物としてではなくリアルタイムの作動において見るのが肝心だ。単に、身体のなかに二種類の神経が張り巡らされているのを思い描くのではない。生きて働いている身体を考えよう。外界には、これらの神経を興奮させる様々な刺激要因が行き交っていて、そのうちのいくつかが私たちの感覚器官をたまたま興奮させ、それが神経を通じて体を駆け巡り、中枢を通過して、今度は筋肉細胞へと伝わり、私の四肢が動き、環境に変化をもたらす。環境から入ってきてそして環境に出ていくまでの感覚‐運動の一行程分を、途切れないひとつながりのプロセス（「ひとつの緊密な全体(un tout solidaire)」(MM 41[56], 241[310])）として捉えるのである。繰り返されるそのプロセスが示す相対的に安定した時空的まとまりを、感覚‐運動システムと考えるのだ。[24] さらに、より重要なことに、このシステムは時間的に、一つの瞬間をはみ出して一定の幅を占めている（現に次章で見るように、ベルクソンは、この感覚‐運動システムを用いて、その生物の「現在の幅」を定義する）。

感覚‐運動システムを空間的にではなく時間的に、環境から入ってきて身体のなかを抜けていくひと繋がりのプロセスとして思い描いているのがよく分かるのが、彼が愛用する「引き延ばす(prolonger)」という動詞である。生物身体において受容された感覚刺激が中枢を経て運動へとリレーされていくことを、感覚刺激が運動反応へと「引き延ばされる」という言い方で頻繁に表して

(23) 物質のミクロなスケールにまで分解すれば生物の内外に境界線はない（物質システムは宇宙全体に及ぶ）が、生物自身の相互作用のスケールでは空間的広がりは有限である。これは、外から持ち込んだ恣意的な分割ではない。太陽系《システム》についてベルクソンはそれを「相対的に閉じたシステム」と呼び、「人為的に、単なる便宜上の理由で、われわれの太陽系を他から切り離すのではない。自然それ自体がそうするよう誘うのである」と述べている（EC 242[307-308]）。

(24) 運動記憶の働きがここに関係しているが、詳しくは5章で説明する。

いる。[25] その意味するところは、感覚刺激が間延びしたものになるということでも、感覚と運動の連携がそうなるということでもなく、受容された感覚刺激が作用として伝搬されていくプロセスがそのまま運動反応へと引き継がれるという、プ、ロ、セ、ス、進、行、の、切、れ、目、な、さ、のことである。これは経験上、『物質と記憶』を繙く人が、初めに引っかかる言葉遣いランキングで確実に上位に入る動詞のようなので、これからベルクソンのテクストにチャレンジされる方は注意してみていただきたい。

進化における生物システムの時間的拡張

さて、このように物質と生物を一貫して作用・反作用のシステムとして見る観点が設定できる。**「生きている」とはどういうことか、とか「物質」とはどういうことか、という本質談義は後回し**だ。二、つ、の、領、域、を、ま、た、ぐ、発、展、や、推、移、を問題にしているときには、各項を固定的に定義してしまうと身動きが取れなくなるのがオチだからである（例えば「子ども」と「大人」をガチガチに定義すると、「子どもが大人になる」ことがパラドクスになってしまう）（プラトン『パルメニデス』151e-152c, EC 312[396], 杉山 2006 75-77）。こうして、相互作用の時間的特性だけに注目することで、事象を分断せず、包括的に見渡し比べることができる。[26]

生物進化の初期に現れた生物は、大きめの分子と大差ないものだったかもしれない。しかし多細胞になり、神経系が登場し、構造が複雑化するにつれて、生物システムは、その（感覚と運動という）相互作用において、巨視的な時間スケールを占めるようになる（図7参照）。神経を持たない単細胞生物では、システムの時間的拡張の度合いはきわめて乏しいと考えられている。ベルクソンは、原生動物の突起、棘皮動物の菅足など、感覚器官と運動器官が未分化な生物にあっては、「知覚と反応のプロセス全体は、〔物質において〕機械的衝撃に必然的運動が続くのとほとんど区別されない」(MM 28[42])と述べて、物質同様、ほぼ還元的に扱えると想定しているようだ。[27] ここから、生物の進化を、単にその組織の複雑さによってではなく、時間的「遅延」によって特徴付ける視点が得られる。それが意識の登場を条件づける。「**意識の遅延テーゼ**」だ(6章)。

ベルクソンは、こう述べる。単純な生物においては作用に対する反作用は「ほぼ待ったなし」(MM 28[41])であるが、意識的な遠隔的知覚(視聴覚)が登場するのは、生物がより大きな時間スケールを制御可能になり、反応の「期限を延期」し、刺激が「もはや必然的な反作用へと続いて引き延ばされなくなる」(MM 28[41])まさにその時である、と。情感(affection、身体内部についての体性感覚のこと)もまた、「その生物種に脅威となる一般的な危険を感覚によって知らせ、危険を逃れるために行うべきあれこれの用心についてはそれを種の個体それぞれに委ねる、そのとき」(MM 12[22])に現れる。「マズい」状況だということは本能的に(＝種レベルで)わかるのだが、「じゃあどうするか」というのは場面で勝手に(＝個体レベルで)判断しなさい、というわけだ。こうした感覚と運動間の非決定性のギャップが、(単なる間延びではないという意味で)機能的な遅延をもたらす。[28]

(25) 『物質と記憶』のなかだけでも三〇件以上の用例がある頻出動詞である。
(26) このように、「何であるか」という本質を先に決め打ちしてしまわず、まだ名前のない働きやその構造の方から世界の理解を作っていくのは、ベルクソンの哲学的な手つきの特徴で、有名な「**イマージュ論**」はその最たる例である。ベルクソンは、『物質と記憶』第一章において、物質であるか表象であるかを問わずいっさいを「イマージュ」と呼ぶことから問題を立て直し、実在論と観念論という伝統的な認識論の膠着状態を打開することを試みている。
(27) Prosserは、ムクドリやハト、リスを人間よりもはるかに「速い」生物として、オオガメを最も「遅い」生物として引き合いに出しつつ、様々に「異なるペース」の経験を例示している(2016 85)。

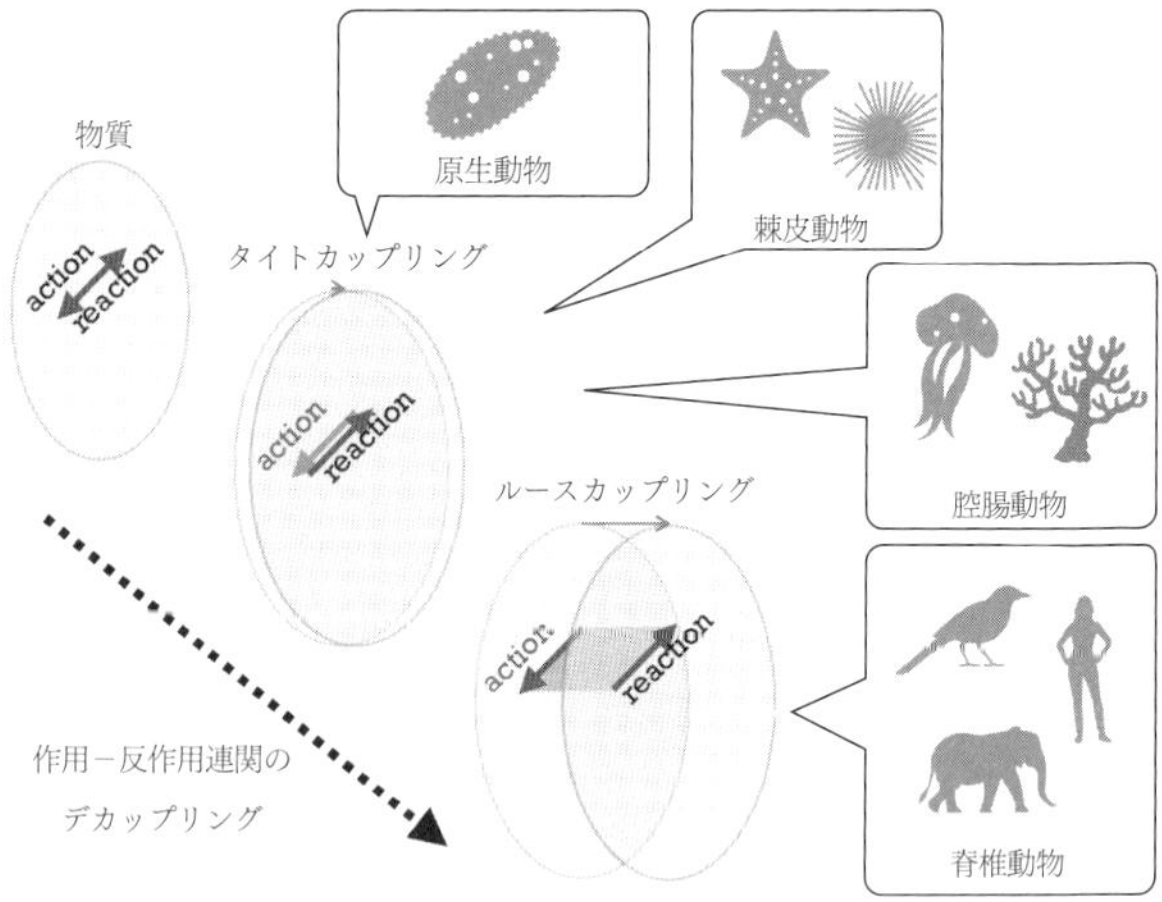

図7　進化におけるシステムの時間的拡張：進化を通じて生物入出力の時間スケールが拡張する。[29]

方針は明瞭だ。無生物と生物、物的なものと心的なものの区別をア・プリオリに前提することなしに、環境との相互作用ループから成るシステムが、少しずつ大きな時間スケールを確保してきた歩みとして、進化を捉え返そうというわけだ。

この、システムがより大きな時間幅をもつようになるということを、ベルクソンは「自分がこの語に与える特別な意味での記憶力」（MM 250[321]）と名付けている。同じものを、私はよりわかりやすさを重視して時間的〈拡張〉と呼んでいる。簡単に定義を与えておけば、〈その働きがなければ過去として手放されていたはずの要素を保持し、現在のうちに取り込むことで、システムに直接利用可能な時間的要素を拡張する〉、そういう働きのことである。

凝縮説入門

さて、前節ですでに「瞬間」という用語を導入しておいた。システム内在的に弁別可能な最小時間幅のことである。感覚－運動システムとしての生物にも、瞬間がある。私たちの知覚には、もはや別々の要素として識別することができなくなる、時間の最小単位というものがある。もちろんそれらは生物ごと、感覚モダリティごとに異なる。例えば人間の聴覚は二ミリ秒の**時間分解能**（どれだけ細かく時間を捉えられるかの能力）を持っており、ベルクソンは、エクスナーによって求められた二ミリ秒という値を実際に利用している（MM 231[298]）。視覚ではこれが二〇ミリ秒程度となる（ペッペル 1995 20）、つまり毎秒五〇コマの識別が限界ということだ。ハエの視覚は毎秒一五〇コマなので、時間分解能はハエの方が高い。

私たちの知覚は、けっしてスケールフリーの万能選手ではなく、ある特定の時間スケールにはっきりと制約されている。自分に割り当てられた時間スケールにとって速すぎる変化も、遅すぎる変化も、私たちは体験することができない。実際には点滅している蛍光灯は私たちには速すぎて点滅しているように見えない（が、ハエにとっては点滅しているらしい[30]）。

---

(28) 内部的な無数の遅延の調整が、体性感覚（ベルクソンはこれを「情感」affectionと呼ぶ）としての意識をもたらす。6章1節を参照。

(29) 兼本（2016）の第二章および第三章では、確率論的なオートマトンとでもいうべきゾウリムシから始めて、多細胞ではあるが神経を持たない海綿、神経を持つが中枢を持たないヒドラ、神経環を有するクラゲへとちょうどベルクソンの議論をなぞる形で紹介されている。生物におけるタイトカップリング、ルースカップリングについては大沢（2017）を参照。大沢自身は化学反応とそれにより生じる物理的変化のレベルでルースカップリングを考えており、マクロに用いる私の用法とはずれている点には留意されたい。Moreno and Mossio（2015）はデカップリングを生物の行動の複雑性の条件としている。

(30) ハエのチラつき融合頻度（CFF：critical flicker frequency, critical fusion frequency）は一五〇Hz程度だと言われている（水波 2006 48-49）。とはいえ、こうした時間分解能が、単純に知覚器官の性能だけに依存しているか、より複合的な要因に基づくかには注意が必要である。

私たちの意識が体験する持続は、ある特定のリズムにおける持続であり、それは物理学者が論じる時間、すなわち所定の間隔のうちにいくらでもたくさんの現象を収めることができる時間とは、全く異なる。一秒間のあいだに、赤色光という、〔可視〕光の中で最も波長が長く、したがってその振動数が最も少ないものでさえ、四〇〇兆回の継起的振動をおこなっている。〔…〕われわれの意識が知覚する持続においては、所定の間隔は、ある限られた数の意識現象しか含むことができない。（強調引用者、MM 230-231[297-298]）

ベルクソンの考える持続は、時に誤解されるような、いかなる輪郭も持たない不定形の流転などではない。彼は何度も、一つ一つの持続に固有の、本来的分節、内的構造があることを強調している[31]。生物の時間にはちゃんと「かたち」がある。だから持続の「リズム」と言うのである。ベルクソンが計算して求めているように、赤色光の振動は毎秒四〇〇兆回だし[32]、私たちの視覚は二〇ミリ秒という時間単位を下回ると一コマ一コマを識別できなくなる。これが、「ある限られた数の意識現象しか含むことができない」ということだ（具体的には視覚については一秒に五〇個だ）。ざっくりとした一般論ではなく、このように個別具体的な、システムに内在的な時間特性に基づいて、意識の謎に一歩ずつ迫っていくのが、ベルクソンのスタイルである。

さて、赤い光が私たちにとっての瞬間、つまり二〇ミリ秒だけ瞬いたとしよう。それは私にとっては、チラリと垣間見えたたった一個のクオリアでしかなく、そこで継起的な現象が起こっているようには感じられない。現実には、その期間に光は約八兆回もの振動を順次行っているというのに、だ。私の身体は、ミクロな現象に比して時間的に鈍感で、そこにある膨大な数の事件を潰してしまう。さて、それは単なる損失だろうか。ベルクソンは、そこで、他ならぬ赤という質が、その代償として得られていることに着目する。クオリアは、そこでミクロ側では起こっているはずの「数多くの内的な反復と進展の効果」(MM 234[302]) なのだとベルクソンは言う。

> 何兆もの振動が私たちにとっての一瞬のあいだに遂行されているわけだが、知覚される二つの色の還元不可能性は、この狭い持続のうちに、そうした何兆もの振動が凝縮されることに起因するのではないか。(強調引用者、MM 227-228[294])[33]

感覚クオリアが生じるのは、このスケールの隔たりによる一種の時間的粗視化の効果だという仮

(31) この点は、現代のリズム論において例えばソヴァネがリズムを構成する三要素の一つに「構造性 (structure)」を取り上げていることに照らし合わせても興味深い。『物質と記憶』に始まったわけですらなく、すでに『試論』から拍子・尺度 (mesure) の問題を視野に入れている。藤田 (2021)、山下 (2021)、小倉 (2021)、伊藤 (2021) を参照。有限分割可能性については濱田 (2021) を参照。

(32) 光速が秒速三〇万kmであるので、これを赤色光線の最大波長七五〇nmで割ると求まる。だが、ベルクソンが引用している二ミリ秒は聴覚の時間分解能であり、視覚のそれははるかに劣りおよそ二〇〜三〇ミリ秒であることが現代では知られている。したがって、視覚にとっての最小時間単位あたりの振動数は、ベルクソンが想定したものよりも一桁多く、八兆回となる。

(33) 「知覚は、それ自体では数えきれないほど多くの瞬間へと繰り広げられるはずのものを、私の持続のたった一つの瞬間のうちに凝縮している」(MM 233[301])。そして、「感覚的性質の主観性は、〔…〕複数の瞬間を単一の直観の内に凝縮することに起因している」(MM 246[317])。

説、これが**凝縮説**である。[34] 簡単に言えば、私たちの知覚が、その対象とする物質刺激に比べて、時間的に大まか（粗雑）すぎるために、より下位の特徴が潰れてしまう。そしてその潰れに際して、それと引き換えに新しく「質」というものが成立する、というのだ。なお、これのことを彼は「**感覚質**（qualité sensible）」と呼んでいる（今日流通している「（感覚）クオリア」に相当）。

> 主観的なものとしての感覚質は、まさに、われわれの意識が複数の諸瞬間を〔…〕たった一つの直観のうちに凝縮することからくる。（MM 246）

タイムスケール・ギャップ・イン・アクション

ここで興味深い事態が起きていることになる。時間的に大きいスケールのシステムが登場することによって、**元々の物質システム単独では保持され得なかった膨大な諸瞬間が保持される**ことになる、つまり相互作用のただ中で時間スケールのギャップが現実に問題になるわけである。先の例で言うなら、物質にとって、つまり波長七五〇nm（毎秒四〇〇兆回の振動数）の電磁波そのものにとっての瞬間は、私たちにとっての瞬間、すなわち二〇ミリ秒より途方もなく小さい。

システム自体の相互作用によって識別される最小の時間単位を瞬間と定義したことを思い出していただきたい。物質としての光は、ほんのわずかでも波長の異なる電磁波と交われば、その違いに対応して干渉し変化する。つまり、波自体が、他と相互作用する際に、人間の視覚がとうてい及ばぬ極めてミクロな時間的違いにも敏感に反応するということである。

他方で、私たちの視覚は二〇ミリ秒を最小の時間単位としている。そしてこちらも、私たちの身体自身にとってこれ以上分割できないという意味で、システム内在的に定義されており、この単位は実在的である（観察者が外から恣意的に割り当てた計測単位ではない、という意味で）。システムをその相互作用における挙動から捉えていく姿勢が、とことん一貫している。

そうしてみると、私たちが物を見るという経験は、互いに途方もなく隔たった時間スケールが一つの同じ相互作用のなかに参入するという事態であるということが見えてくる。逆に振り返ってみれば、物質においては、相互作用を通じてこうした時間スケールの移行が跨がれることがない。そこにクオリアはない。「受けた作用に対して、その作用のリズムに収まったままの反作用、受けた作用と何ら変わらない持続において継続されていく即座の反作用で応じること、〔…〕これが物質の根本法則だ」（強調引用者、MM 236[304]）とベルクソンは述べていた。つまり、このような**時間スケールギャップ**を挟まない、同一スケール（単一の「リズム」）に還元できるような時間システムを、ベルクソンは「絶えず再開される現在」」（MM 154[203] 他）と表現していたことになる。

コラム　錐体細胞とクオリア

錐体細胞に関連する疑問をよく受けるので、それを取り上げておくのが有益かも知れない。私たちの網

（34）なお、この凝縮を説明するのに「粗視化」というタームを用いているのはベルクソンではなく私であるが、それは外的な観察者にとっての粗視化ではなく、対象系の相互作用レベルで起きている粗視化である点には注意を喚起しておく。

膜の中心窩近くには、三種類（ないし四種類）の錐体細胞が配置されていて、赤・緑・青の帯域をそれぞれ分担して受容することが知られている。だから、赤と紫の区別は、担当する錐体細胞の違いによって説明されるのであって、ベルクソンの言うような時間圧縮を持ち出す必要などない、と考える人がいるかも知れない。しかし、これは問題を取り違えている。今向き合っている問いは、どうやって識別がなされているのかではなく、どうやってクオリアという形で識別がなされているのか、だからである（図4（c））。

錐体細胞の種類によって刺激を区別できるのは本当である。そしてそれらの組み合わせによって三次元の色空間が構成されるのもその通りである。しかし、それはスマホに内蔵されたセンサーでもやっていることだ。それが説明するのは観察・計測可能な次元での識別の分解能であって、なぜクオリアが生じているのかではない。

さらにスケールのずれもある。結局赤を見ているのは、錐体細胞ではなく、「私」なのである。ベルクソンは脊椎動物のような巨大な有機組織は入れ子状の入出力システムからなると考えているから（注28）、もちろんやろうと思えば錐体細胞一つのレベルの知覚を考察することは可能であるが、そこで説明されることになるのは私というマクロな存在の体験ではない。「例として視知覚に戻れば、錐体と桿体の役割は、刺激を受容し、次いで実際に遂行される運動あるいは生まれかけのままの運動へと仕立て上げていくことに限られる」（MM 66[86]）。

観察可能な次元では識別されていないものをクオリアとしては識別していると聞くと、こう問い質したくなる人がいるかもしれない。待て、生物個体レベルでの分解能はたかが知れているからそう見えるだけで、ちゃんと脳内プロセスを辿れば、対応するだけの識別は内部的に行なっているはずだ――、と。その通りであってよい。それはスケールを降ろしているのであって、そのスケールでは、まさにその理由で、クオリアは生じない。これが凝縮説の含意なのである。

このスケールギャップは、新しい「素材」の確保に相当する。というのも、光自身の現在ははるかに短く準瞬時的であるというのに、[35] 生物が光を見るということは、本来なら現在をはみ出して存在しなくなっていたはずの諸瞬間が、それと相互作用する感覚－運動システム側の瞬間の相対的な大きさのゆえに、保持されることになるからである。[36]

もし、時間的にマクロなシステムと出会うことなく、例えば宇宙空間を飛んでいるだけの状態であれば、極小の現在だけでシステムは閉じていただろう。ところが、その光を時間的に巨大なシステムが把捉したがために、とっくに存在しなくなっていた（あるいはまだ存在しない）はずの諸瞬間がシステムに巻き込まれるという事態が成立してしまうことになる（図8）。これが、物質システム単独では決して供給することのできなかった（しかし物質自身と本性的に異なるものではない）素材の追加分となる。逆に物質に、私たちが持つようなクオリアがないのは、そのためということだ。

拡張と凝縮

なるほど、素材は増えた。しかしだからどうだというのだ。現状ではただの時間的に延長された

(35) 本来的には、この段階では過去（もうない）とも未来（まだない）とも呼べないが、そもそも物質だけしか存在しなければ、「現在を超えた先」という事態自体が、仮想的にすら語ることができない。それは私たちの規模の上位階層での時間的拡張を前提としており、そこから遡行的に言い直していることになる。このようにして、限界を故意に違反しながら語り、それを通じて理解される内容によって事後的に違反をキャンセルするような形で形而上学的な論述を進めていくのが、本章冒頭で述べたとおり、ベルクソン哲学の一つの特徴である。

(36) 凝縮説のもとでは例えば二〇ミリ秒よりもはるかに短い長さだけの六三〇nmの光線は赤色クオリアとしては経験されないはずである。つまり、そうした経験が成り立つなら凝縮説への反例となりうる（Tinsley et al. 2016）。

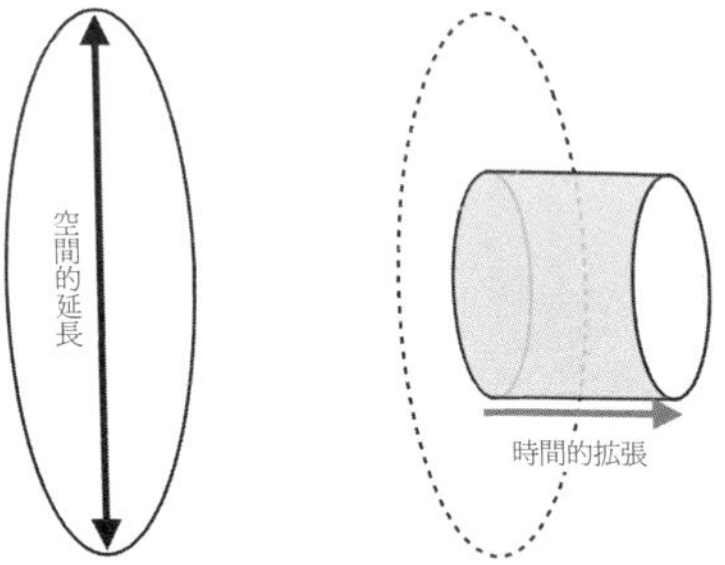

図8　システムの時間的拡張：生物の感覚－運動システムは空間的に局所化される一方で、時間的に拡張される。これがクオリアの素材の調達に相当する。

電磁波ではないか。周期一回分＝二・五フェムト秒の電磁波がクオリアでないなら、それが八兆回集まって二〇ミリ秒の長さをもったところで、それだけでは話は変わらないはずだ。[37]質でないものがたくさんになっただけだ。では、どうやって質になるのか——。

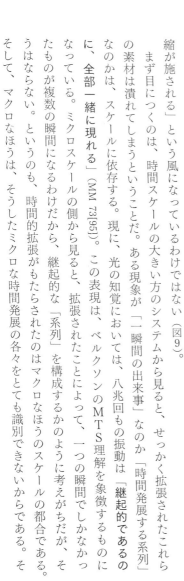

外から見て時間幅が増える（拡張）ということは、内からは凝縮を意味する。ここが肝心だ（平井 2016b 186-188）。なお、わかりやすさのためにここでは（拡張の後に凝縮という具合に）順番に話しているが、それはあくまで説明の便宜のためであって、実際には「まず凝縮されない拡張があり、ついで凝縮が施される」という風になっているわけではない（図9）。

まず目につくのは、時間スケールの大きい方のシステムから見ると、せっかく拡張されたこれらの素材は潰れてしまうということだ。ある現象が「一瞬間の出来事」なのか「時間発展する系列」なのかは、スケールに依存する。現に、光の知覚においては、八兆回もの振動は「**継起的であるのに、全部一緒に現れる**」（MM 73[95]）。この表現は、ベルクソンのMTS理解を象徴するものになっている。ミクロスケールの側から見ると、拡張されたことによって、一つの瞬間でしかなかったものが複数の瞬間になるわけだから、継起的な「系列」を構成するかのように考えがちだが、そうはならない。というのも、時間的拡張がもたらされたのはマクロなほうのスケールの都合である。そして、マクロなほうは、そうしたミクロな時間発展の各々をとても識別できないからである。それゆえ、それらは「全部一緒に（tous ensenble）現れる」ことになる。これが凝縮に他ならない。

失われた識別可能性の行方

同時に見落としてならないのは、その際に、個々の要素を別々のものとして、離散的に識別できなくなったとたんに、その刺激を他の刺激からまったく識別できなくなってしまうわけではないという点だ。分解能を超えたものが全て同じに見えるかというと必ずしもそうではない。もしそうなら、私たちに毎秒六〇フレームと一二〇フレームのリフレッシュレートで動作する二つのディスプレイ画面は識別できないはずだし、通常音源とハイレゾの違いも聴き取れないはずだ(38)。

ベルクソンはそっけなくやっているが、ここには、クオリアの生成に関して、常識の発想を転換させるアイデアが宿っている。敷衍してみよう。

問題は、最小時間単位以下のミクロな特徴はどこにいったか、

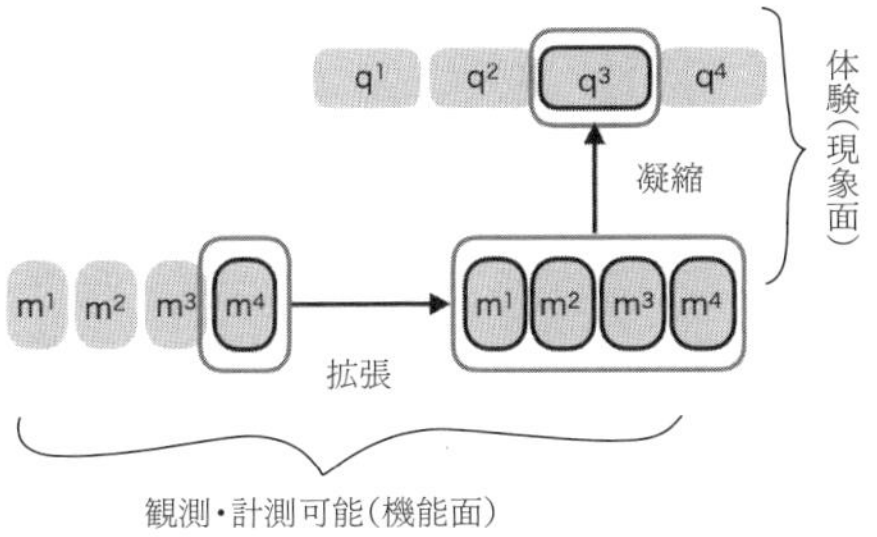

図9　拡張と凝縮の関係：時間スケールが「拡張」すること自体は量的に観察できる事態である。他方、「凝縮」のほうは、同じ状況下で、時間スケールギャップそのものに内的な視点をとっている。

(37)　実際には、ベルクソンはミクロな物理事象に、極めてミクロな——物理において事実上無視できるほどミクロな——質成分がある可能性を論じている（MM 234[301]）。ここには現代の汎質論（ミクロな物質要素にミクロな心があるとする汎心論に対して、ミクロな質成分のみを認める立場）に相当する主張を認められる。平井（2020b）を参照。

(38)　ただし、ハイレゾについては現象経験が異なるかどうかについても意見が分かれているようである。

である。システムから完全に手がかりを失って、消え失せてしまうのか。それとも、各要素を数量的・離散的に識別できなくても、ただちに失われるのではなく、それらの要素の集合が全体として帯びる別の何らかの特性によってなお識別されるのか。そして、もし後者なら、この識別は仮定によって量的な識別ではない。このことが、「質（クオリア）による識別」というものを要求するというわけである。「質」ということが出てくる意味合いによく注意していただきたい。

物質システムしかなかったときには、「量的識別」だけで全ては賄われていた。なぜなら、そこには共通の時間スケールしか存在せず相互作用が大規模なスケールギャップを跨ぐことはなかったからである。お互いの元々の識別可能性の守備範囲のなかで（つまり相変わらずの量的な識別のもとで）相互作用は営まれ、ある物理状態はそれに働きかけてくる別な物理状態の微分的な量的変化に呼応して、どこまでも細やかに振る舞いを量的に変える。

二つの「多様体」とは何か――識別可能性空間の分岐

ところが時間スケールギャップのある状況下では、現実にはより複雑なミクロなイベントが生じているにもかかわらず、それの影響を受ける上位スケール側の量的な識別可能性が不足する。今の例で言えば、階層0のもつ量を、階層1の量的な識別力は表現しきれない。もちろん、そこで考えられる一つの可能性は、下位の一定量の情報が上位スケールで単純に失われてしまうということである。だが、もう一つは、**量ではない識別次元が新しく開拓され、量次元で識別できない不足分がそちらに翻訳されることで表現力の補填・変形が行われる**ということである。これは量による識別可能性空間を一次元とすると、質を加えたそれが二次元平面になるような、そういう変形が起きたということを意味する。ただし、トータルでの識別可能性は増加しているわけではない。「識別」というカテゴリー自体に新たな部門を増設するという点について、ベルクソンは最初から完全に自覚的である。彼が**二つの多様体**の概念を導入する箇所で述べていることは、こうだ。(39)

> 要するに、二種類の多様体（multiplicité）を、「識別する」という語にありうべき二つの意味を、そしてまた、同じものと異なるものとのあいだの差異についての、一方は質的で、他方は量的な二つの考え方を承認しなければならないだろう。（DI 90[137]）

簡単に言い換えれば、「何が同じで何が違うか」を定める条件そのものが、唯一普遍ではなく、時間構造の変化に応じて分岐・新設されると考えているのだ。なかなか抽象的に聞こえるかもしれないが、彼の哲学の深部に属する概念なので、続く章での話を辿りながら徐々に馴染んでいってほしい。まず、単位となる要素が互いに外的な関係に立つ識別によって構成される多様体のことを、彼は「**量的多様体**」「**等質的多様体**」と呼び、互いに融合・相互浸透するような識別によって構成される多様体のことを「**質的多様体**」「**異質的多様体**」と呼んでいる。(40) 例えば、テーブルの上に散

(39) この有名なテクストは『試論』の一節であることもあり、『物質と記憶』で十全に展開されることになった凝縮説との関連で読まれることはほとんどなかったが、基本となるロジックはすでに出てきていたということだ。

(40) 「コラム　単位以上と単位以下」での表現を用いれば、前者は「**単位以上**」的に構築される複合物であるのに対して、後者は「**単位以下**」の強度・緊張度によって表現される多様体である。また、両多様体を形容するのに用いられる「判明／錯雑」については「コラム　凝縮説の起源」を参照。

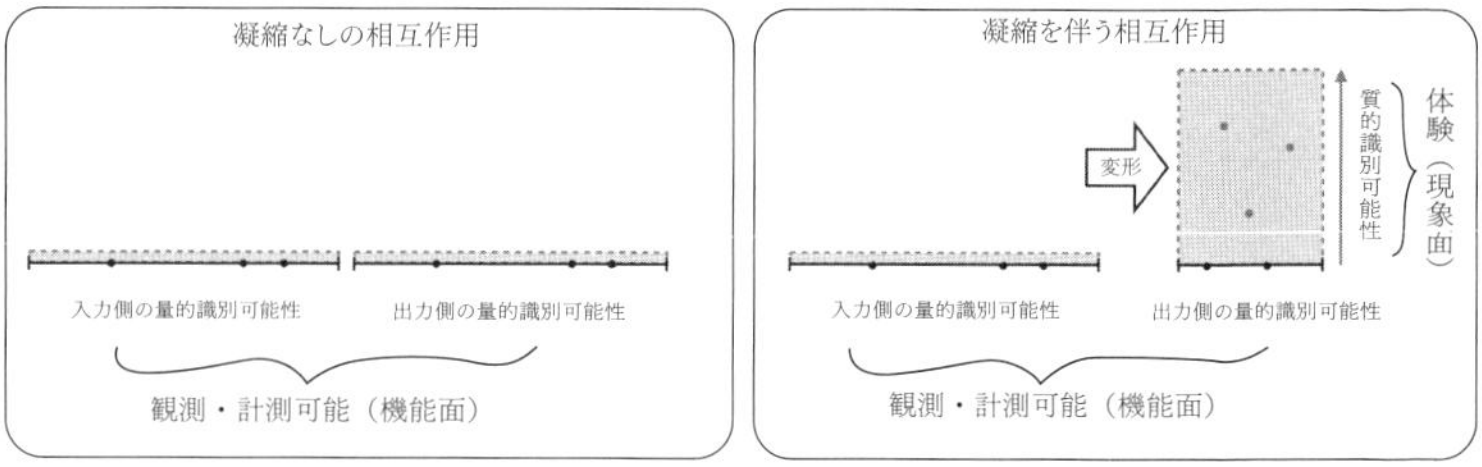

図10　識別可能性空間の変形：時間スケールギャップを伴わない物質同士の相互作用（左）においては、反作用側の識別可能性に不足がないため、変換規則（物理法則）に従って反作用への変換が縮減なしに遂行される。他方、凝縮を伴う（＝時間スケールギャップを跨ぐ）相互作用においては、出力側の量的識別可能性（右図の右側）が入力側に比べて表現力が乏しくなるため、観察上は縮減が起こるが、非観察領域に質次元（図では垂直方向）を拓くことによりトータルの識別可能性（面積に対応）を担保している。各図の左側、物質の識別可能性空間にも僅かに厚みを持たせてある点については、彼の汎質論的主張（注37）参照。これが「質的多様体」である。

らばっている日用品は前者である。これはわかりやすい。他方で、私の感情のうちに入り混じっている様々な気分や感触や思惑は、互いに密接に混ざり合っていて、元の感情を変化させることなしに切り離すことができない（Deleuze 1968=2017）。こちらがなかなかピンとこないかもしれないが、次章・次々章でも出てくるので、少しずつ雰囲気がわかってくるはずだ。

さて、凝縮の話に戻って、この二つの多様体を適用すると、こうなる。凝縮とは、入力側（物質）が提供する**量的な識別可能性の全体を、二つの、つまり量的および質的な識別可能性へと分解する変換である**、と。量的多様体は外から観察・計測可能であるが、質的多様体は非観察領域に展開される。後者の諸要素は量的に識別（計測）できないが、別な仕方で識別は維持される。

比喩を一つ出してみよう。一万段階の明暗のグラデーションだけを検出できる装置Aと、明暗については一〇〇段階の区別しかできないが一〇〇の色相を区別できる装置Bを考えてみてほしい。装置Bも合計一〇〇×一〇〇＝一万通りの表現力、つまり装置Aと同等の識別力を持っている。装置Bには装置Aに存在しない新たな識別次元が増設されている。私が識別可能性空間の変形と呼んでいるのは、これに似たものだ。ただし、これを空間構造（ハードウェア）でやるのは、ずっと後で話す〈運動記憶〉のほうの仕事で、クオリアをもたらす凝縮理論（〈時間的拡張〉）は、同じことを時間構造そのもので実現するところが目の付け所だ。

なお、時折誤解が見られるが、色相や彩度だけでなく明度（グレーの階調）もれっきとしたクオリアであるので[41]、先ほど「明暗を量次元に、色相を拡張された質次元に」対応づけたのはあくまでも「表現力の変形」ということで私がどういうことを意味しているかを示すための「比喩」（喩え）でしかなく、けっして「実例」（例え）ではない点はくれぐれも留意して欲しい[42]。

問題にしているのは宇宙に初めて質が成立した場面であって、それはまったくもって当たり前の事態ではない。あくまでも仮設的アイデアにとどまるが、少なくとも、この「**多様体の変形拡張モデル**」へのシフトによって、伝統的な量と質についての「二項対立モデル」が引き起こしてきたアポリア〔解決し難い困難〕を大幅に緩和できるとベルクソンは考えた。「われわれは緊張（tension）という観念によって質と量の対立を取り除こうとしたわけである」（MM 278[354]）〔ここで緊張とは凝縮のこと〕（注45参照）。さてもちろん、現時点でこのアイデアの評価はわからないわけだが、これから

（41）「多様な灰色の色調は、われわれの意識にとっては複数の色とまったく同様のもの」であり、「質である」（DI 43[69]）。

（42）複素平面という考えは一九世紀初頭には成立していたため、数学に通じていたベルクソンの脳裏には、実数が複素平面へと拡張されるイメージもあったかもしれない。この後2、3章で見ていくように、最終的には、ベルクソンは表現力自体が心によって大きく拡張すると考えてはいるものの（**同等性仮説**の拒否）、この階層1（感覚クオリア）の段階では、トータルの識別可能性（とりうる状態の数）が物質に比べて増える理由はない。

見ていくように、その経験的な傍証と呼べるものがないわけではない。

まず、同種の事例は、空間についてはありふれて観察されるという点だ。同時に与えられるミクロな諸要素が、私たちの空間分解能を溢れてしまうとき、ミクロレベルには存在しないはずの新しい質がマクロの側で観察されることは、珍しいことではない。美術館で点描画の絵画を見たことがある人なら、近寄れば色斑点のモザイクでしかない集合体から美しい風景画が立ち上がることがあることを知っている。白と黒のピンストライプのシャツが、遠目にはグレーに見えたり、場合によっては色がついて見えたりもする。すべすべと言われる肌も、顕微鏡で見ればゴツゴツだ。

だが、こうした空間的な凝縮の事例は、凝縮される要素の段階ですでに質が成立してしまっており、その意味で、問いのもっともハードな部分に答えていない。斑点の一つ一つが初めからもうクオリアなのである。色のドットが集まって、新しい相貌をもたらすこと（空間的凝縮）以前に、そもその要素となった一つのドットが色に見えていること自体が、今の標的だからだ。一つしかないとき、空間における凝縮は使えない。瞬間の凝縮に注目することのポイントの一つがここにある。

コラム　凝縮説の起源

時間への着目は、ベルクソンの時代の哲学者テーヌにも見出すことができる。「確証をもって認めることができるのは、ただ赤という要素的感覚が、継起的な諸感覚から作られているということである」（*De l'intelligence* 6ᵉ éd. I 201）。そこでテーヌは、一〇〇万分の一秒以下の瞬時的な電光でも感覚が生じるというホイートストンの実験に基づいて、通常の感覚が膨大な数の継起的感覚からなることを述べている。ベルクソンはテーヌを（批判のために）かなり読んでいるのでここから一部の着想を得たことは十分に考えられる。

さらに遡れば、ミクロには存在しない質が、粗視化を通じてマクロレベルで創発する現象を、すでに一七世紀の哲学者ライプニッツが論じている。彼は、生物が感覚を持つことを説明する際に、それは「多くの光線や空気の振動を集めその結合により効果を一層強める器官」のおかげであると述べている。(43) 彼が出す有名な例は波の音の例である。浜辺に行くと波の音が「ザザァ」と聞こえるが、もちろん、そのような単一の音源があるわけではない。そうしたマクロな音知覚をもたらしているのは、一つ一つは聞き取れないほど小さな水滴の「微小知覚（petites perceptions）」が、「集合のなかで識別できなくなってしまう」ことに起因するとされる。

なおライプニッツにおいては、この「識別する（distinguer）」という動詞は、その形容詞「判明な（distinct）」およびそれの反対語の「渾然とした（confus）」「不分明な（indistinct）」とともに専門的な術語として用いられている。ベルクソンはこの用法を踏襲しており、『試論』では量的多様体と質的多様体をそれぞれ「判明な多様体」および「錯雑な（＝渾然とした）多様体」として規定している。

余剰識別の謎

そもそもの疑問は、物質同士の相互作用なら機能面の問いで完結する（申し分なく高い精度におい

(43) 『モナドロジー』25節。波の例は『人間知性新論』序文。さらに『弁神論』356節の以下も参照。「熱や冷や色などの性質が感覚されるときには、それらの性質の観念によって、器官に起きている小さな運動が表現されているだけのことだとは言え、その運動があまりに多くまた小さいためにその運動は判明に表現されないでいる、と判断できる」。

て）というのに、なぜ生物は質的識別に訴える必要があるのか、である。実際、十分に波長の異なる二つの電磁波を区別するためだけになら、質的識別＝クオリアは不要だ（哲学的ゾンビでＯＫ）[44]。私たちの網膜には、違う波長帯をカバーする三種類の錐体細胞が並んでいて、それによって可視光線の識別を行なっている。識別するのが目的なら、その機能は生理学的に実装済みなのだ。そこまでは、六三〇nmと四六〇nmの電磁波を単に識別できるデジカメと同じ話である。では、さらに加えて質的に識別することは、どうやって実装されているのか。説明されるべきは、この追加の、余剰に見える識別がなぜ生じているのか、である（図4における（c）の違い）。

　私たちの身体もバラバラにしてしまえばミクロな物質の相互作用である。だから、私たちの認知プロセスをそのミクロな時間スケールで生じている相互作用の連鎖として記述し直してしまうと、クオリアの出番は泡のように消えて無くなる。つまり、すべて量的変動で説明が完結する。ただし完結したのはミクロスケールでの量的識別の説明である。他方で、六三〇nmの電磁波を赤色として体験している当事者は、そうしたミクロな連鎖の一要素（例えば網膜に並んだ錐体細胞の受容体）ではなく、私、つまりマクロな感覚－運動システムなのである。だから、求めるべき違いは、このスケールの違いにあると考えるべきではないか。そして、それは空間ではなく時間スケールである。なぜなら、新しい素材はそこから供給されるからだ。

　そうすると、質による識別次元はけっして「余剰」ではないことがわかってくる。識別ということ自体の意味が変容するのだ。マクロな感覚－運動システムにとっては、この次元なしでは同じことを表現できないのだから。現実を見てみると、さきほどのハイレゾ音源や高リフレッシュレートの画面以外にも、そうした事例があることに気づく。例えば、ベンハムのコマをご存知だろうか。

コマの上面に、白黒で模様が描かれているものを高速で回転させると、回転数の変化に応じて色が見えるという現象である。目が受け取る情報としては、それこそ時間成分しか変化していないのだが、人間の分解能を超えた回転数の違いが色味の変化として質空間にマッピングしなおされているかのようだ。通常の感覚クオリアが、実は初めから時間クオリアだ、と予告しておいた意味がお分かりいただけるだろうか（序章）。

コラム　単位以上と単位以下

凝縮のアイデアがとりわけ興味深いのは、ベルクソンがクオリアの成立を、時間における（量的な識別可能性の）「単位以下」を識別するという点に注目して考えている点である。

ベルクソンは『試論』の有名な一節で、リアルタイムにおける数え上げ操作では、まずは単位を離散的に追加していくが、事後的には連続量として、つまり無限分割可能なものとして（これは彼にとっては恣意的な分割が可能ということを意味する）扱えるようになる次第を論じている。つまり、彼にとって継起を順序構造として作っていく操作（彼はこれを「付加」と呼んでいる（DI 59））は、「単位以上」の操作（数え上げ操作）であり、それは量的多様体を構成する（本章4節参照）。ここには「時間の空間化」の原初的な場面がある。

（44）心の哲学の思考実験で、生理学的・機能的には同等でありながらクオリア全般をいっさいもたない存在のこと。凝縮説では時間スケールによるクオリアの実装を考えているので、その点で同等でありながらクオリアを持たない状態というのは成り立たない。つまり哲学的ゾンビを認めない。図4（1）を参照。

他方、彼の哲学的直観が命じたのは、「単位以下」(分解能以下の領域)で時間に何が起きているかを見届けていくことだった。「絶えず増大する多数の新たな印象」ではなく、「全面的かつ十全に認識されるかに見えるもの」が主観性と呼ばれるのはそのためだ(DI 62[98])。もちろん「単位」のサイズ自体がスケールに相対的だから、それぞれの階層ごとに固有の「(一つの)単位以下」の事象(それぞれにスケールが異なる)を見届けていく必要がある。

現代の著名な神経科学者ブオノマーノは、人工的な時計の計時のアーキテクチャと、私たち生物の生体時計のそれとの違いについて、「周期以上(supraperiod)」計時と「周期以下(infraperiod)」計時という対立概念を用いて指摘している(邦訳ではそれぞれ「未達的」「過達的」と訳されている)。これは、私が右で用いた「単位以上/単位以下」にほぼ対応している。例えばクオーツ時計は、三万二七六八ヘルツの振動数を持つ水晶を用いる。つまり、約三〇マイクロ秒という最小時間単位を加算していき、その累計(カウントアップ)で計時を行うという設計だ。これが「周期以上」計時である。この場合、機構としては原理的には、出来るだけ小さい単位を一つ用意しておけばよく、あとはそれを適切なアキュムレーター(累積器)にひたすら加算していけば、好きなだけ大きなスケールの時間量を求めることができる。実際、カレンダー付きのクオーツ時計なら、内蔵された水晶一つで、秒から日、月まで表示してくれる。

これに対し、生物が実装する生体発振器(振動を生じる装置)は、一般に周期一回分でリセットされてしまいカウントアップできず、仮にカウントアップする場合でも百千に及ぶ数を扱えるような累積器は入手できない。そこで、生物はどうやっているかというと、異なるサイズの周期をカバーする時計(発振器)を多種多様に取り揃えて、それぞれの「周期以下」の計時を使い分けることで対処しているというのだ。例えば、秒のオーダーでの計時にかかわる生理学的機構と、二四時間(概日)のそれとは実装として別個である。なかんずくわれわれの知覚に重要な数百ミリ秒から数秒のスケールは、細かく実装し分けられているという。ブオノマーノはこうしたアーキテクチャを「多重時計原理（multiple clock principle）」と呼んでいる。「体内、脳内の計時デバイスは人工時計とは異なっている。日常生活では、同じ腕時計でミリ秒、秒、分、日、月がわかる。対照的に、多重時計原理によれば、脳内にはこれらの時間単位がわかるためにそれぞれに異なるメカニズムがある」（ブオノマーノ 2018 63）。

もちろん、ベルクソンが当時アクセスできた生理学的事実には（現代のブオノマーノに比べて）大幅な制限がある。しかし、彼はその限られた知見から、生物の主観的な経験において、より原初的なのは「単位以下」の質的判定の方であって(45)、「単位以上」の数量的識別は相対的に高次な、つまり進化的には事後的な知能を要求するものであることを、はっきり打ち出していた。そして心と時間にかかわる哲学的アポリアの大半は、現実の基礎的な体験が「単位以下」で生じているにもかかわらず、一種の遡行的な投影を通じて事象を捉えてしまうことに起因すると指摘したのである（「回顧的錯覚」については5章を参照）。

量子力学で「重ね合わせ状態」とは、（多数ではなく）「一つの粒子」が異なる確率的状態を重ねもつことを表すが、ベルクソンはこれに類するものを最下層だけでなく、全階層に内在的な挙動として一般化している。「純粋持続」はまさに、複数の状態を一緒に、しかし混同することなく含み持つのである。

クオリアを始めとする、私たちの現象経験が呈する様々な独自の特徴——（本書ではこれから見ていくことになる）流れ、気づき、表象、記憶など——には、すべてこうした「単位以下」の識別が関わっている。そして、それらはそれぞれ互いに異なる時間スケールと構造を要求し、スケール局所的な性質であるため、まるごと一挙に説明しきれるようなものではない。現実にそこにある問いそのものが、「最小のものを突き止めれば、あとはそれを拡張していくだけで自動的に答えが求まる」とするような要素還元的発想、言

(45) 緊張（tension）、強度（intensite）、凝縮（contraction）といった語群は、識別のモードが、離散的な要素をカウントアップするやり方から、単位以下に潰れてしまったものを質的に弁別するやり方にシフトしたことを表すキーワードである。

い換えれば「単位以上」的で加算的な発想に応じる類のものでないからだ。

凝縮説の理論的ターゲットはどこにあるか

凝縮説についてありうる誤解を排除しておこう。見ての通り、凝縮説には、どのような状況下でどのようなクオリアが生じるかについての具体的な予測能力はない。**どんな味の料理ができるかではなく、そもそも味なるものがどうやってできるかを問うているのだからだ。**個々の味クオリアは、味相互の、あるいは他の感覚との関係ネットワークのなかでしか位置付けられることはないだろう。だがそのためには、そもそも味というもの自体が成立していなければならない。ベルクソンが問うているのはこちらである。だが、だからと言って、前者の問いをベルクソンは否定しているわけではないし、それを問うタイプの理論と、凝縮説が対立や競合関係にあるわけではない。

どのような生物やどのような状態にある人間がどのようなクオリアを経験しているか、その「対応表」(ES 33)を作ることを目的とする仕事と、クオリアなる事象そのものの起源の謎を理解するという仕事は、その関心はオーバーラップしつつも探求の着地点が異なる。確かに、どちらからみても、他方の仕事は片手落ちに見えるかもしれない。前者から見れば、後者は具体的な判定に寄与しないから、抽象論に聞こえる。後者から見れば、前者は究極のところどうやってクオリアが生じることになるのかを棚上げしているように見える。だが私の考えでは、むしろ、人類の知として両者は相補い合う関係にある(個々の研究者レベルで、どちらかにしか関心を持たないことはありうる)。

魔法を使わないクオリアのレシピ

ベルクソンの探求の矛先は、随伴現象説的な魔法に逃げないで、いかにして質そのものの成立を理解可能なものにするか、に向けられている。そして、時間スケールギャップに着目することで、それに答えている。物質が産出することを否定しながら、クオリアを消去もしない。どんな「トリック」を使ったのか、振り返って確認しておこう。

クオリアの素材となるような新しい存在者を外から持ち込んでもいないし、物質に産み出させてもいない。確かに、素材の追加はある。しかし、物質と別な何かが追加されているわけではない。ただ時間的に延長しただけだからだ。

使ったのは、時間である。システムがミクロな時間しか持たないままであったならば過去として切り捨てられていたはずの物理作用を——**追加でも産出でもなく**——**「保持」**したのである。これが素材の追加分だ。しかし、このままではただ延長された物質でしかなく、クオリアではない。

だが、ここに凝縮の効果が加わる。保持したのは誰か。それは、生物というマクロな時間スケールの存在だ。拡張は、時間分解能の低下を代償として伴う。時間的に巨大化することで、細かな違いを追っていられなくなる。時間の「量的な」分解能という観点からは、この縮減は避けられない。物質の側で生じているミクロな時間的変化は、粗大な時間単位のせいでもみ消されてしまう。入出力の両端で観察すれば、このプロセスで一定の複雑性がむしろ失われているように見える。

ここからがベルクソンの驚くべき着想である。クオリアというものがもし自然現象としてこの宇宙で確かに起こっている実在なのだとしたら、そして、それを通常の因果経路で物質から生み出すということが結果的に自然科学の首を絞めることになるなら（本章4節）、さらに、無からは何も生み出されないのだとしたら、考えられる残りの可能性の一つとして、入力側が提供した識別可能性全体のうち出力側で失われ（るように外から観察され）た分が、**非観察領域に展開される新しい次元（質）で保持される道**がある、というのだ。時間スケールギャップによって引き起こされるこうした識別可能性空間の変形だと考えるなら、感覚クオリアの創発をどうにかこの自然のなかに位置付けることができるのではないか。そして彼の「多様体」は、まさに量的でない識別を定義する。

私たちの頭蓋骨のなかになにか魔法のランプがあって、電気が通るとクオリアという精霊が忽然と立ち昇るというのは、おとぎ話である。そんな説明は何の説明にもなっていない。ベルクソンの考えでは、クオリアは、そこに生じている物理プロセスそのものを素材とし、それでできている（因果的に産出されるのではなく変形により構成される）[46]。にもかかわらず、そうした相互作用の内側に、「ありもの」を転用して質次元が設けられたと考えられるのである。

この凝縮説という考えは、これまでのベルクソン研究史においてさほど中心的なものとして扱われてきたわけではないが、以上のようにスケールギャップの根幹的な意味を私たちに示してくれるものとして、私は特に重視している。

このアイデアをしっかり掴むためには、時間観の刷新が不可欠である。まずは、〈世界が繰り広げることのできるすべての性質が、スケールと関係なしに成立するものだ〉という暗黙の前提や先入観をリセットする必要がある。むしろ、私たちに馴染みの深い多くの性質は、**時間スケール局所的**である。[47] 五秒で地球温暖化は起きないし、アレグロを一〇倍スロー再生すればもはや快活ではなくなる。物理的な意味での平衡状態でさえ、スケールに依存する（Lesne 2017）。一秒だけ喜ぶことはできるかもしれないが、一秒だけ幸せになることはできない（ウィトゲンシュタイン）[48]。私たちにはじっとして動かないように見える植物たちも、タイムラプスで見れば賑やかに踊っている。私たちに赤が赤く見えるのも、そのような時間スケール局所的な性質の一つだと考えるわけである。凝縮説によれば、時間スケールを降ろしていけば、赤は消える。だから、クオリアを探して感覚器官の細胞や脳の特定部位へと降りていくのは、地球温暖化傾向を見るために、五分おきに温度計を確かめるのと同じようなおかしさを持っている。

ベルクソンは繰り返し、哲学者は概念の仕立て屋でなければいけないと述べていた。[49]「採寸に即して仕事すること（travailler sur mesure）」（EC 48[74]）だというのだが、「採寸」（仏mesure／英measure）というのは文字通り「計測」「尺度」のことだ。物差しを捨てて体験を味わおうなどと声をあげているわけでは、まったくない。

(46) 脳内の神経興奮によっては、クオリアの感覚様相ごとの特殊性（例えば色クオリアと音色のクオリアは類的に異なるものとして感じられる）を説明するのが難しいとされるが、ベルクソンでは素材の違いによって自然に説明される。
(47) スケールに局所的な性質という考え方自体は、一般に、空間にも当てはまる。例えば、分子一つまで降りてしまえば温度はない。だからベルクソンの考えていたことの独創性は、第一にスケール局所性に注目した点で、第二にそれを時間において考えた点という風に二重に評価されても良いかもしれない。
(48)「彼は一秒間、深い悲哀を感じた」というのはなぜ奇妙に響くのか。単にそれが稀にしか起こらないからなのか」ウィトゲンシュタイン『哲学探究』第二部第三節（2020 368）。このテクストの考察として古田（2020 248）。
(49)「その名に値する経験論は、寸法を測ってのみ仕事をし、したがって新しい対象に出会うたびに新しい努力をする」（PM 196）。概念は、私たちの世界理解の姿である。何にでも当てはまる汎用の概念は、「ピエールとポールのどちらの型もとっていないのに両方に合う既製服」みたいなものだ。そんな「だぶだぶの概念」（PM 1, ES 3）では、目の前のその対象に固有なことは何一つ掴めない。

知覚の成分表

最後に、以降の議論のために、広義のクオリアとの関係について一点付言しておく。図1を振り返ってみてほしい。凝縮説が説明するのは、あくまでも最低ラインの感覚クオリアでしかない。現実に私たち人間が体験する世界には、こうしたボトムアップの感覚クオリアに加えて、私たちの側からのトップダウンの「侵入」があることを、ベルクソンは明確に認めている。赤といえば「情熱の」赤だったり、「止まれの」赤だったりするわけで、私たちが目にしていると思っている赤さのなかには、単純に目から来ているものだけでなく、すでに自分のなかにある**情感や記憶に由来するものが**紛れ込んでいる。いや、むしろそちらの方が圧倒的に優勢でさえある。体験は、そうしたものの混合体だ。

だがクオリアの「起源」を、こうしたトップダウン要素に求めることはできない。それは問題の先送りにしかならないからだ。それはちょうど、生命そのものの起源を訊ねているのに、宇宙から来たと答えているようなものである。詳しくはこの後の章で徐々に見ていくが、より上位の現象経験の成分についても、結局はその素材の由来と成立が説明されなければならない。生命が地球外から来たとして、その生命だっていつかどうにかして生まれたのだ。そして、その仕組みを問題にしているのである。だからいずれにせよ、基礎となるレイヤーに、ちゃんとボトムアップで説明される感覚クオリアが確保されなければならない。凝縮が語っているのはこのレイヤーの話である。

第2章　どうすれば時間は流れるのか——現在という窓

1　瞬間から幅のある現在へ

前章では、物質宇宙から、生物という巨視的時間スケールのシステムが登場することによってどうして感覚質（感覚クオリア）が成立することになったかを、識別可能性空間の変形という観点から見届けた。ベルクソンの凝縮説である。

クオリアのない宇宙にクオリアが現れる。それは一大事件である。しかしながら、単独の感覚クオリア一つでは、まだそれを流れとは呼べない。例えば、ある生物の意識に赤色のクオリアがポツンと瞬くだけだとしたら、誰もそれを流れとは呼ばないだろう。音楽を聞き、会話を交わす、料理を味わう。そこではひと繋がりの流れのなかに、色とりどりのクオリアが次々と織り込まれ、互いに響き合いながら私たちの体験の情景を満たしていく。そうした流れる体験の時間はどうやって作られているのだろうか。

なおこれは、現代の心理学でいう感覚記憶〔最大一、二秒程度の印象の保持〕からワーキングメモリ

〔一時的に電話番号を覚えたりする短期記憶〕に相当する議論である。しかしこれまでと同様、探求のターゲットが異なるため（1章4節）、ベルクソンの議論は生理機構に還元されない。序章で述べたように、持続とは質として現象する時間である（序章5節）。外から観察可能な生理学的機能として、一定幅の現在体験を可能にする神経機構を解明することがゴールなのではなく、その神経機構が発動している時に、私たちが味わうことになる意識体験、現象質としての「流れ」が、何を素材にどのようにして作られているのか、その説明を目指しているからである[1]。

念の為振り返っておけば、確かに、一つのクオリア自体、多数の物質的瞬間で構成されているのだった。だが、それを凝縮する生物システムの側から見れば、それは「一瞬間」である。「瞬間」を、システムに弁別可能な最小時間単位として定義したことを思い出していただきたい。物質の瞬間（階層0）と、生物の瞬間（階層1）はサイズが異なる。それが相互作用することで、凝縮を引き起こすのだった。

つまり、ある生物にとって感覚クオリアはその感覚様相での「ミニマムな経験単位」に相当する。他方で、流れが成立するためには、その生物のなかに、もう一段上の時間階層（階層2、「現在の幅」）が存在し、その幅がこの瞬間に比して十分に大きく、複数の瞬間を含み込めるのでなければならない。つまり、今度は階層1と階層2のスケールギャップが問題になってくるわけだ。そして、今度のスケールギャップは、物質と生物ではなく、同一の生物個体内部――ただし内部といっても生物身体の空間的な内部ではないのだが――での階層の違いになっている。では、その「現在の幅」を決めるものは何か。すでに1章2節で見たように、それは生物の感覚－運動システムである。

現在の幅と身体と私

『物質と記憶』の第三章に、「現在とは何のことか」と題されたセクションがある。そこで彼は、「流れた時間」である過去との対比で「流れつつある瞬時を現在と呼ぶ」(MM 152)[2]と述べて、「流れ」の場として「私の現在(mon présent)」を導入する。ついで直ちに、彼はこの「私の現在」が幅ゼロの数学的な瞬時ではなく、一定の幅を持つことを指摘する。そして引き続く論述で、その現在の幅が、「私の身体(mon corps)」という**「感覚−運動システム」の時間的な仕様によって定まる**ことを示す。ここで彼が、持続の時間幅を何か非物理的・精神的なものとしてではなく、明確に身体的条件に基づくものとして導入しているのがポイントだ。

私の身体は、環境から入力(感覚)を受け、環境へと出力(運動)を返す。これに一定の時間幅を要するようにできていて、私の現在に決まった幅があるのはそのためだ。つまり、感覚−運動システムの環境との相互作用の一周期分を「私の現在」の幅として規定していることになる[3]。本書ではこれを階層2としている。「私の現在は分かたれざる一つの全体(un tout indivisé)をなしている以上、運動は感覚に由来しつつそれを引き延ばし[4]行動へともたらすものである」(MM 153)。そして彼は結論としてこう述べる、「私の現在とは、感覚と運動が結びついた一つのシステムのことだ。**私の**

(1) クオリアの場合と同じように、物理的基盤によって機能面を明らかにすれば現象面が「タダでついてくる」というようにはなっていない。随伴現象説批判(1章3節)で示したように前者から後者への因果は自動的には言えないし、後者には後者固有の特徴があるからである。

(2) このテクストは幅のある瞬間を瞬時と呼んでおり、本書で押さえた定義からすれば例外にあたるが、文脈からして誤解の余地はない。

現在とは、その本質からして、感覚－運動的なのである」（MM 153)、と。[5]

私たちの日常的な時間経験が繰り広げられるこうした感覚－運動の舞台は、特定の時間スケールで囲われている。その下限が階層1であり、さしあたりの上限が階層2である。

さて、階層1については前章で引用したように、ベルクソン自身が二ミリ秒という具体値に言及しているのだが、現在の幅（階層2）については具体的な値は提示されていない。実際それは、人間の場合は一個人のなかでも流動的・可変的なものだと考えられるから、あまり固定的な値に縛られるのは良くないのだが、およそ〇・五秒から三秒程度くらいをイメージしておいていいだろう。[6]

階層2の幅について、ここで最低限押さえておくべきは、上の階層、階層3（記憶）との境界である。ここでは、「現在の幅」の意味を「記憶」との対比で押さえておくことにしよう。それは直観的な言い方をすれば、「**思い返すことなく保持できる幅**」のことだ。例えば、誰かが「こんにちは」と発言したとして、「は」が聞こえた時に最初の「こ」を振り返って思い出す必要がある人はいない。「こんにちは」よりもう少し長い発言でも、いけるはずだ。しかしこれが、話があまりに長くなってくると、聞き終わった時に「あれ、主語はなんだったっけ?」となる。（普通の意味での）「記憶」の助力が必要となっているわけだ。これはもう現在の幅を越え出てしまっていると考えれば良い。しかし、途中どこで現在の窓からこぼれ落ちたのか、まったく気付けないはずだ。単純な測定が難しいのはこの滑らかさも一因だろう。いずれにせよ、集中や疲れも関係してくるだろうから、現在の幅が固定的なものでないと述べたこともお分かりいただけるだろう。

以上で確認できたのは二点である。一つは、流れの成立のためには瞬間よりもさらに大きな時間スケールが必要である（つまり、生物内に複数の時間階層が成立する）こと。二つ目は、そのサイズを、主観次第のものとしてではなく、やはりシステムとしての私の身体に属する固有の時間特性から――具体的には、システムの相互作用の一サイクル、入出力の一周分が要する時間長によって――定めていたということである。

ただし、このくだりで、ベルクソンは、「私の現在」、「私の身体」と、これみよがしに一人称観点を強調するのを見逃してはならない。これは、一人称観点を備えた体験する「意識」が、この時間階層でもたらされることを示唆している。つまり、ここにおいて「流れ」と「流れを体験する意識」とが一緒に成立するわけだ[7]。現に、彼はすぐに続く段落でこう述べる。「これはつまり、私の

---

(3) Luce (1986) は反応時間 (reaction time) と応答時間 (response time) を区別して、前者を素早い反応を求められている状況、後者をそうでない状況における応答のための時間として区別している。ベルクソンの議論は後者の応答時間に対応することになるだろう。後述の「生まれつつある反応 (réaction naissante)」は、身体的振る舞いに表出される手前の脳内反応のことなので現代での「潜時 (latency)」を含む範疇である。なお、綾部・井関・熊田 (2019 2) は日本語としては区別せず「反応時間」とする。

(4) この言葉については1章4節で説明した。

(5) 「「私の現在」と呼ばれる心的状態は、直近の過去を知覚するとともに、直近の未来を決定することである。〔…〕私の現在は分かたれざる一つの全体 (un tout indivisé) をなしている以上、運動は感覚に由来しつつそれを引き延ばし行動へともたらすものであるはずだ。以上から、私の現在とは感覚と運動が合わさった一つのシステムであると結論する。私の現在とは、その本質からして、感覚－運動的なのである」(MM 153)。

(6) ついでに述べておけば、ベルクソンのここでの議論は、現代の目から見れば、もっと階層を細分してもよい、あるいはするべきものに見える。五〇〇ミリ秒程度からなる「見かけの現在」(ウィリアム・ジェイムズ)、三秒程度からなるいわゆる「主観的現在」(ペッペル 1995 第七章, 松田他 1996, 松田 2004, Zakay and Block 1997)、さらには三分程度にも一つの段階が想定されうる (松田 2004) が、ベルクソンの持続はこれらをざっくりと包括したものになっている。

(7) ただし、他の階層でも別な意味では意識は語られうる。意識の多義性については6章1節で触れる。

現在とは、私が私の身体についてもつ意識に存しているということだ」(強調引用者、MM 153)、と。

　意識のなかの時間の幅なのであれば、身体とは関係なく自由に決められるのではないか、なぜそうしないのか、と考える人がいるかもしれない。だがそれは最終的には、まずい手の進め方である。どうしてかというと、意識を身体的なものから切り離してしまうことで、その発生について何も語れなくなるからだ。結局のところ、意識の存在そのものを神秘化して(説明不能なものにして)しまう。まず意識があって、それが時間を決めているのではない。ベルクソンに言わせれば、順序が逆だ。右に述べてきたような時間的条件(感覚‐運動システム)が整うことで、流れ経験を持つような意識が初めて成り立ったのだ。確かに、彼も、いったん意識の現在が成立した暁には、ある程度の範囲で、その幅をコントロールできる可能性は認めている(8)。しかし、そうしたことが可能なのも、すべては、システムの時間的成長に伴って、世界のなかでそもそも一定の現在の幅というものが、そしてそれだけの幅を持つ持続する意識が成立してくれたおかげなのだ。この最初の原点を先送りにしていては、私たちはどこにも接地しない空中楼閣に、いとも簡単に閉じ込められてしまう。

2 「流れ」のシステム要件

　対比のため、ここで、瞬間と現在の幅が等しい仮想上の生物Θ《シータ》を考えてみてほしい。「瞬間」のサイズが物質よりも一定程度大きければ、本章の冒頭に語ったように、凝縮が生じ感覚クオリアが成立するはずだ。しかし、「現在の幅」のサイズがこの瞬間一つ分に等しいということは、その生物にとっての現在の時間経験がクオリア一個分でできていることを意味する。つまり、生物Θは流れを体験できない。

階層0の物質ではそもそもシステム自体が準瞬時的な幅しか持たなかったから、現象的にも流れがないのは自明である。だが、それに対して十分大きな時間的延長を持っているだけでも流れは起きないということを、生物Θは教えてくれる。システムに内在的・相対的に物事を捉えていく方針を、ここでも維持しよう。そうすると、流れ経験が成り立つためには、システムの絶対的な時間長ではなく、システムの「瞬間」(階層1)と「現在の幅」(階層2)との相対的な落差が開くことが必要だ。各階層の時間的延長を「幅」で表すことを踏まえて、この二つの階層の落差の大きさを**時間的「厚み」**と呼ぶことにしたい。例えば、現在の幅として最小の五〇〇ミリ秒(見かけの現在)をとり、二〇ミリ秒を最小単位とする視覚で単純計算すれば、二五倍(二五要素分)の厚みがある計算だ。[9] 大きい方をとれば、現在を三秒として聴覚の二ミリ秒で一五〇〇要素入る。私たち人間にとっては、「たった一息の」現在の幅に、数十から千ものクオリアが流れ込みうるということだ。厚みゼロの生物Θではこれが一ということであり、仮に絶対的な幅がいくら大きくても、流れを味わえない。

一般的な教訓として、三人称的に記述できるシステムの時空的構造(時間的延長がどれくらいである

---

(8) ベルクソンはある箇所で、この現在の範囲をどこまで拡張できるかについて論じている。「私たちが現在と過去との間に立てている区別は、恣意的なものであるとは言わないまでも、少なくとも私たちの生活上の注意が覆うことのできる領域(champ)の広さに相対的なのです」(PM 169)。しかし、重要なのは、単純に同一階層での時間的拡張は、通常は効用による選択の制約を受けるという点である。階層3よりも上の階層の可能性については、後述。

(9) あくまで厚みの倍率のイメージを持ってもらうための単純計算であり、実際には後述の相互浸透の効果が入ってくる。

か）と、システム内在的視点から体験される時空構造（流れを体験できるか）は一致しない、ということが言える。だが、このことは意識経験全般に当てはまることであって、特に不思議なことではないと言われるかもしれない。例えば、太陽の巨大さに想いを馳せているとき、その「想い」が実際に地球の一〇〇倍以上の直径を持っていることはないと考えるのが普通だ。現代の「時間経験の哲学」という分野では、「把持主義」と呼ばれる立場の人々が、同じことを時間でも考えて、私たちが三秒のメロディを意識経験するとき、意識経験自体が必ずしも三秒の幅を持つことはないということを論じている。対立する「延長主義」との論争は現在のホットなトピックになっているのだが、やや専門的になるのでコラムで解説することにしよう（「コラム　ベルクソンと時間経験の哲学」参照）。しかしここで一言だけ強調しておきたいのは、ベルクソンから見ると、流れ意識は時間の幅を持つだけではダメで、さらに加えて**時間の厚み**も持たねばならないという点である。

凝縮と体験質

では、厚みがあれば、つまり階層1よりも大きな階層2があれば流れるのか。残念ながらそうは問屋が降ろさないようだ。つまり、厚みは必要条件であって十分条件ではない。そのことは、凝縮の仕組みを考えればわかる。凝縮とは、時間構造の量的識別を下げることで、代わりに質空間の次元を開くものだった。ベルクソンは、下位の諸瞬間を「継起的であるのに、全部一緒に現れる」（MM 73[95]）ようにさせるこの凝縮の働きを指して、「知覚するとは**不動化**することを意味する」（MM 233[301]）とさえ述べている（これは並置・配列を介するものである「空間化」とはまた別物である。3章5節）。

つまり、階層0－1で起きたのと同じ凝縮が1－2で起こるとしても、それで説明できるのは「もう一階上の質次元」の創発にとどまり、それは相変わらず「点」的でしかない。だから「流れ」の創発には、プラスアルファの要因が関わっているはずだ。

まだ流れの説明に辿り着いていないのだが、さきに埋められる外堀から埋めておこう。この階層2から得られる質、現在の流れ一つ分の凝縮についてである。前章で見た凝縮は、階層1の瞬間一つ分の物理事象の凝縮で、そこから得られるクオリアのことを「感覚質」と呼んでいた。これに対応させて、階層2の凝縮で得られるもののことは「**体験質**」と名づけることにしたい。こちらはベルクソンではなく私が導入する非公式用語である。

ドやミの音色が質であるように、ドレミやドファレを一つの質と考えてみてほしい。実際、各音を区別するのを差し控えながら（いわば耳を細めて）、二つのメロディを耳にしたときでも、両者は質的に識別される。これが体験質だ。あとになって、細部は思い出せなくても雰囲気は分かるとき、アクセスしているのがこの体験質である。だが、これは流れではない。階層0を凝縮した階層1の感覚質が流れではないのと同じである。それは一つの質に潰れてしまっていて、流れない（これはのちに記憶で重要な役目を果たすことになるのだが、今のターゲットではない）。ところが現実に私たちは、現在を流れるものとして経験している。とすれば、凝縮ではない新しい創発が追加で起きていることになる。それはいったい何だろうか。

世界が流れても、流れの体験は得られない

いやいや、世界が客観的に流れていれば、意識はそれに追随して流れるから、それでいいのでは

ないか——。こうした疑問にも答えておこう。まず、世界の時間が流れるという考え自体が、二つの時間概念の混同から生じた錯覚であるということはすでに序章で確認した。一般的に言って、幅があるだけでは非対称とは言えないし、非対称なだけでは向きがあるとは言えないし、向きがあるだけでは順序があるとは言えず、さらに順序があるだけでは流れがあるとは言えない。だから、流れがあるというのは相当に強い主張である。だがここでは、百歩譲って、実際に私を取り巻く世界全体が流れていると仮定してみよう。そして、私の意識というものが、外界の流れを忠実に複写するものだとしてみよう。そうすると、私の意識の各段階が流れるということは、確かに帰結する。しかしながら、そこからその流れが意識されるということは帰結しない。

これはジェイムズが指摘していることだが、**体験の継起は継起の体験とは別物である**。「赤いボールを見る」、「青いボールを見る」、「緑のボールを見る」という三つの体験が次々に切り替わるということと、「一つのボールが赤から青、緑へと色が切り替わっていくのを見る」という体験をすることは別である。ジェイムズ曰く、「後者は追加の事実として扱われねばならず、それ自体特別な解明を要求する」(10)。赤の体験→青の体験→緑の体験という具合に三つの体験が客観的に移りゆくとしても、それだけではその移りゆきは誰も体験していない。

読者のなかには、こう疑問に思う人がいるかもしれない。動画とは静止画をたくさん集めたものに過ぎない。だから流れを体験することのうちに、体験が流れること以上の「追加の事実」などありはしないではないか——と。テクノロジーの比喩がかえって事柄を見えにくくさせてしまっている典型的なケースである。よく確認してほしい。問題は**視点の位置**にある。確かに、動画は静止画を並べたものでしかない。その通りである。だが、まさにそれゆえに、動画自身は流れを体験しない。流れを体験しているのは、動画を見ている観察者のほうである。今の被説明項はこちらなのだ。単に保存されている動画ファイルが流れを体験していないと言っているだけではない。再生ボタンを押して「再生」しても、再生されている動画自身は、やはり流れを体験しない。パラパラ漫画をパラパラしている時、漫画自身には何も流れない。

これとまったく同じ理由で、各ページを見ている瞬間の私をたくさん集めて並べてパラパラしても、その「パラパラ私」は流れを体験しない――そのパラパラ私を眺めている誰かには流れているかもしれないが。いずれにせよ、ここで押さえておくべきことは、流れの体験の発生の問題は、体験そのものの流れを想定すれば自動的に解決するようなものではない、ということである。

ここには非常に多くの哲学的争点が絡み合っているのだが、たくさん紹介してもかえって混乱するので、以下の二つだけ指摘しておくことにしよう。

一点目。ベルクソンは何度も、静と動の不可逆性を論じている。ひとたび流れ・動きが成立したならば、そこから事後的にいくらでも瞬間の「スナップショット」を切り出すことはできるが、逆は真ならずというものだ。静止をただ足し合わせただけでは、流れも動きも作れない。

だがこれは、記号と実在の取り違えに関わる論点であって、今問題にしている下位階層の瞬間はれっきとした実在である。つまり、ちゃんと実在的なものである瞬間を集めてきても、それだけでは流れは作れないというのが今の論点なので、区別しておこう。

（10） James (1890 628-629)。あるいは［継起の感じは］「各々が他と関係を持っているばかりでなく、その関係を知っているという、各項の自己超越を要する。この自己超越が意識的形式をかたちづくる」と続く（James 1983 43-44)。

二点目。この論点の背景には、次のようなもっと一般的な原理がある。つまり、現象質は、たくさん集めても勝手に一つの大きな現象質にはならない（これは「組み合わせ問題」という名前で汎心論の文脈で知られている原理だ[11]）。国民の一人一人が意識を持っていても、それだけで国家が意識を持つことになりはしない。それを時間で問題にしているケースだと見ることができる。

さて現実には、私たちは流れを体験してしまえている。つまり、ただ各「瞬間の体験」が並ぶだけでなく、並びそのものが体験されている。これが意味するのは、各瞬間だけでなく並び自体も質になっていなければならないということだ。そして、前章で**時間クオリア**と呼んでおいたのは、まさにこの流れに由来するクオリアの成分のことであった。課題は、**この流れという新たな現象質**がどうやって生まれているのか、なのである。

コラム　ベルクソンと現代時間哲学

J・E・マクタガートが発表した一九〇八年の論文「時間の非実在性」（2017）から二〇世紀の分析系時間哲学は始まった。今日までの一〇〇年の歴史が生み出してきた多くの新しい概念や問題枠組みによって、人類の時間に対する概念的解像度は飛躍的に向上した。A・B・C系列、順序と流れと時制の関係、延続と耐続、出来事と事物等々。分析哲学の最大の美徳の一つが概念の精度にあることは疑い得ない。

順序と流れの区別は、その典型と言えるだろう。ある系列が順序を持つことから、そこで何かが流れるということは帰結しない。例えばデパートのフロア間には順序関係があるが、もしフロアが流れたら大変ないことになる。この本の下の方にはページ番号が打ってあるが、別に紙は勝手に流れたりしない。流れるというのは、順序プラスアルファの何かだ。ここから、マクタガート的伝統における最大の争点が出てくる。「**時間は流れているのか**」、である。

時間が順序系列をなすこと（「B系列」と呼ぶ）は誰も否定しない。問題は、そこに先ほどの「プラスアルファ」があるのかどうかである。実際にはそんなものはなく、時間が流れていると感じるのは単に概念的な曖昧さ、心理的な錯覚によるものでしかない。これが**B理論**の言い分だ。そうではなく、ちゃんと世界の側に流れは成り立っている。心なんて一つもなくても宇宙の時間は流れている。これが**A理論**の立場だ。

この問題は、過去・現在・未来という「**時制**」**の区別が世界の側に実在するか**どうかという問いとしても展開される。過去と未来を分かつ基準は現在だから、要するに「現在」というものが宇宙そのものに備わっているのか否かと言い換えても同じである。出来事が未来から現在、そして過去へと移り変わっていく変化（「A系列」の変化）こそが、時間が流れることにとって本質的とみなされるからである（マクタガート自身はA系列に内在する矛盾のために時間の非実在を説いた）。出来事単体が経由するA系列の変化と複数出来事が構成するB系列といういわば直行する二系列の合成から「現在の時間軸上の（見かけの）移動」を再構成してみせる概念的手捌きは惚れ惚れするほどエレガントで、高い知的満足度をもたらしてくれる。

ベルクソンとこうした英米系の時間哲学との接続は、不幸なことに一〇〇年の間まともに試みられることがなかった。(12) ある研究者は、ベルクソンの哲学が分析系哲学に「理解不能な理由で」影響を与えなかったと指摘している（Nyíri 2014 43）。(13) 二〇一五年からのPBJ活動の一つの目的は、こうした歪な分裂を打開することにあった。バリー・デイントン（2016, 2017, 2018）、伊佐敷隆弘（2016, 2018）、青山拓央（平井・青

（11）　チャーマーズ（2020）。汎心論はミクロな物質がミクロな心的要素を持つと考えることで、心身問題を克服しようとするが、仮にその仮定を認めたとしても私たちのマクロな意識は帰結しないことを示す問題。

山・岡嶋・藤田・森田 2021a, 2021b）といった名だたる分析哲学者たちを巻き込むことで、研究手法そのものの変革を試みた(14)。現在では、本家フランスのベルクソン専門雑誌 *Bergsoniana* の創刊号冒頭を、分析系時間論と接合を扱う論文が賑わせ（Wolf, Deppe, Fischer, Dainton 2021）、日本でもこの分野の第一人者の一人である中山康雄が「共同討議：時間とプロセス――分析哲学とベルクソン哲学との対話」（関西哲学会）を主催するに至っている（中山・三宅 2021）。

さて、内容の話に戻ろう。A理論とB理論に関連して、ベルクソンの立場はどう位置付けられるだろうか。流れやプロセスを重視する哲学だからきっとA理論だろうというのは間違いである。本書の解釈では、以下のようなものになる。問題設定の前提の水準で、マクタガート的時間論とベルクソン的なそれの間には大きく三つの違いがある。**認識と存在の切り分け方**と、**スケールの扱い**、そして時間相（アスペクト）の扱いである。第三点は本文で扱うので、このコラムでは初めの二点について述べる。

第一点、「流れ」が主観・認識のなかにあるだけか、そうではなく客観・存在の側で成立するのかという二者択一が、そもそもベルクソンでは成り立たない。そういう切り分け方は認識論的に悪手だからである（4章）。ベルクソンでは、序章・1章で示したように物質は（瞬間的生成ではあるが）流れておらず、流れは特定の時間構造が実現する現象質で作られるため、流れは常にその体験を伴う。そのため、体験の外に流れはないという意味では、A理論と異なる。ところが、当の体験自体が、他ならぬMTS構造がもたらすれっきとした自然現象であるため、流れはまったく虚構的幻想ではない。その意味でB理論とも異なる。

第二点は、未来から現在、そして過去へという推移（A変化）に関わる。現在のサイズはスケールに依存するので、スケールなしにA変化を立てることも、それらをB系列で順序として構成することもナンセンスである。スケールを恣意的に一つに決めればいいという話でもない。**流れが成立するためには単一ではなく複数のスケール**（時間的厚み）**が必要**だからである（本章2節）。もちろん、序章末尾で論じたように、

「流れる絶対時間」も同じ理由でナンセンスになる。

なぜ流れにMTSが必要か。流れは、系列の移動でも系列内の点の移動でもなく、下位時間要素が織りなす「質的多様体」だからである（本章3節）。そもそもA「系列」もB「系列」もベルクソンでは認知的構成であり、ましてや「現在が時間系列上を移動する」という考え（移動スポットライト）はなおさら構成である。だから、**系列時間が流れないということなら、むしろ歓迎**なのである。

時制の実在という観点からはこうなる。MTSは一種の現在主義（各階層はそれぞれサイズの異なる現在の幅からなる）なので[15]、その意味ではA理論と言えるが、過去／現在／未来の時制的区別はローカルで相対的なものでしかないと考える点ではB理論である。

以上のように、正否は別にしても、ベルクソン哲学という「異物」を分析哲学と対照させることにはお互いの前提する枠組みが明るみになるという哲学的メリットがある。

（12）Luft（1971）、Williams（1998）などの数少ない例外を除く。前者は、ベルクソン・ホワイトヘッド・マクタガートの三者の時間論を「実在する連続時間」・「実在する系列時間」・「実在しない時間」として、ヒュームやヘーゲルというより大きな哲学史的文脈の中で位置付ける総説。後者はいわば時間版の「現象報告のパラドクス」とも形容しうる独自の議論を展開している。一〇〇年に及ぶ没交渉の経緯、また分析哲学および科学的状況とPBJ活動の関係については平井（2016a）を参照。

（13）ニーリによれば、ベルクソン哲学はブロードやジェイムズには影響を与えたが、マクタガートはその存在に気づいてすらいなかった。ニーリ自身は「いかなる適切な時間哲学も、適切なイメージ哲学を前提とする。時間とイメージは相互参照的である」として、ベルクソン、ハイデガーとともにゴンブリッチを大きく取り上げている（Nyíri 2014 7）。

（14）そしてベルクソンと分析哲学との可能な接点は「時間」だけではない。PBJでは心の哲学（汎心論・中立一元論）、記憶の哲学、倫理学についても並行して新たな対話を構築している。

（15）以前平井は、「成長（非ブロック）ハイブリッド宇宙説」を提案していたが（平井 2016b 他）、本書ではMTS解釈を採用している（3章「コラム　純粋記憶の不可侵解釈とMTS解釈」および「コラム　ベルクソンと現代時間存在論」参照）。

3　相互浸透と共時性

流れを内から見る——相互浸透と有機的組織化

システムの時間特性という外堀から言えることは述べたので、今度は、内側、意識の現象内容の記述に目を移して、流れ意識の成立のヒントを探っておこう。結果として実現されているもののことを私たちは知っているので、そちらから探りを入れてみる、ということだ。

ベルクソンが持続を記述する際に多用する、「相互浸透」という表現から見ていこう。1章で紹介した、質的多様体の特徴である。これは、言葉としては「相互外在」と対立するもので、物体のように互いに隣接するもの同士の境界がパッキリ分かれているのではなく、ぼやけ滲んでいるという比喩で説明されることが多い。私たちの意識の流れは、五目並べのようにクオリアがただ順番に配列されたものではない。相継いで起こる事象は、互いに滑らかに継続していて、各瞬間がブッ切れに切断されているということはない。かといって、そこにあるのは闇雲な連続ではない。そこには、相互外在のようなわかりやすい秩序とはまた別な秩序が成立している。(16)

その点を見るために、もう少しだけ解像度を上げておこう。持続には、各瞬間に体験される内容がどういう性質のものであるかが、前後から切り離して単独では決まらないという特徴がある。具体的にはメロディーを聴く場合をイメージしてもらえると分かりやすいだろう。例えばドレミと音が鳴ったとする。それを耳にする私にとっては、真ん中に聞こえたレは、例えばはじめの音がドではなくファだったとしたら、あるいは後ろに続く音がミではなくシだったら、同じようには聞こえなかっただろう。そして同時に、全体の印象もドレミとファレシでは大違いである。つまり、持続のなかでは、先立つ時点の印象の余韻が後続する印象に影響し、逆に後続する印象次第で先立つ印象の感じ取り方も変わってくる(17)。特に後者のような現象は、**時間を逆行しているように見える**ため一見不思議だが、後で見る理由から極めて重要である。

さらに、相互浸透には深さの度合いがある、つまりどれくらい多くの要素に浸透しているかの度合いがあると想定されている(18)。心の全要素は、究極的には互いに依存し合っている。感覚なり感情なりが独立の粒子のように振る舞い、自由に動ける心の舞台の上で離合集散を演じているわけではない。ベルクソンは当時優勢だった連合主義を、心理的な原子論として痛烈に批判していた。

全体と部分の影響もまた双方向的だ。要素が揃って全体が一方的に決まるのではなく、全体が要素を左右しもする。ベルクソンが「相互浸透」と並んで用いる「**有機的組織化**（organisation）」という用語には、時にこのニュアンスがある(19)。私たちの現在は、単純に前から順番に物事が確定し、加算されていくような作りになっていないのだ（1章「コラム　単位以上と単位以下」）。

（16）二つの秩序については5章「コラム　二つの秩序」、二つの明晰さについては『思考と動き』所収の「諸論第二部」（PM 31）、持続が含む「数」的側面についてはMiravète（2011）および濱田（2021）を参照。

（17）Costelloe (1912)を参照のこと。また、この女性哲学者とラッセルとの批判的応酬とそれが果たした「分析哲学」への影響についてはVrahimis (2019)。

（18）この論点については、『試論』に寄せた平井の「解説」で説明した（2002 276-278）。

（19）「これらの要素の各々は全体を代表していて、それらが全体から区別され全体と切り離されるのは、抽象することのできる思考にとってのみである」（DI 75）。

部分と全体の相互的決定――ポストディクション

どうやら、持続のただなかで働いている、かなり奇妙な決定関係にベルクソンが細心の注意を払っていることがわかってきた。持続の流れは、**各瞬間が前から順番に確定していくような流れではない**のである。その具体的な例として、ベルクソンが体験の進行中から体験の組織編成が行われていることを述べる箇所を引用しておこう。

> 記憶力に刻まれた当の出来事は、どんなに単純なものだと想定しても、必ず一定の時間を占めるものだった。だから、この時間間隔の最初の部分を占めた知覚について見れば、それは今ではその後の知覚と結びついて一つのまとまった記憶（un souvenir indivisé）を形成しているとはいえ、出来事の決定的な部分が生じていないあいだは、文字どおり「宙に浮いて（en l'air）」いたのである。（強調引用者、MM 191-192[248-249]）

一読して、時点をまたいだ決定関係が働いている様を記述しようとしているベルクソンの意図が読み取れる文章だ。経験は、起きた端から順に固定されるわけではなく、後からくる経験を待っており、それらと相互浸透し、一緒に組織化される。「下位の面では、それらの記憶は、自分がそれにもたれて立てるような支配的イメージを、言ってみれば待ち望んでいたのである」（MM 191[248]）。この表現は、ベルクソンが「相互浸透」という語によって、ちゃんと厳密に相互的な浸透のことを、つまり、先立つものによって後続するものが決まるだけでなく、**後からくるものによって先立つものが決定される**側面があると考えていたことを示している。

それだけではない。時間スケールに注意してほしい。引用箇所は、ベルクソンが逆行性健忘（事故などで衝突直前の記憶から失われる事例）の説明をしている文脈で、文中の「最初の部分を占めた知覚」や「その後の知覚」は、「一つのまとまった記憶」を作る要素に相当する。だから、この「一つのまとまった記憶」は、一つ上の階層、つまり**体験質**のことである。一つ一つの知覚は、定まらず、「**宙に浮いて**」いる。これらの一つ一つの要素的な知覚は、全体の記憶次第で、取り扱いが変わるようなペンディング状態に置かれている。ところが、記憶の方は、驚くべきことに「状況が終わりに達する前に、すでに一つの全体を形成している」（ES 138）と言われるのだ[20]！　実に奇妙なことだが、仮にそうだとして、だとしたら今度は、知覚たちは、いったい何を「待って」いるのか。

いったんまとめると、こうである。階層1の各瞬間の知覚は、一方的に前が後を決定するのではなく、相互的に決定し合う関係にある。つまり、単独ではそれぞれが決定不全の状態に留まる（**部分間の相互的決定関係**）。さらに、階層1の一連の諸瞬間（部分）は、階層2で与えられるひとまとまりの体験質（全体）とも、やはり相互的な決定関係に立っている（**部分と全体の相互的決定関係**）。

この特徴について、現代の目から見ると興味深いのは、近年になって注目されるようになったさまざまな意識固有の時間特性である。例えば、私たちの視聴覚経験においては、（光と音の速度差の都合で）先に来た視覚映像を待たせておいて、後からくる音情報にタイミングを同期させる時間的編集が行われていることが知られている。まるで動画編集アプリのようだが、驚くべきはそれをリ

(20)　ただし、これはあくまで完了したという「相（aspect）」、「態度（attitude）」（ES 138）であり、後述するように、完了したと「仮定された」全体である。

アルタイムでやっているという点だ。また、前腕部の異なる二点に立て続けに刺激を与えると、実際には与えていない中間点にも刺激を感じる、ポストディクションと呼ばれる現象もある[21]。後から来る二点目の刺激がなければこの幻の中間点刺激も存在しないので、これも後からの情報を踏まえて、全体のなかで辻褄合わせしている事例である（ブォノマーノは「時間遡行的編集（backward editing in time）」と呼んでいる）。そしてもちろん、これは一定の限られた、短い現在意識の幅のなかでしか起こらない。例えば雷で、光と音の到着時刻があまりに隔たってしまえば、同期処理は無理で、音が現実に遅れて聞こえるだろう。しかし、二〇メートル離れた校長先生のスピーチでは、音は光より も五〇ミリ秒も遅れて届く（そして五〇ミリ秒の遅れなら私たちは余裕で識別できる）のにその範囲のズレならば現在の時間窓のなかでリップシンク処理をして、なかったことにできてしまうのである（ブオノマーノ2018 255）。時間的順序関係が入り乱れていて、頭が混乱してくるだろう。しかし、ここはベルクソンの持続の描像に迫る上で極めて重要な論点なので、もう少し耐えて欲しい。

記憶はいつできるか

こういう疑問が浮かんだ人がいるだろう。階層2の体験質を「記憶」と言ったが、それが記憶なら、階層1が揃って初めて、その後で出来上がるのだから、階層2の記憶が階層1を決定するという向きはあり得ないのではないか、と。もっともな疑問だと言いたいところだが、違う。

ベルクソンに詳しい人ならば、ここで彼の「現在の記憶」説を思い出すかもしれない。その基本的な主張は、〈記憶の成立は知覚の成立と共時的である〉というものである[22]。私たちは普通、〈記憶というものは現在の知覚経験が終わってから事後的にできる〉と考えがちだ。しかし、ベルクソンはそうではないと述べて、この常識的な考えを批判している。考えてみれば当然のことで、現在の窓は有限で絶えず上書きされる。だから、記憶はその「今」に作らなければ手遅れだからである。放送終了後に録画ボタンを押しても無駄なのと同じように。

さて、「共時的」というのはフランス語でcontemporain（英語でcontemporaneous）の訳語で、「同時的（simultané/simultaneous）」との対比で理解する必要がある。普通「同時的」は、二つの時点が重なることを言うのに対して、「共時的」は、二つの異なる時間・期間が重なることを指す。[23] 後者は異なる時間階層の間の関係にもうってつけであるため、MTS理論にとって必須の術語である。ベルクソンは例によって断りもしないで、しかし実はかなり周到に使っている。[24]

と、この説を紹介したのは、この説によって今の箇所を正当化したいためではない。むしろ逆に、

（21）ここで紹介したのは「皮膚うさぎ」と呼ばれる有名な事例である。刺激がぴょんぴょんと跳ねてくるように感じられるのでこの可愛らしい名がついている。ポストディクションについては「コラム　ベルクソンと時間経験の哲学」も参照。

（22）「記憶の形成は知覚の形成のあとではなく、それと共時的である。知覚がつくられるにつれて、その記憶がそれと並んで物体の影のように描かれる。しかし意識は普通それに気がつかない。目が影に向けられるたびに影を照らすならば、目には影が見えないのと同じである」（ES 130）。成立するのは共時的でも、知覚は上書き更新されるのに対して記憶は保存されるので、過去の記憶は増えていく。重要なことは、この立場では「現在の記憶」というものが存在し、最新の記憶は「直近の過去の記憶」ではなくこの「現在の記憶」であるという点だ。これが通常の再認に属する「既視」（déjà-vu）と区別される「既体験」（déjà-vécu）を説明するのに用いられる（平井・原・ペラン 2021）。

（23）ベルクソン自身による用語説明は独特だが一般的な用法とも重なるものである。「私は私の意識にとって一つとも二つともどちらとも取れるような二つの流れのことを「共時的」と呼ぶ。〔…〕精神の唯一同一の働きのうちに捉えられる二つの瞬間的知覚のことを「同時的」と呼ぶ」（DS 49-50）。

（24）DI（82, 94, 145）、MM（233）、PM（12）、ES（130, 135）、DS（passim）。

階層1と階層2の共時性によって、ベルクソンのこの「現在の記憶」説に新しい意味内実を与えることができると考えるからである。つまりベルクソンが、記憶が知覚と共時的に成立すると言うとき、この記憶とは、異なる時間スケールにおける同じ体験（体験質）のことではないか、という解釈である。質次元の変形を通じて階層1の配列を保持する階層2の体験質は、階層2の射程を超えては保存されない階層1の諸知覚とは異なり、階層3（人格質、後述）に包括されるため長期的に保存される（＝記憶の役を果たす）と解釈できるからである。この点は、次章で掘り下げる。

時間階層間の共時性

話を戻そう。階層2と階層1の共時性については、実は、すでに手にしている道具から確認できる。二つの時間階層について大事なことは、まさにそれらが「階層」を異にするのであって、同じ階層上での「前後関係」が異なるのではない、という点だ。それは、階層0と階層1でも同じである。私が見ている赤色のクオリアは、六三〇nmの電磁波の後に作られるものではない。電磁波が網膜に入り、視神経を通って視覚野に辿り着き……といった、因果経路の延長線上に、同列の項としてクオリアというものが生み出されることは決してない[25]。

「受けた作用に対して、その作用のリズムに収まったままの反作用で応じること」（MM 236[304]）は、物質の時間スケールにとどまることであり、そこではクオリアの成り立つ望みはないということを、前章で詳しく論じた。だからこそ、思い切って発想を転換して、異なる時間スケールというものを真剣に受け取り、そこに成り立つ時間スケールギャップに着目したことを想起してほしい。

その観点からすれば、時間的に拡張された物質の多数の瞬間こそが、クオリアの「素材」である。

一般に、あるものがある素材でできているとき、その両者の間に時間的前後関係はない。同じようにして今度は、多数の感覚質が体験質の素材となっているのであり、両者に時間的前後関係はない。もちろん、「素材でできている」と言っても、感覚質の時と同じく単純総和ではない。ちょうど、感覚質の際に量的識別の不足が質的識別次元への拡張的変形によって補われたように、体験質の場合にも同様の変形が起きているはずだからだ。

4　持続のレシピ

幅や厚みや共時性は得られても、流れはまだである。ただ、考えてみてほしい。そもそも、「時間の流れ」なるもの自体が、今初めて創設される場面なのだ。簡単でないからといってめげることはない。

いったん、手持ちの装備を確認してみよう。まず、MTSの観点から確認したことは、階層2の存在は必要ではあるが十分ではないということだ。凝縮は流れを作らない。凝縮は幅のある量を点的な質にする、つまりむしろ不動化するものでしかない。その点は、階層1（感覚質）と階層2（体験質）に共通である。また本書では、流れる絶対時間が虚構であることについては序章で立場を表

（25）　その意味で、ライル（1987）によるカテゴリー・ミステイクの指摘に、ベルクソンは合流している。単に概念一般の取り違えというよりスケールの取り違えなので「**スケール・ミステイク**」と呼んでもよいかもしれない。

明したし、仮に流れていたとしても、それが直接には流れ体験に寄与しないこともすでに述べた。体験が流れていても、流れの体験はでてこないからである。後者は追加の現象質（時間クオリア）である。さらに、現象的記述の観点から確認したことは、**部分同士、そして部分と全体の相互的な決定関係**があるということだ。流れのなかでは前が後に影響するだけでなく、逆もある。

色々と流れの特徴を拾い集めてきてはいるが、まだ足りない。何が足りないのだろうか。見落としている条件があるのではないか——。そうだ、感覚質の時には流れなどできなかったわけだから、階層０－１のときとは違う何かが、階層１－２にはあるはずではないか。

そう思って見比べてみると、二つのケースでは重要な違いが一つあることに気付かされる。それは、階層１－２では、素材となる階層１の**要素が、互いに質的に識別される点だ**。階層０－１の時には、素材となる階層０の瞬間の各々は、互いに質的に異ならない等質的振動であった。そのため、凝縮において順序は問題とならなかった。八兆回の振動の並びを入れ替えても、出来上がるものは同じだ。だが、凝縮される要素がそれぞれ質的に異なるとなると、話は変わってくる。[26] ドレミとミレドでは出来上がる体験質が違ってくるからだ。

ここから新しい問題が生じる。初めて並びを決めなければならなくなるのである。そもそも階層１の凝縮は、時間的粗視化によって失われる量的な識別可能性をどうやって補填するかという問題に対して、自然が編み出した創発的解答であった（識別可能性空間の変形）。ところが、厄介なことに、まさにその解答が、今度はその上の階層で、劣らぬ新たな難題を作り出してしまう。**要素が質的になってしまったせいで、今度は並びを決めなければならなくなった**のだ。だとすれば、この新たな難題に自然が捻り出した創発的解答が、「流れ」だと考えてみることができるかもしれない。

すでに見てきたとおり、拡張された下位階層の諸瞬間は、上位階層にとっては系列を構成しない。凝縮がかかるからである。だから、図中で、左右方向に並べてある諸瞬間は、実際にはすでに向きと流れを実現している私たちの記憶を用いて再構成したものであることを、ここに告白しておこう。例えば宇宙に階層0しかないとき、そこに向きを語るべきいかなる理由もない（「絶えず再開される現在」）。その場面で、そこに向きを読み込んでしまうのは、システムを外から見ている私たちからの「持ち込み」である。

だが、「流れ」は違う。階層1と2の間では、他ならぬシステム自身が、その向きなるもの自体を創設しつつあるのだ。この点を、ここまで手にした道具立てで説明しようとすると、以下のようになる（なお、以下の議論は流れの「初出」を見定める目的なので、階層2のサイズとして最小の候補、五〇〇ミリ秒程度の見かけの現在を想定する。注6参照）。

時間的内部とリアルタイムの不確定性

お題は、階層1と階層2のはざまで、流れをなす向きや順序がどうやって決まるのか、である。

まず、階層1の都合では決まらない。というより、「階層1の都合」などない。階層1自身にとっては、その都度あくまで一瞬間しかない。そしてその瞬間は記憶も予期も持たないから（それ

(26) 岡嶋（2020）は、こうして等質的諸要素の凝縮からなる多様体を「感覚的多様体」と呼んで、数的多様体および質的多様体から区別している。同じく等質的諸要素からなる数的多様体と異なるのは、それら等質的諸要素が初めから与えられたものでも、空間的に再構成されたものでもなく、時間的拡張（という意味での記憶力）によって保持された諸要素であるという点である。

らを実装するのが階層3である）、そのままでは各クオリアは、その前後の瞬間についていかなる情報も持たない。どちらが先か後かもない。だからボトムアップには向きの決め手は与えられていない。片や、階層2は時間的に拡張されており、階層1の単位を複数個凝縮して一つの質をなしている。[27]こちらは奇妙なことに、すでに並びの情報を含んでしまっている。現に、私たちは後になって、潰れてしまった体験質の記憶から、並びを再構成することができる。[28]それが可能なのはドレミの体験質とミレドの体験質が質的に異なるからである。つまり、体験質は、流れの情報を含んで成り立っている。

これが「奇妙」だと言うのは、階層1と階層2は共時的なはずだったからである。肝心の流れがどう決まるか、その現場を見定めたいのに、同じ時間区間をともに占めているはずの一方は未決定で、他方は決定済みだというのだ。

とても解けそうにない難問である。階層1からはまだ決まらないし、階層2の体験質ではすでに決まってしまっている。[29]おまけにこの二つの階層が共時的というのだ。階層1の「ド感覚質」＋「レ感覚質」＋「ミ感覚質」と階層2の「ドレミ体験質（＋α）」は、前者が後者の素材という関係に立つのだから。

だから、階層2の体験質を先に参照して、階層1の順番を確定していくというわけにはいかない。他ならぬこの並びが体験質を決めているのだから。逆に、階層1の諸瞬間の方からボトムアップに決めていくというわけにもいかない。階層1に一つではなく複数の瞬間が揃っているのはすでに階層2があるおかげだから。例えば、並びの先頭の瞬間というものが最終的に確定されるのは、結局、全部が揃った時でしかない。でも先頭が決まらねば全部を揃えることはできないではないか。そしてこの事情は他のすべての瞬間について同様に当てはまる。したがって、困ったことに、どこから始めることも禁じ手になっているわけだ。このままでは問題は解けない。

未完了相の創設

ここで目を移して、結果として私たちが現象的に享受している現実の持続と、手元のモデルを比較してみよう。すると、あることに気づく。モデルの各階層に登場する現在が、すべてアオリスト相現在だという点である（アオリスト相というのは文法用語で、点的・完結的に捉えられた動作のことを指す[30]）。他方で現実の私たちの現在には、別のあり方、すなわち未完了相現在がある。つまり、動的に展開されつつある進行形という現在のあり方である。「相」（アスペクト）は、過去・現在・未来でお馴染みの「時制」（テンス）と別個のカテゴリーである点に注意してほしい[31]。

（27）同時でないということがわかっても順序がわからない時間的グレーゾーンがあることが知られている。そして順序がわかるためには、視覚でも聴覚でも触覚でも等しく三〇ミリ秒の間隔が必要だということもわかっている（ペッペル 1995 23）。したがって順序を持つ経験要素として五〇〇ミリ秒のうちに入ることのできるのは十数個という計算になる。

（28）『試論』鐘の音の例。そこでベルクソンは「鳴った回数を遡行的に算定するために」想像上で再構成する場面を描いている（DI 94-94[143]）。記憶の保存は3章にて、再生は6章で詳しく論じる。

（29）階層1のクオリアの時を思い返してみてほしい。二〇ミリ秒のクオリアの質はすでに決まっている（二〇ミリ秒かけて徐々に出来上がったわけではない）。他方、階層0の八兆の振動の向きは、等質性のおかげで決めなくても問題にならなかっただけなのだ。

（30）ギリシア語の文法用語で、完結相（perfective aspect）とも言われる。ラテン語では完了相（perfect aspect）と一体化するが、まったく意味の異なる英語の「現在完了」と紛らわしいこともありその呼称は避けた。フランス語にはアオリスト現在のみを示す語形は存在しないが、「単純過去」は、過去についてのアオリスト相におよそ対応する。

ここから予想されるのは、**自然がまさにこの問題を解くために、時間そのものにこの未完了相現在という新しい領域を追加した**という仮説である。それは、過去や未来への時間的拡張ではない。それは時間的延長とも時制（tense）とも別カテゴリーの、相（aspect）という時間次元の新規開拓である。ここまで、「客観的」には幅はあっても、システムにとっては凝縮された点的な時間しか存在しなかった。それがこの階層で初めて、システムにとっての幅が成り立つと同時に、この**決まりきらない／決まりつつある時間相**が切り拓かれた。そんなことをベルクソンは考えているのではないか。

そう思って振り返れば、実際、テクストには思い当たる節がいくつもある。例えば、『物質と記憶』第一章を読んでいると、次のような奇妙な表現に出くわす。

> 脊髄は、こうむった刺激を遂行された運動に変換するのに対して、脳は、それを単に生まれつつある反作用へと引き延ばす。（強調引用者、MM 19[30]）

ここでベルクソンは、無意識の反射を引き起こす脊髄の経路と意識をもたらす脳の経路を比較しているのだが、まず奇妙なのは前半部分の「遂行された運動」だ。全体の構文としては「脊髄は刺激を運動に変換する」である。この「運動」に付されている「遂行された（exécutés）」は、「刺激」に付されている「こうむった（subies）」と同じく、文法的には過去分詞である。しかし、もし「プロセス」を描き出したいのであれば、むしろ未来＋受動の意味をもつ à exécuter（英語でいうto＋原形におよそ相当）を使って「こうむった刺激を〔これから〕遂行される〔ことになる〕運動へと変換する」

としたほうが自然である。それを、あえて過去分詞を使って示しているのは、そうしたプロセス的＝未完了的な描き方を、無意識的脊髄反射についてはベルクソンが積極的に拒否している（わざわざアオリストにしている）からだと読める。[32] 点入力から点出力への変換として描くわけだ。

そのことがさらに際立つのは、対比されている後半部分で、脳の「反作用」に付されている「生まれつつある（naissantes）」である。文法的には現在分詞で、英語で〜ing形に相当するが、フランス語では現在進行形という時制がないこともあり、利用頻度は元々英語に比べてずっと低い。ましてや「生まれる（naître）」という動詞に適用するのは異例で、相当に異物感のある表現だ。[33] 逆に言えば、フランス語としての不自然さを押し切ってまでも、ここでの概念的対比を際立たせたいという意図があると考えられる。つまり、**アオリスト相から未完了相へのシフト**を、である。

この「生まれつつある」に、「単に（simplement）」が付されていることの意味はなんだろうか。それは別な箇所で「開始されてはいるが遂行されてはいない（commencés mais non pas exécutés）」（MM 12）と言い換えられることから推察できる。「単に」生まれつつあるということは、「完成していない」ということだ。はっきりと、時間のこの**現在進行形のゾーン**、**決定不全領域**、**未完了相**のことを指示しているのがわかるだろう。

最小の幅で定義される物質はアオリストでしかありえないわけだが、拡張された幅がありさえす

(31) 現代の時間の哲学においては、時制が実在か否かをめぐる点が基本的な争点となっており、アスペクトの議論が欠落している。「コラム　ベルクソンと現代時間哲学」を参照。
(32) 「現在分詞」と「過去分詞」の対立についてジャンケレヴィッチ（1997 32, 169, 182, 416）は随所で注意喚起をしている。
(33) ちなみに英訳ではnascentというテクニカルな単語をあてがっており、英訳者も苦労しただろうことが伺える。

れば、流れが成立するわけでもないことについては、先に生物Θのケースで確認した。結局、感覚と運動が順々に、ドット状に連鎖しているだけでは、サイズだけ大きくなっても時間相としてはアオリストのままでしかない。私たち人間においても、脊髄の経路については、同様の構造しか持たないとベルクソンは考えている。[34]

アオリスト相のもとでは、開始はただちに完結を意味してしまうから、開始ということ自体が独立に成り立たない。脳状態のことを、ベルクソンが何度も「作用の開始」(MM 202)だとか、反作用を「開始しつつ準備する」(MM 18, 146)と――「生まれつつある反作用」と並んで――表現することに拘るのは、アオリストとの対比を意図しているものとして理解できる。だから、同じことを終止に未達であると言い換えてもいい。『試論』のある箇所で、有機的に組織化される流れは、「つねに終始する寸前の状態にある(toujours sur le point de finir)」(DI 79[122])と記述される。

いずれにせよ、重要なことは「生じてはいるが出来上がってはいない」という、この「つつある」「間隙」[35]のあり方、細部の決定がペンディングされた現在進行形＝未完了相という時間のあり方自体が、宇宙にとってまったく自明なものではないということを認識しなければ、ベルクソンが何の問題に立ち向かっているのかさえ見てとることはできないだろう。私たちにとって自明なものの根底に、それが実現するための条件を洗い出そうとしているのである。

時間的内部の開闢

この未完了相現在という新天地においては、全体の質は未確定なまま下位要素を招集でき、それら下位要素は互いの配列について未確定なままそこに参入できる。そこでは、すべての配列はゆるやかな共時性のなかで、互いに調整し合うことが許される（部分的なやり直しもありうるということだ）。未完了相とは、アオリスト相では永久に解けない問題を解くために自然が設けた時間的「特区」なのである。

未来を前借りすることも、過去を待たせておくことも、この限られた枠内では認められる。各要素の影響が隣接する瞬間をはみ出して波及しつつ、全体の「すり合わせ（ajustement）」[36]のなかでじんわりと定まっていく、そんなプロセスが「つつある」現在という未完了相の場のなかでは成立する。「相互浸透」の現象的記述が与えていた挙動は、まさにこういうものであった。

ベルクソンはあるコレージュ・ド・フランス講義において、ベネデッティやロヴェルヴァルら近代の数学者たちを取り上げ、彼らが通常は「点」で表されてしまう動体の軌跡について、なんとかして複数の共存する方向とそれを許す「内部（un intérieur）」を示す記法を開発しようとしていた姿を描き出している。[37]

点すなわち動体を、ある時点において取り上げ、直線を空間内で考えるなら、明らかにその動

(34) 4章でみるように、脳を経由する場合でも、習慣行為の場合には時間スケールの退縮が起こるので（自動的再認）、実際には同一の個体のなかに、複数段階の遅速差をもつ経路が併走していると考えられている。

(35) ベルクソンが『試論』から愛用するこの「間隙（intervalle）」という言葉も、それをアオリスト相で捉えてしまうこともできる点に注意が必要だ。ベルクソンに限らず、哲学者と共に哲学するということは、言葉と概念の間の怠惰な癒着を禁じ、精密に調律された緊張を維持する鍛錬であると言える。

(36) 後述する「折り合いモデル」を特徴づける鍵概念の一つである（ES 102, 104, 182, HTM 141）。それと同時に、彼の哲学的方法を示す語でもある。「概念の仕立て屋」としての哲学（1章5節）。

体は一つの方向しか取り得ません。〔…〕しかし持続のうちに身を置き、動体がもつ内的なものを考えるなら、その動体が二つ、ひいては複数の異なる方向、二つの異なる意図をもつことが可能です。（強調引用者、HIT 280[275]）

かくして、定まった向きすら持たない二つの隔たった階層の間の相互作用のなかから、**上からでも下からでもなく、双方が折り合いをつけていくなかで並びが確定していく**（としか言いようがない）事態が生じる。時制のはざまに新たな時間相をこじ開ける緊張とそこからくる不安定さは、そこにしか見いだせない際立って独特なありよう、私たちがしばしばリアルタイムの現在と呼ぶ時間のあり方を創設する。私たちが、今この瞬間にだけ感じる「不確かであることの臨場感」とでもいうべきものは、そこに起因するのかもしれない。それを成り立たせている、この「厚み」のある現在に開闢する時間階層の隔たりを、ベルクソンの言い方に倣って私は「**時間的内部**」と呼びたい。そして、持続する意識は、この時間的内部に目を覚ますのだ。

持続の折り合いモデル

さきほど「折り合い」という表現を用いた。ベルクソンはしばしば、意識や自由のことを、物質との「**折り合い**（modus vivendi）」という言葉で語る。このラテン語の表現は、争っている二者間で妥協点を見出すための合意を意味する（直訳は「生き方・生きる術」）。ベルクソンはある箇所で、「遅延」がもたらされるのは、「構想〔上位階層に相当〕が、要素となる複数のイメージとのあいだで、徐々に、新しく折り合いをつけざるをえない」ためだと述べている（ES 180）。この遅延は、「数々の手探り（tâtonnements）」、上下階層間の「数々の順応（adaptations）」、イメージ相互の「数々の干渉（interférences）と重ね合わせ（superpositions）」からなる（ES 181）(38)。単純なボトムアップでも一方的なトップダウンでもない上下階層間の交渉を通じて自然が新しい打開策を創発するという描像が確認できる（図1。既存の別解として図2）。

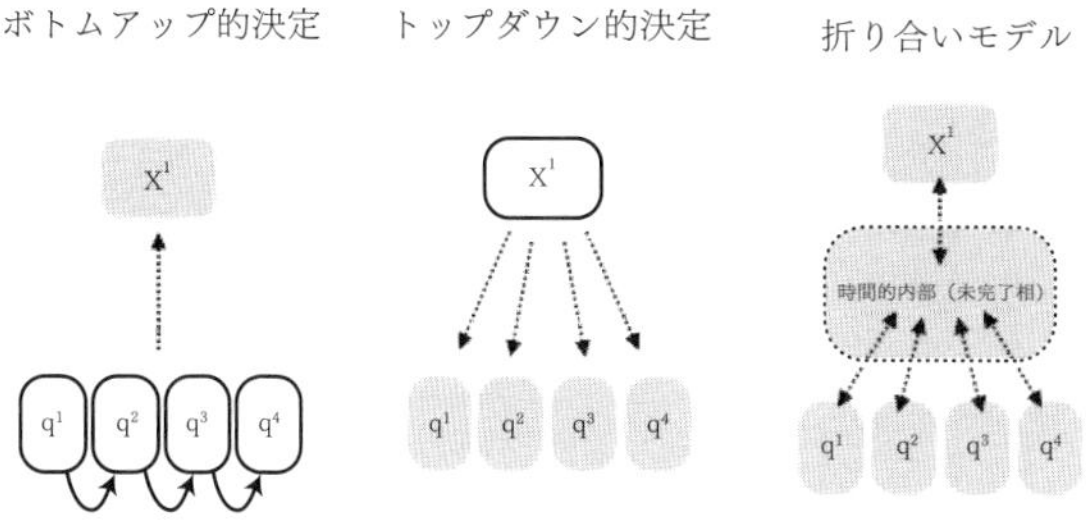

図1　決定の「折り合い」モデル：左：時間要素が次の時間要素を順次決定していくことで結果的に全体（x1）が決まるボトムアップ型の決定。中：全体のシナリオが先に決まっていて、それによって各時間要素が規定されるトップダウン型の決定。右：各要素と全体が未決定のまま共通の干渉領域（時間的内部）に参入し、お互いを決定し合う。ベルクソンの持続は、この時間的内部において実現される流れである。q1, q2, q3, q4は階層1の感覚質、x1は階層2の体験質を指す。

(37)「運動の持つ内部性とはなんでしょうか。それは何か意図のようなものだと言っておきます」（HIT 273[269]）。ベルクソンは、数学的に「意図」の記法を編み出したのがガリレオであり、そしてそれは「**時間は内部を有している**と考える数学のうちでしか可能ではありません」（HIT 274[270]）と指摘する。その内部は質と結び付けられている。「運動・動性・わたしたちが持続と呼ぶもののうちにとどまるなら、そのとき運動は必然的に何か心理的なものとなり、運動は内部（un intérieur）を有していることになります。〔…〕運動が実在的であるなら、それはその運動が質を、内的質を持っているからです」（HIT 298[292]）。HIT（20-21[29-30], 138[139], 271-273[267-269], 350[339]）。

(38)『創造的進化』では、物質と生命の二者を取り上げて、その間の進化スケールでの「折り合い」から、身体組織の複雑化・多階層化を語っている。「このことによって二つの流れの間に折り合いがつく。**この折り合いこそがまさに有機的組織化である**」（EC 250[318]）と述べている。つまり、時間的内部を開くことと、生物身体が階層的に組織されることは連動している。また、折り合いは記憶の時間的内部でも登場する（6章）。

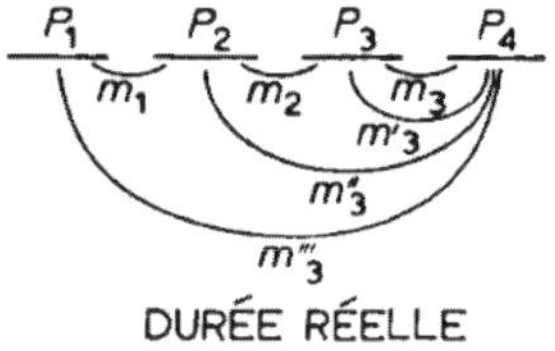

図2　チャペックのモデル：参考に、持続の別なモデルとしてチャペックによるものを示す（Čapek 1971 159）。チャペックはジェイムズの「意識の流れ」との違いを指摘して、直前の瞬間からの連続性だけに注目するジェイムズに対し、ベルクソンでは「不均等なスパンと不均等な強度を持つ膨大な数の時間的リンクが互いに重ね合わさる」（*ibid.*）としている。そして最終的にはこれらのリンクは「暫定的に現在瞬間に着地する」（*ibid.*）。これに対し、私たちの折り合いモデルには、遠隔的過去（階層3）との相互作用はまだ含まれていない（3章）し、また、下位の「最新」瞬間に集中するようには仮定していない。

こうしてようやく持続に辿り着いた。なかなかの難ルートだったので、私の読解が何をしたのかを整理し直しておこう。ベルクソンが述べているのは、①凝縮は不動化するものであること、②現在の記憶も完了的なものであること、③部分の知覚と全体の記憶は決定において相互依存的であること、④持続が流れるものであるということ、である。私の立てた問いは、ベルクソンが答えを明示していない、最後の④がどうして出てくるのかという問いである。私の答えは、まず②を基本的には①の上位階層における同型的な反復（感覚質への凝縮と体験質への凝縮）と捉えた上で、次に非同型的な点として、①が質というものを創発したために並びの決定が新たに必要となり、③の解決に新たな創発が要求され、結果として、それまでアオリスト的でしかなかった時間に「未完了相」（流れ、時間的内部）という領域をもたらした、というものである[39]。

重要なのは、凝縮が質を創発したせいで、下では解く必要のなかった新しい問題が生じたという点、そしてその**解法のために用意される時間領域が常識的なものと全く異なる点**である。ベルクソンは「発明」のメカニズムを解明する文脈でこう述べている。「問題をまずは解決されたものと仮定しなければ、どうしてそれが解決できるだろうか」（ES 174）、と。実際、アオリスト相だけで見れば、配列問題はもう体験質の側で解かれてしまっている。そして、**実際の解法は、この仮定的に**

解かれた解と、解くための諸要件の折り合いのなかで定まるというのである。私たちが絶えず味わっている「流れ」とは、この「解法の時間」のことなのだ。(40)

序章で「時間クオリア」と呼んでおいたものの正体が、これである。時点は平等に無数にあることを頭で理解しても、私たちにとってはこの現在という時点だけが特別な質を帯びている。それは、今まさに物事が決まり「つつある」時間領域、それを味わうことに由来するこの新規現象質のゆえである。流れは、配列が問題にならない階層0－1の凝縮からは生まれない。またここで順序が確定してしまう以上、階層2－3でも生まれない。この階層1－2だけでローカルに生じる特異事象だ。私たちの意識は、こうして自然が開通した時間トンネルのなかを進むのである。(41)

多くの人が頭を抱えると思う。私のこの解釈が正しい保証もない。ただ、確実なことはある。それは、「常識的」な概念的道具立てでは、「流れ」は出てくる気配がないということ（その「現状認識」ではベルクソンは現代の多くの理論家と一致している）、そして、ベルクソンの思索力はその現状に甘

(39) ベルクソンはしばしば、持続が「分割不可能」であることを論じる。持続においては確かに一定の配列・順序構造が実現されるが、それらは順序の各項に分割できない（継起ある順序と純粋な順序の区別。DI 76[117]）。その理由の一つはこの流れの質が全体との組織化から帰結するものであるからである。システムの分割不可能性については、5章5節を参照。

(40) 時間的内部は、二つの階層に挟み込まれ、いつも「つつある」と同時に、もう「済んでいる」。アリストテレスなら、「よく生きている」その時点からもう「よく生きた」と言えてしまう、そういう境域であるだろう。ただし、エンテレケイアをアスペクト論として展開するアリストテレス『形而上学』Θ巻第六章の真正性については、専門家のあいだで疑義が呈されている（Burnyeat 2008, 篠澤 2017 148 n.2)。

(41) だから持続の「連続性」というものを、単純に水平的系列の意味で捉えるのは根本的に間違っている。各階層は、ゆらぎはあれその都度具体的な容量からなる時間要素を持ち、持続はそうした諸階層から織りなされる「質的多様体」である。

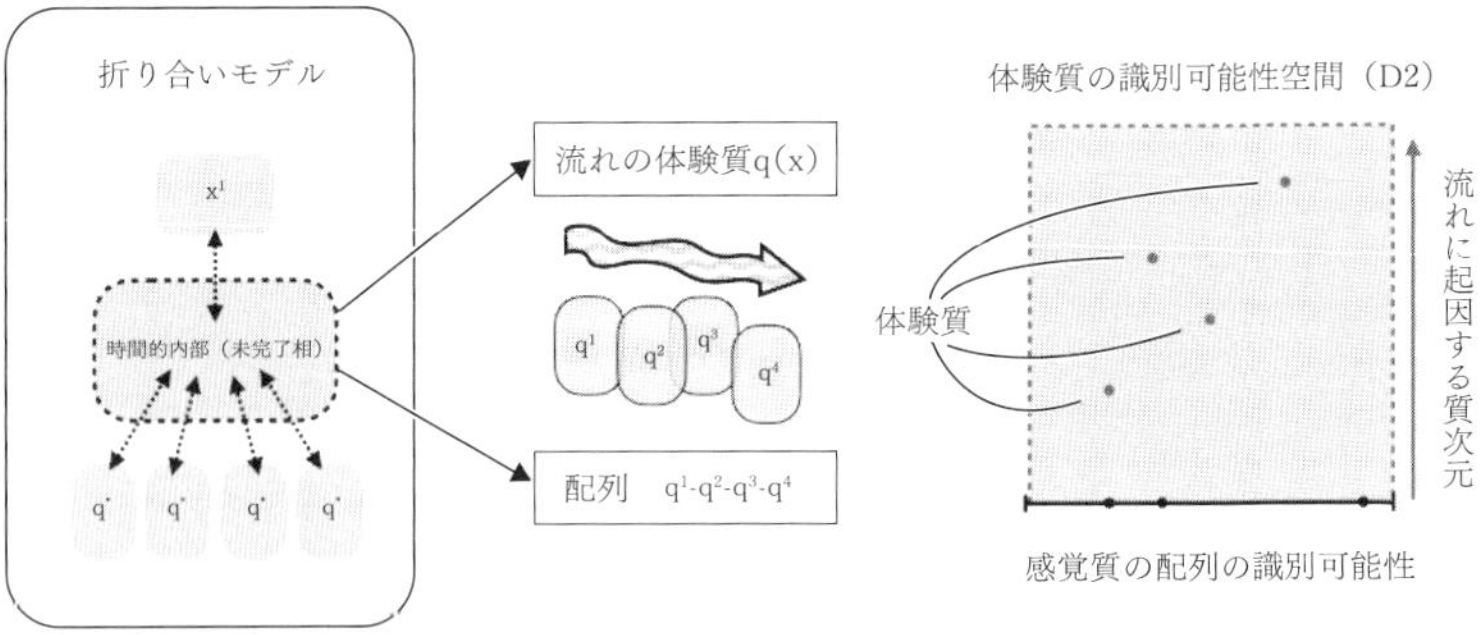

図3　折り合いモデルの識別可能性空間：折り合いモデルからは、単に要素となる感覚質の配列だけでなく、その配列で諸要素を体験することに伴う「流れの質成分」（時間クオリア）が出力される。ドレミ体験には、ド体験＋レ体験＋ミ体験以上の要素があるからである。この流れの質成分は、無から湧いたものではなく、体験を可能にした未完了相、つまり時間的内部に起因する。それゆえ相応の識別可能性への増加寄与を持つ。しかし、外的には判明な多様体に射影される成分（この場合は配列）しか観察されないため、この寄与分は非観測領域に展開されることになる。

んじることではなく、限界を打破することに捧げられたこと、この二点である。

現在だけが流れるというのはどういうことか

こうしてみると、「時間の流れ」といっても、ベルクソンが考えているのは、世間の人が漠然と「川の流れ」の比喩で想定しているように、「未来・現在・過去の連なった全体が動く歩道のようにスライドしていく」流れでもないし、川に浮かぶ桃のように、「未来の方からやってきて現在を通過して過去へと去っていく」流れでもないし、ボートのように、「過去からやってきて未来へと進んでいく」流れでもない。こうした想定はいずれも、はじめに「線的な広がりを持った時点の系列」を前提してしまっている。ベルクソンに言わせれば、これは世界の側に初めから用意されている時間ではなく、むしろその対極、階層3までを有する私たち人間によって、記憶と抽象を動員して初めて作られる知的構築物でしかない。それは優秀な地図ではあっても土地ではない。だから、流れの起源を論じているときに、そんな「時間」を前提にするのは、問いの段階で倒錯している。

「時間が流れる」のは、階層と階層の隔たりが拓く時間的内部においてだけである。[42] 逆に、「原物質（matière brute）が問題になる限り、流れを無視しても重大な間違いを犯さずに済む」（EC 368[465]）。流れだけが本来的な意味での現在、つまり**未完了相の意味での現在**であり、階層0や階層1を現在と呼ぶのは名目的な呼び名に過ぎない。

コラム　ベルクソンと時間経験の哲学

「時間経験の哲学」とは、英国の哲学者バリー・デイントンによって二〇一〇年代に入って創設された、マクタガートに始まる一連の議論とはまた別個の新しいトピックである。後者が世界自体に流れや時制が存在するかを争うものであったのに対し、前者は、それを経験する私たちの時間経験（temporal experience）の構造に注目する。

時間の流れを意識してその「**意識内容の時間幅**」と「**意識そのものの時間幅**」を区別した上で両者の関係を探るのがここでの争点である。一般に、AがBを表象する関係にあるとき、AとBの特性は同じである必要はない。例えば、ある写真が数メートルの高さで燃え盛る炎を映していても、写真自体のサイズが

（42）「時間に固有の性質とは、流れるということである。すでに流れた時間は過去であり、流れつつある瞬時をわれわれは現在と呼ぶ」（MM 152）。

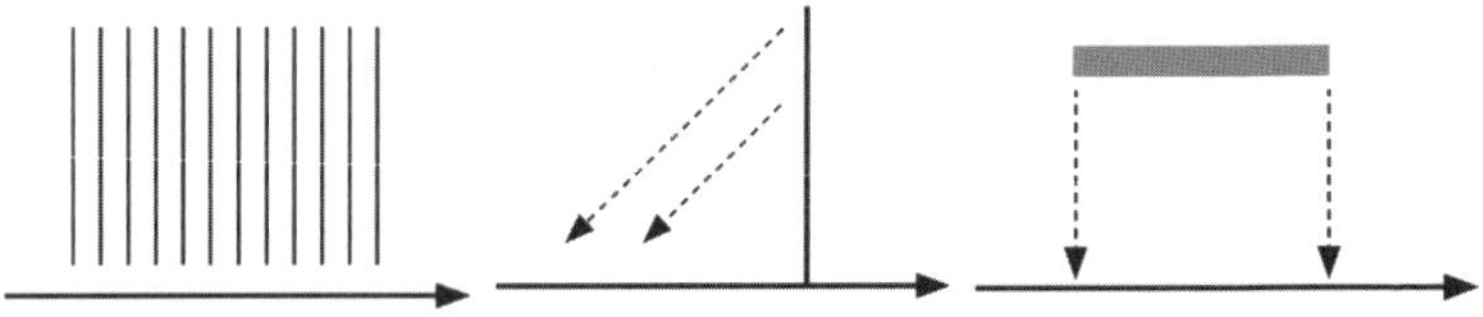

図4　時間経験の三モデル（Dainton 2017より許諾を得て転載）

数メートルあったり熱かったりするとは限らない。同じように、意識が三秒間流れるメロディを映し出しているとして、そのとき意識自体が実際に三秒の幅を持っているかどうかは自明ではない(43)。そこから見解が分かれてくる。

基本的なオプションは三つ、映画モデル、把持モデル、延長モデルである。**映画モデル**では、意識内容も意識自体も幅を持たない。瞬間的な意識は対応する瞬間的な内容を表しており、それらが時間幅に亘って並んでいる。パラパラ漫画の要領である。**把持モデル**では、意識内容は幅を持つが意識は幅を持たない。**延長モデル**ではいずれも幅を持つ（図4）。

まず、映画モデルは現象にそぐわない。流れを味わっているのは意識自身だから、少なくとも意識にとっての「見かけの現在」、つまり「意識内容」の幅はなければならない。ジェイムズが指摘するように、「意識の流れ」は「流れの意識」を含意しない。外から眺めている人に対して意識が流れていくさまを作って見せても仕方ない。

すると、残るは把持主義か延長主義である。素朴な直観としては、当然意識にも幅があるように、つまり延長主義が正しいように思える。対立する把持主義のモチベーションは、以下のように理解することができる。意識内容が幅を持てるのは、過ぎ去っていく事象を少なくとも一定程度「把持」できるからである。すると、ある一時点で意識を取り上げてみても、その時点に生起していることだけでなく、少し前に起こったことも把持されて一定の幅を成しているはずだ——。

他方で、延長主義が有利に思われる点は、フラッシュラグ効果、逆向マスキング、皮膚うさぎ錯覚など、私たちの知覚において後の刺激が前の刺激の受け取り方を変える「ポストディクション」と呼ばれる現象と整合させうるという点だ。[44]

さて、ベルクソンの持続はどの立場になるだろうか。例によって色々と前提レベルで異なる点はあるのだが、意識自体が時間的延長を持つかどうかという点に限って言えば、明白に延長主義である。ただし、そのことは把持主義を排除しない。単純な位置付けが難しいのは、ベルクソンにおいてはそもそも**意識が通常の表象モデルでない**ためである。意識そのものと別に、その意識対象があるという風になっていない。

一方で、流れは質であって量でないため、「意識内容の幅」の同定にまず一癖ある。「三秒」のメロディという時、計測されているのは物理現象としての音波の時間長である。対する流れ体験の内容は時間クオリアであり、確かに当事者に一定の知能があれば、その質に基づく「原因量の推定」はできるが、それは「クオリア自体が持っている量」を意味しない。[45]

他方で、「意識自体の幅」も、ＭＴＳ解釈の下ではどの階層をとるかによって捉え方が変わってくる。上の階層を基準に考えれば、流れ意識の内容がその流れ意識自体をはみ出すということはあり得ないが、

（43）より詳細は、デイントン自身が執筆しているスタンフォード哲学百科事典（ＳＥＰ）の記事（Dainton 2017）、あるいは『ベルクソン『物質と記憶』を解剖する』所収の邦訳論文（デイントン2016）、そのほか西村（2014）、太田（2017）、村田（2020）など。デイントンが把持主義としてしばしば取り上げるフッサールについては、その延長主義的側面も指摘されている（西村 2020）。なお初期の延長主義者として注目されているシュテルンについては、村田憲郎による訳で読むことが可能である（シュテルン 2019）。

（44）もちろん把持主義の側からの反論もある。例えばArstila（2016）はポストディクションを説明しうる「動的スナップショット説」を提案している。

（45）これは『試論』第一章の基本的な論点であり「心理測定」にかかわる本質的な問題提起となっている。この問題について、ＰＢＪでは心理学者のグループとの定期的な議論を継続している。

下の階層を基準に考えればそれを超えるものを上の階層がもたらすのは当然なので、把持主義的な振る舞いになる。本文で述べたように階層2自体が多層性を含むため、現実には二つのモデルは複合されることになる。

加えて、物質については映画モデルを組み込んでいるとさえみなせる。本章でアオリスト的反復と述べたものだ（ただし幅ゼロの瞬時ではない）。なお、映画モデル、拡張モデル、把持モデルをそれぞれ三段階のMTSとして包含する非常に興味深い神経科学モデルとして、Singhal and Srinivasan（2021）を挙げておく。

それでは、一つ階層を上がって、いよいよベルクソンの記憶の考え方に足を踏み入れることにしよう。ここまで感覚質、流れる持続がそうであったように、マルチ時間スケールによって記憶もまた説明される。この記憶のおかげで、私たちは、「今ここ」の時間知覚という枠を抜け出して、過去や未来へと大きく時間展望を繰り広げることができるようになる。そしてさらに、私たちにお馴染みの「直線的な時間像」もまた、この記憶を加工して作り出される。その意味で、私たちの時間概念の源泉はここにある。

ここまで何度か指摘してきたように、現在を超えて過去や未来に伸び広がった直線状の時間というものは、決してタダで手に入るものではない。1章の初めに確認したように、記録や記憶を担ってくれるマクロな装置・構造がまだ実現していない、極微の相互作用だけでできた宇宙においては、時間展望や時間概念というものはどうやっても構成できない。そこにはただ瞬間があるだけだ。瞬間が「繰り返されている」とさえ言えない。そのためには複数の瞬間がなければならないが、保存も比較も実装されていないからである。もちろん、今の私たちなら、「素粒子の生成消滅がずっと繰り返されていたのです」などと語ることができる。だが、その「時間」はこちらの「持ち込み」である。その宇宙では誰も、もちろん宇宙自身も、時間を知らない。

人間の子供でさえ、カレンダーが読めるようになるのに一〇年かかることを思い出して欲しい。時間概念は、宇宙にとっても、さらには生物にとってさえ、全く自明《アプリオリ》なものではない。想像してほしい。もし〈拡張〉の歴史が階層2で止まっていたなら、どうだっただろうか。宇宙自体も「現在の幅」止まりだし、その宇宙の誰も現在以外の時点というものが存在しているなど夢にも思わなかったことだろう。階層2のおかげで、確かに未完了の「流れ」はある。だがそれは現在の窓のなかの流れでしかない。リアルタイムの現在で、生物はビビッドな体験を享受するようになったかもしれないが、まだ誰も「今じゃないいつか」などというものを知らない。「想像」してみようにも、イメージのリソースすらない。そういう段階の宇宙である。

だから、記憶の問題を過小評価してはならない。私たちはごく当たり前のように、日々過去を見渡している。今日の前に昨日があり、今月の前に先月があり、自分は子供の頃から様々な経験を重ねながら、ずっと生きてきた。そういう、時間的に継続する存在として自分のことを考えている。世界もそうして継続してきたと考えている。そうしたこと全ては、そもそも時間が階層3を実現しなかったなら、つまり記憶がなかったなら、成り立っていなかった。つまり、記憶の起源を問うということは、**時間そのものの根幹に迫る問い**なのだ。

だから、ベルクソンが記憶の問題に見ているのは、ただの心理学ではないし、ただの時間存在論（「客観的」な過去の存続）でもない。過去について存在と認識をどうやって繋げるかという問題である。現に私たちは現在だけに閉じ込められておらず、時間展望や時間概念を持つことができてしまっている。だから、記憶の仕組みを説明する際に、記憶というものがどうやって時間を跨いで存続できるのかを外から（いわば客観的に）説明するだけでは十分ではない。さらに加えて、そのように存続できていることを（外から眺める観察者ではなく）当事者自身が知っているということを説明できなければならない。何かが客観的に存続しているかどうかと、その存続という事実がその存続者自身にとって認識されているかどうかは別問題だからである。

『物質と記憶』は、まさにその観点から記憶の問題に取り組んだ書物である。書名に含まれる「記憶」という言葉から、人間の心理学的機能の一つとしての記憶を扱っているのだろうとひとは予想するだろう。実際、導入は有名な二つの記憶機能の分類から始まり、再認疾患など人間の記憶事象の分析がそれに続いていく。ところが、行き着く先は途方もない地点である。常識では、記憶というものは神経などの何らかの物理的媒体に書き込まれて存続すると考えられている。それに対し、「**純粋記憶理論**」と呼ばれる彼の考えは、**過去はそれ自体において存続する**（survivance *en soi* du passé）（MM 166[217]）ことを主張する。「それ自体において」というのは、「何か他のもののうちに」ではなく、という意味である。

一見して奇抜に思える主張だが、本書のMTS解釈のもとでは、実はごく自然に理解できるばかりか、既存の考え方よりも多くの利点を持ちうる。そして何より、**過去そのものへのアクセス可能性を担保しうる**稀有な理路を示している。そのことを示すのが本章の目的である。(1)

（1）従来解釈との違いについては「コラム　純粋記憶の不可侵性解釈とMTS解釈」を参照。

1　記憶のために脳ができること——痕跡説

普通、記憶の仕組みはどのようなものとして理解されているだろうか。ここでは現代でもなお主流の位置を占めている考えとして「**痕跡説**」を紹介し、そのような問いの立て方のどこに問題があるのかを示すことで、ベルクソン的な記憶論への導入としたい。

ここでいう痕跡説とは、以下のような考え方である。例えば私が五月一日のランチにハンバーグを食べたとしよう。それを五月三日に思い出すとする。

〔痕跡説による説明〕五月一日のランチの際に、私の脳内の神経ネットワークのうちにある一定の痕跡が刻み込まれる。五月三日の時点でもその痕跡は残存している。そこで私は、その脳内痕跡に何らかの働きかけをすることで、二日前のハンバーグランチを想起する。

非常に簡潔でわかりやすい説明だが、重大な欠陥が二つある。一つ目は、本書を読み進めて来られた読者にはただちに気づかれるだろう。そう、**現象的側面の無視**だ。

先立つ二つの章で私たちは、クオリアにおいても持続においても、外から観測できない、構造や機能に還元できない現象質というものを、脳活動に勝手に付随してくるおまけのようなものとしてではなく、ちゃんと固有の成立条件を持った自然現象として捉えようとするベルクソンの姿勢を見届けてきた。クオリアは通常の物理的因果経路の構成要素ではないし、持続は時間単位の単なる羅列ではない。感覚クオリアや持続体験という質的・現象的なものが存在する事実を、ただ脳が「産出する」と言って済ませられないことも、魔法のランプ問題として指摘しておいた。同じ批判は、記憶の痕跡説にも向けられる。

エピソード記憶と現象経験

現象面が記憶にどう関わるかを見るために、必要な範囲で記憶の分類を導入しておこう。2章で、現在の幅というものが短期記憶やワーキングメモリというものにおよそ対応するという話をしておいたが、そうした現在の幅を超えた時間に及ぶ記憶――日常的に記憶という場合にはほぼこの意味で用いられるはずだ――のことを、長期記憶と呼ぶ。次に、痕跡説の例で用いたような、過去の特定の一場面を想起する働きのことを、現代心理学では「**エピソード記憶**」と呼んで、同じ長期記憶に属する他の記憶から区別している。ちなみに、この現代的区別を打ち立てた心理学者タルヴィング自身が、こうした記憶の区分の先駆者としてベルクソンの名を挙げている[(2)]。他の長期記憶としては、「**手続き型記憶**」や「**意味記憶**」などがある。手続き型記憶は、水泳や車の運転など「反復によって習得する身体動作の記憶」であり、意味記憶とは、地球の直径や歴史的事件など「言葉の一般的意味や本や人から学んだ知識」などのことである。

(2) 具体的には、ベルクソンの『物質と記憶』とジェイムズの『心理学原理』に言及している。なおベルクソンに先立ち、すでにメーヌ・ド・ビランは「習慣の思考能力への影響」において、機械記憶、表象記憶、感覚記憶を区分している（Maine de Biran 1799 178）。歴史的なレヴューであるPolster, Nadel, and Schacter（1991）は、現代に連なる記憶区分の先駆者として、ベルクソンと並んでこのビランを挙げている。さらにシャクター（2020 186）は、ビランによるこの区別にかかわらず「多くの実験心理学者たちは、記憶システムは万能で一つしかないとする考えに固執し」た経緯を指摘している。

さて、五月一日のランチを思い出すというのはエピソード記憶である。そしてエピソード記憶は、他の二つと異なり、現象的側面を不可欠の要件とする。単に歴史的知識として五月一日にある人物が何を食べたかを尋ねるクイズをやっているわけではない。その場合なら、機能面だけで説明できるかもしれない。つまり、意味記憶の実装が問題ならば、クイズに答えられればゴールとしてもよいかもしれない。しかしエピソード記憶は違う。

エピソード想起において、私は、ただの事実命題や、一連の身体動作といった外から観察可能な出力をするのがゴールなのではなく、ハンバーグがどのような味わいであったか、あの場所に居合わせるというのがどのような心地で、その日の自分がどんな気分であったかといったことを心に思い描く、感じ直すことがゴールなのである[3]。実際、想起対象が当人の過去の出来事であっても、単に事実として答えるだけであれば意味記憶に分類される。つまり、質的で現象的な側面が、エピソード記憶にとっては本質的なのだ。これをタルヴィングは「オートノエティックな側面」と呼んでいる。さて、元々のオリジナルの経験、今の場合は五月一日のランチも当然現象経験である。つまり、エピソード記憶においては、入力も出力も現象経験なのである。だから、エピソード記憶の哲学的な説明は、この現象面の保存と再生を扱えなければならない。

痕跡説の問題点①——魔法のランプ問題

この点を踏まえて、痕跡説を見直してみよう。この立場では、オリジナルの現象経験をまずいったん脳内痕跡へと「記銘」し、未来への「保存」をこの物質基盤に委ねる。そして、ここから現象経験を「再生」することになる。要するに、痕跡説のもとでは、時間を通じた存続を許されるのは物理基盤だけであって、体験の心的成分はその場で「蒸発」してしまうと（自覚のあるなしに関わらず）想定されている。ほとんどの荷物を出発地で下ろしてしまって、台座だけを運ぶ列車のようだ。到着地では台座を擦れば荷物が立ち現れる寸法だ。この最後の部分で、例の**魔法のランプ問題**に抵触していることがお分かりだろう。脳に「記憶そのものを生まれさせることはできない」（MM 266[340]）。「素材」の用意なしに産出を語ることは結局「魔法」だからだ。

手続き記憶なら問題ないことも合わせて確認しておこう。出力が身体運動だからだ。全身の筋肉は神経で駆動されているわけだから、神経が原因として運動を出力することに問題はない。現にベルクソン自身、現代の手続き型記憶に相当する「運動記憶」については、脳内への保存をむしろ主張する側に立つ。これに反して、エピソード記憶の場合は、心のなかに当時の情景を繰り広げること、つまり**心的イメージ**こそが、説明されるべき結果である。1章で詳しく論じたように、今仮に、神経痕跡が心的イメージの内容を「一つに決定する」ことを認めたとしても、神経が心的イメージを「素材から産出する」ことはできない。そこに説明されるべき問題が残される（1章3節「決定は産出を含意しない」）。

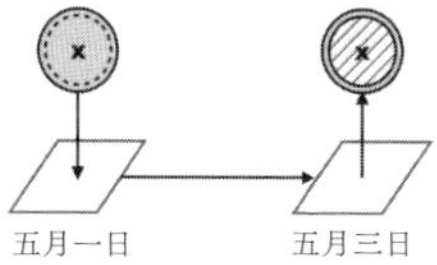

図1　記憶の痕跡説：現象体験成分（上の丸（x））の物理痕跡（下の平面）への「記銘」、水平方向の「保存」、物理痕跡からの「再生」からなる。

（3）　一定の確率でこうしたイメージ喚起力を持たない人々がおり、現代では「アファンタジア」と呼ばれるが、興味深いことに、ベルクソンはすでに一九〇三年の講義で、ダーウィンの従兄弟でもあるゴルトン（Galton 1822-1911）による「心像研究（Studies of Mental Imagery）」を踏まえて、これに言及している（HTM 49）。彼らは、むしろそうした心像というもの自体が先入観でしかなく実在しないものだと答えており、当時の内観的哲学批判との関わりで興味深い。

ここでも多義性の誤謬が入り込む。イメージの保存と再生なら今時デジカメやビデオでも実装していることであって、脳にそれができない理由はないと考える人がいるかもしれない。しかし、デジカメにおいて「イメージ」と呼ばれているものは、画素の配列情報でしかない。デジカメ自身はそのイメージを見てはいない。話はクオリアの場合と全く同じである。赤クオリアの存在の謎を問題にしている時、六三〇nmの電磁波を作るのが難しいと述べているのではない。同じように、記憶の場面で、心的イメージが現象面の問題だというのは、音素や画素の配列を再現するという機能面が達成すべきゴールではないという意味である。それを私が非観測領域において「味わう」こと、そうやって過去を「体験し直す」ことがどうやって実現しているのか、それが問題なのである。

痕跡説の問題点②──過去概念の出自

以上の問題点は、基本的に階層1や2と同型である。これに加えて痕跡説には、もう一つ、記憶特有の問題点がある。大森荘蔵（1992）が述べたように、記憶こそが、初めて過去というものの存在を私たちに教示するものだからである。記憶を持たない物質や生物にとって、アクセス可能な時間とは現在のことでしかない。現在を超えた時間というものの存在を思いつきもしないことだろう。したがって、適切な記憶の理論は、記憶能力の保持者に「現在ではない時点」の存在を教えうるようなものになっていなければならない。

ところが、痕跡説が思い出す私に提供できるのは、物理的痕跡だけである。それは過去とは何であるかについて何も教えない。そもそも、これを「痕跡」と呼んでいるのは論点先取である。実際には、この「痕跡」という言葉で指しているのは、今の脳内にある特定の神経配列でしかない。記憶とは関係のない神経もそこには一緒に存在している。それらのなかで特にそれが「痕跡」だと言えるのは、それをもうすでに過去と結びつけている場合に限られる。脳を覗いてここが記憶痕跡だと研究者が認定するとき、この研究者の記憶というものを外から持ち込んで使っている。その「記憶」こそが肝心の説明対象だというのに、だ。この痕跡自身が自らを過去に由来するものとしてどうやって示しうるのかについては、痕跡説は結局何も語らない。

それだけではない。ここで百歩譲って、この神経群から心的イメージが産出され、私にハンバーグランチの光景が立ち現れたと仮定しよう。それでもやはり、このイメージ体験は過去について何も教えない。確かに、ハンバーグは今目の前にはないから、これが現在の現実ではない何かだということはわかる。しかし、それは単なる思いつきや反実仮想かもしれないし、未来予想図や幻覚かもしれない。それがこうしたもののどれでもなく、他ならぬ過去の体験を描写するものだとわかる要素は、イメージのどこをどう調べても出てこない[4]。記憶を心的イメージの生成に還元できないのはそのためである。記憶は確かに心的イメージを出力するが、その出力結果だけをもってして記憶を解明したということはできないということである。

（4）「現勢的で、すでに現実化されてしまったもののうちに過去の痕跡を探そうとしても無駄なことだ。光の中に闇を探そうとするようなものである」（MM 150[198]）。

以上、痕跡説がぶつかる二つの問題点を確認した。これらに対応する形で、ベルクソンの純粋記憶理論の特徴を二点にまとめることができる。

〔A〕包括的体験が「それ自体において」保存される

先ほど確認したように、現在主流の説明では、時間のレール上での運搬業務を担うことができるのは物理的痕跡だけであると想定されており、過去のランチ時に私が味わっていたクオリアや流れやイメージはすべて泡のように消えていると想定されている。これに対しベルクソンは、それらを含んだ包括的なランチ体験そのものが保存されると考えている。

なぜそう考えるのかという動機づけについては、批判点の方で述べた通りである。五月三日に心的イメージを生み出すとして、神経が無から産出するというわけにはいかない。結局素材が必要である。目的の現象経験を合成できるような「現象素材」がなければ、神経の保持する配列情報に基づいてそれらを「加工・調理」することもできない。だが、そうした現象素材はどこからくるか。現在のクオリアとしては提供されていない（今目の前にハンバーグはない）以上、結局、過去から継承してくるほかない。つまり、過去の体験が加工されて再利用されるというのである。

現象面を含む体験が丸ごと保存される。そんなことをベルクソンが考えることができる背景として、物理的・生理学的機能と同じように、クオリアやイメージ、流れなど現象的な側面についても一貫して自然現象として、つまり一定のメカニズムのもとで生じるべくして生じる実在として扱っている姿勢を指摘できるだろう。逆に、こう問い返してみても良いだろう。どんなバイアスのために人は神経だけが残り、現象面は幽霊のように無から現れ無へと断ち消えると考えたがるのだろうか、と。

さて、ベルクソンはこうした包括的な意味での体験が、「それ自体で」保存されると考えている。「それ自体における保存」とは、「他のものに収納するのではない保存」ということであり、言い換えれば「**媒体なしの保存**」である。媒体なしの保存とは、ずいぶん奇妙なことを考えるものだと思われるかもしれない。しかし、以下のように、この点は誰も逃れることができない。

まず、ベルクソンは「Aが保存される」ということを「AがBのなかに収納される」ことによって説明したくなる私たちの思考の空間バイアスについて指摘している。私たちの日常的な語法のなかでは、保存と収納は混同されがちだということである。貴重品は金庫に、ビールは冷蔵庫に、ファイルはUSBメモリに「保存する」。こうした慣習に従って痕跡説は、記憶は脳内に保存する、と述べるわけである。だが、その実は、「収納」しているだけだ。

ベルクソンは指摘する。「あるものが別のものの中にあることを示したところで、当のものの保存という現象を、それで少しでも明らかにできたわけではない」(MM 165[216-217])、と。言われてみればその通りだろう。何かが何かの中にあるというのは空間的関係であるが、五月一日から五月三日への存続は時間的関係である。前者は後者をまったく含意しない。だから、脳に収納したことで満足する痕跡論者を想定して、ベルクソンはこう述べる。

仮に、過去は脳の中に蓄えられた記憶として存続する、と認めておくとしよう。そうなると、

> 脳は、記憶を保存できるために、少なくとも自分自身を保存しなければなるまい。だが、この脳は、空間において延長を有するイマージュである限り、現在の瞬間を占めるだけである。（MM 165[217]）

収納が空間的包含関係でしかない以上、時間的存続は初めから暗黙に前提されていたことが露呈する。痕跡を脳に収納して満足できるのは、脳が存続することをあてにしているからである。だが実際には、収納だけでどこまで頑張っても、永久に時間的存続は説明できない。脳を身体に収納し、身体を大気中に収納しても、話は同じである（MM 165[216]）。ほどなく物質宇宙全体に収納することになるが、相変わらず現在から一歩も出ていない。空間的関係なのだから当然である。ところが宇宙全体にはもうそれより大きい収納先・媒体はないから、痕跡説も、遅かれ早かれ「それ自体における」存続を認めるほかなくなる。「媒体なし」の宇宙の存続、だ。

> したがって、過去のそれ自体における存続は、形はどうあれ、どうしても認めるほかないのである。（MM 166[217]）

そうなると、ベルクソンと痕跡説の違いは、「それ自体における保存」を認めるかどうかではなく、それ自体において存続するのが個人の現象体験であるか、物質宇宙全体であるかという違いになる。ベルクソンの観点からすれば、私たちの記憶活動を説明するのに、物質宇宙全体の存続は必要でも十分でもない。理由はすでに述べた通りである。後者は過去の知を説明してくれないのだ。

なお、痕跡説への公平性のために補足しておけば、これも探求のゴール設定の違いである。時間的存続そのものを説明するつもりは、そもそも痕跡説の念頭にない。記憶のうちに見ている問題の射程が異なるからである。だから、少し意地悪なことを言っていることになるのだが、それほどに見えにくい「**存続の謎**」の姿を浮き彫りにするためということで、お許し願いたい。

保存は能力ではない

それにしても、二日前の現象体験がそれ自体で保存されるとは、いったいどういうことか、まだ腑に落ちない向きもあるだろう。しかし、このことは**時間スケール相対的**な観点を徹底するだけで解決する問題である。同じ意味での保存は、実は、これまで見てきた階層において、すでに実装されていたものだからである。

例えば、階層1を思い出していただきたい。私たちの視覚にとって最小時間単位である二〇ミリ秒の内に、例えば七五〇nmの電磁波は八兆回もの振動を行っている。つまり、極微ではあれ「保持」が成り立っているわけだが、このとき電磁波の模造品を作って保持するなどということはしていない。実物の電磁波が保持されている。それらが一挙に与えられることで、クオリアが成り立つのだ。階層2でもそうだ。〇・五秒の間に「ミソファミレド」とメロディが流れたとする。最後の「ド」の音だけが感覚クオリアとして生起していて、「ミソファミレ」のクオリアは物理痕跡に置き換えられているということはない。それではメロディにならないからだ。やはり、実物のクオリアが保持され、それらが一続きの流れを成している。ベルクソンはこう述べている。人は、「「はなし」という単語の最初の二音節が最後の一音節を発音するときにどうして生き残っているのかなどと説明を求めない」(ES 56)だろう、と。それゆえ、より巨視的な「階層3」の存在がもし正当化されるなら、記憶についても同様のことが当てはまらない理由はない(本章4節)。過去の経験がすべて本物のまま保持され、途切れないまとまりを成すこと自体に、(私たち自身の思考の慣習以外の)障害はないのである。

ここから、**実物の過去そのものに今直接アクセスする**(直接想起説)という理論的可能性が見えてくる。ただし、過去「そのもの」というのは、過去「そのまま」ということではない。仕組みが同じである以上、拡張は凝縮を伴い、それゆえ保存される体験も「変形」を免れないからである。だが、識別可能性が維持されるとすれば、指示対象の数的同一性(一つの同じものであること)は担保できる。つまり、それは過去に自分が味わったあの体験「そのもの」と言える。

要するに、保存とは〈時間的拡張〉によるのであり、上位階層が確保される時間幅だけ「保存」がなされるわけである(こういう事情で、ベルクソンのモデルでは記銘と保存は別個のステップにならない)。

> 記憶は思い出を引き出しで分類する能力でもなければ、それらを帳簿に書き込む能力でもない。引き出しも帳簿もない。本来の意味では、ここには能力さえない。なぜなら、能力は、欲するとき可能なときに断続的に行使されるのに対して、過去の過去における蓄積は休みなく続けられるからだ。実際、過去は自ずから自動的に保存される。(EC 5[22])

過去を保存するのは脳の仕事ではないとベルクソンが述べるのは、そのためである。**過去は時間構造が保存する**。どうしても痕跡の比喩が使いたければ、時間に書き込まれると言ってもいい。

〔B〕過去性は想起プロセスから提供される

常識的な考えのもとでは、収納の空間的なイメージで記憶の記銘を考えるため、記憶の再生は記銘の逆過程と考えられる。金庫に宝物をしまうのが保存で、取り出すのが再生という具合である。だが、過去の記銘・保存を脳ではなく時間が担うということは、当然、保存と再生の割り振りについて、大きな見直しを迫ることになる。ベルクソンにとって、記憶の記銘・保存と再生（想起、出来事を思い出すこと）は、同じものの裏返しでは全くない。そこに明確な非対称性がある。

「保存」を時間構造が担うということは、以下に述べる「階層3」が実現されてさえいれば、それは自動的に行われる。そこに意図や努力は必要ない。階層1で私たちが「頑張って」二〇ミリ秒を保持しようとしたりしないのと同じである。それに対して、エピソードを「想起」するという働きは、多くの場合意図的・人為的な作業であり、精緻でテクニカルな習熟が要求される新たな技能である（下の階層に対応する技能はない）。ここでは、脳が不可欠な役割を担う。

ここで現代的な知識を持っている人は、以下のような疑問を抱くはずである。記銘の段階で適切な符号化を施すことが想起において有利に働くことが科学的にわかっている（符号化特定性原理）。だから脳が記銘段階で仕事をしないというのは、ベルクソンの間違いではないか――。この疑問には、次のように答えることができる。ベルクソンは記銘時に脳が何もしないと述べているわけではない。ただ、その脳内変化が説明能力を発揮する問題が異なっているのだ。彼の問題関心が、**体験の「現象」成分とその「通時的」存続**だったことを思い返してほしい。そのいずれの問題についても、記銘時の脳内変化（符号化）は解決に寄与する仕事をしていない。それが決定的な貢献をする場面は、想起の問い、つまり私たちはどうして過去に属する心的イメージを現在において再現できるのかという問いの枠組みである。問題をちゃんと切り分けよう（脳の役割をベルクソンは運動記憶に帰しており、そのメカニズム一般については5章、想起における役割については6章で論じる）[5]。包括的現象経験の保存を考えているベルクソンの理論では、脳内痕跡は記憶の本体ではなく記憶を絞り込む「検索キー」である。確かに、脳は想起を条件付け、取り出されるイメージを限定する。だが、脳神経はイメージではないし、イメージを「産出」もしない（グーグルが落ちれば検索できなくなるが、インターネットが消滅したわけではない。それと同じで、脳の障害は記憶へのアクセスに影響するが、記憶そのものを抹消するわけではない。「時間を消す」ことなど誰にもできないからである）。

話を戻せば、ベルクソンはただ「結果として出てきた過去表象、想起イメージ」だけを見ていては、時間概念の起源の謎は解けないと考えている。そこで想起のプロセス（思い出し始めてから終わるまでの諸段階）をつぶさに検討するのだ。想起のプロセスの全体像を説明するには、まだ導入していない運動記憶やタイプ的イメージなどの道具立てが不足する。それは6章まで待ってほしい。本章では、そうした想起プロセスのなかから、「ある出来事を過去として捉える」ことを可能にする、ある決定的な現象的性質が取り出されることを見届けておきたい。

> 本質的に潜在的なものである過去は、それがわれわれに過去として把握されるためには、過去が現在のイメージへと展開しつつ暗闇から白日のもとに現れてくるその運動を、われわれが身をもって辿るしかないのだ。（強調引用者、MM 150[198]）

私たちは、過去の再現を意図しないイメージをいくらでも繰り広げることができる。フィクションを思い描くこともできるし、辿らなかった人生を夢想することもできる。未来のことを想像するのも可能だ。それらのどれとも違う特別な「何か」が、エピソード想起にだけ備わっていなければならない（「想像は想起ではない」（MM 150[198]））。だが結果のイメージだけを比べてみても、本質的な違いはない。**違いは、その手前のプロセスにある**はずだ。[6] その何かを指すプレースホルダーとして「**過去性**」という言葉を用いよう。この過去性こそが私たちに、この現在と時続き（青山 2019 84）の現実でありながら、この現在ではない過ぎ去った時点の存在を告げ知らせてくれる。

私たちはエピソード想起という極めて繊細かつテクニカルな技能に習熟することで、時間構造が保存してくれた大量のリソースを分析し、その要素を配列して直線的な時間像というものを構築した。しかしもし仮に、その原点にこの過去性の直接知がなかったとすれば、こうした時間の構築は成し遂げられなかっただろう。ベルクソンの記憶理論の掛け金はここにある。

概要は以上である。次節より具体的な内容の検討に入るが、その前に、記憶に同じ問題を見出していた哲学者をひとり挙げておこう。ウィトゲンシュタインである。彼はこう述べている。

> もしかするとこれらの難点はすべて、物理学的な時間の時間概念を直接的体験の経過に転用していることに基づくのかもしれない。〔…〕というのも、記憶を時間の源泉（die Quelle der Zeit）

（5） まとめておくと、ベルクソンが脳の関与を否定しているのは、手続型記憶（運動記憶）でも意味記憶でも認識（知覚・再認）でもまたエピソードの想起でもなく、エピソードの保存に関してのみである

（6） 過去性を想起プロセスに求める「プロセス・モニタリング説」についてはMichaelian（2016 chap. 9）を参照。

と見なす場合と、過去の出来事を保存した像と見なす場合とでは「時間」の意味は異なっているからである。〔記憶を時間の源泉と見なす〕場合、記憶は像ではないし、また——像が薄れていき、その結果、対象を描出する正確さの度合がますます低くなるという意味では——記憶が薄れることもありえない。（『哲学的考察』49節）

ウィトゲンシュタインは、記憶のうちに、はっきりと「記憶像を作る」ということ以上の哲学的問いを見出している。像としての記憶（Gedächtnis）は、決して過去を示さない。「それが過去のものである、ということをまずもって教えるのが想起（Erinnern）なのである」（断片662）。(7)

コラム　純粋記憶の不可侵解釈とＭＴＳ解釈

ベルクソンの純粋記憶説とは、「出来事が自動的にそれ自体で保存される」とする説のことを指す。「自動的に」とは、人間や生物などの意図や能力によって保存されるのではないという意味である。「それ自体で」とは、物質的な担い手を必要としないという意味である（檜垣 2017）。

この純粋記憶説については、解釈上未解決の多くの論点がある。**メカニズムの問題**（何がどうやって保存するのか）を筆頭に、**対象問題**（保存される対象は客観的事実か主観的体験か）、**範囲問題**（保存される範囲は全宇宙的か個人的か）、**活動性の問題**（一方で記憶の非実効性・不動性・無力性を述べつつ、他方で記憶の積極的前進を語る）があり、関連して**順序問題**（一方で順序を空間化と批判しながら、他方で純粋記憶の順序を語る）、**時間内定位の問題**（順序系列で保存されたのに想起の起点ではそれが失われている)、など。本書でもいくつか問題に触れているが、このコラムでは、主に解釈者向けに、本書が採用するメカニズムの解釈について述べる。

純粋記憶はどうやって保存されるのか。そのメカニズムについて、筆者はかつて「不可侵性解釈」を採用した(平井 2018、Hirai 2019)。しかし、以下の理由から「MTS(マルチ時間スケール)解釈」に移行した。

まず、**不可侵性解釈**はどのようなものだったか。現実世界でひとたび起こったことは、後から内容を変更したり、起こらなかったことにしたりはできない。このことを一般に、過去の不可侵性と呼ぶ。ところで、「内容を変更できず存在を消去できない(質的にも数的にも変更できない)」ということは、「内容も存在も保存される(質的にも数的にも維持される)」と言い換えられる。純粋記憶説が述べているのは、まさにこのことに他ならないとするのが不可侵性解釈である。平井(2018)では、生成するプロセスと完了相としての出来事《イベント》の対に立脚し、この事態を、完了相というもの自体の性質に起因するものと考えた。この解釈では保存の対象は、経験全体から、現働的な作用性が引き抜かれた残余としての「純粋な内容」だと理解された。ベルクソンにおいては、人間経験は、運動的反応という作用的な基盤に、イメージ記憶が投射されるという二階建て構成となっている。前者は物理的相互作用であるため、ある時点のそれは次の時点には形を変えて再利用される。だが、イメージのほうは、非物理的記憶から引き出されたものであるため、そのルールに従わない。つまり消える理由がない。それゆえ保存されるというわけである(ここから、現働的プロセスの現在と、潜在的出来事の過去というハイブリッドな成長宇宙モデルが帰結する)。

この解釈は、「自動性」と「それ自体性」に整合し、かつ記憶の非実効性、系列性、詳細性を説明する。範囲は全宇宙的となる。他方で、時間内定位の問題では不利であり、知覚と記憶の共時性テーゼとの整合

(7)「ラッセルの五分前世界創造説」に典型的に見られるような過去懐疑論については永井均(2004)青山(2019)が興味深い議論を展開している。ウィトゲンシュタインと密接な関わりのある大森荘蔵の過去論については平井(2021)で論じた。

は難しい（生成から完了に「移行する」と考えていたため）(8)。

それに対して、本書ではMTS解釈を採用するに至っている。不可侵性解釈のように、生成と完了、物質とイメージ（非物質）といった対立を原理的・固定的に捉えるのではなく、時間スケールに相対的なものと捉え、純粋記憶の保存を、**時間階層全般で作動する凝縮という働きの一特殊事例**として位置付ける。

ＭＴＳ解釈では、「下の階層にとって過去であるものが、上の階層では現在である」という単純な事実によって、過去の保存が説明される。過去の保存自体が時間階層のギャップによってなされるため、そのようなシステムが維持されている限り、保存は「自動的に」、「それ自体として」成り立つ。記憶のデフォルトの凝縮がはじめから説明されるため、人格概念と相性が良く（本章3節）、かつ時間内定位問題を自然に解決する（本章5節）。現在と過去の関係が下位階層と上位階層の関係になるため、知覚と記憶の共時性テーゼとの整合性も維持できる。また感覚質の凝縮もちゃんと純粋記憶として解釈できる。

「保存対象」は、経験から運動を差し引いたものではなく、運動を含む包括的な全体になる。この点は連合および自発行動の説明に有利に働く。「保存範囲」は、システムに依存する。宇宙の保存については、宇宙の歴史をカバーする高次の時間階層があるかどうかに依存する。「生きた永遠」（注26参照）の議論を、それに肯定的な答えを出すものと解釈することは可能である。「順序問題」は本章後半で論じる通り、ＭＴＳ解釈と独立に時間徴表説で解決できるため、直接ＭＴＳ解釈による利点ではないが、本書では、時間徴表自体を凝縮によって（つまりＭＴＳ解釈によって）解釈することでサポートしている。「活動性問題」はＨＴＭ（第八講末尾の重要なテクスト）が登場したことで、前進・推進力は運動記憶に起因するという解釈が今後は有力になると考えられる（6章注27推進力）。これも直接ＭＴＳ解釈の利点ではないが、衝突もしない。

ＭＴＳ解釈にはこうした多くのメリットがあるが、最大の利点は、よりマクロな解釈上の利点、すなわち持続のリズムの多元論との整合および心身問題への貢献にある。ベルクソンは心身間の作用について段階的な移行の戦略を「表明」しているが、感覚質の凝縮のレベル（ベルクソン自身が実例として物質と感覚質の架橋を明示している）を離れて、より上のレベル（いわゆる心的因果のレベル）でどのようにその段階的移行が可能なのかについて、テクストは疑問を残す。不可侵性解釈は、記憶と運動、潜在性と現働性を固定的な二元論として読むため、この点に不都合に働き、この疑問を解消できない。これに対して、MTS解釈では、凝縮の働きを階層一般に見出すことで、ベルクソンの表明する通りの結論的主張を、テクストで一見バラバラに論じられている個別階層の論点（感覚質、持続、記憶、人格）を用いてサポートすることができる。

3　記憶と人格

さて、記憶の保存がこれまでと同型のMTS構造によって実装されるとなると、私たちのエピソード記憶をカバーするだけの範囲を有する階層3が必要である。そして、その階層によって保持された期間に対して凝縮がかかる。拡張された時間的延長の凝縮は、階層1で感覚質を、階層2では体験質をもたらした。階層3では何がもたらされるのだろうか。それは**人格質**である。私という存在が、長い歳月を経て同じ一人の私として存続していくことをめぐっては、イギリス

（8）　さらに、不可侵性原理自体はア・プリオリな原理と見做さざるをえないという点も、アポステリオリズムを標榜するベルクソンの哲学観に不釣り合いな印象を与える。

の哲学者ジョン・ロックがその問題を提起して以来、長い哲学的議論の歴史がある。「人格の同一性」と呼ばれる問題である。[9] MTS解釈では、記憶について別の概念を提示するため、この問題そのものも別な仕方で立て直されることになるのだが、それには触れない。今ここでは、さしあたり「人格」という語の用法についてごく一般的な仕方で確認しておきたい。

多くの人は日常生活において、私という存在のことを、今サッカーをしているとか、ラーメンを食べているとか、そうした数分~数日くらいのスケールで捉えることが多いだろう。だが時には、ふと人生を俯瞰して、もっと大きいスケールで捉えることもある。あるアーティストの個展に赴くと、普通ここ一年~数年くらいの作品を中心に展示されているものだが、「回顧展」となると、このアーティストの作品群を生涯規模のスケールで捉えるようになる。後者の場合、「人格」としてのアーティストがフィーチャーされていると考えられる。[10] このように、ある個人をその生涯という時間スケールで存続するものとしてみるとき、哲学では、それを「人格」と呼ぶ慣わしがある（英語でpersonのことだが、日本語の不要に重い語感を避けるために「人」「ひと」と訳すこともある）。

さらに、人格という言葉は、そうした長期スパンの時間と関わるだけではなく、生物学的な意味で理解される人間（man, human）と区別して、より心的・意識的存在者としての性格を表すのにも用いられる場合がある（そしてこの特徴づけもまた同じジョン・ロックによるものである）。ここでも、時間と心は問題としてクロスオーバーしている。

心は過去でできている

ベルクソンの用法も、これを基本的には踏襲している。「人格（personnalité）」に加えて、「性格

(caractère)」、「自我（moi）」、「心（esprit, âme）」、といった言葉でも言い換えられる。ここで「心」というのは、1章の図1で示したように、感覚クオリアに始まり、流れ体験、心的イメージから観念にまで及ぶ、人間存在の現象的なあり方全体（広義のほうのクオリア）を指している。ベルクソンは、最初期から一貫して、私たちの心・自我・人格が、過去の経験全体からなると考えている。[11]

> われわれの心の深い諸状態、数々の自由な行為によって翻訳される諸状態は、われわれの過去の生涯の総体を表現し、要約している。（DI 139[205]）
>
> われわれの人格は、蓄積された経験によって毎瞬間形作られ、絶えず変化している。人格は変化しながら、たとえある状態が表面で同一であるとしても、その状態が深みで反復されるのを妨げる。（EC 5-6[23]）

さて、ここで言う「過去」が指しているのは、物理的痕跡ではなく、クオリアやイメージ成分を含んだ包括的な現象体験の数々である。そして、これら無数の現象体験たちは、バラバラのまま寄

（9）ジョン・ロック『人間知性論』第2巻第27章「同一性と差異について」。

（10）記憶は後からではなく今から成り立っている（2章3節「共時性テーゼ」）。カーネマン（2014）の述べるように、私たちの幸福評価が、進行形における場合と回顧の場合とで質的に異なるとすると、MTS解釈は幸福の観念について重要な理論的射程を持つだろう。共時性のもとでは「回顧」は原理的に今からでもできることになるからである。

（11）他方で、身体は現在の相互作用として実現しており、こうして「心身関係」を「過去と現在の関係」の問題に置き直すことが、「心身問題を時間の観点から立て直す」ベルクソンの戦略である。

せ集められているのではなく、互いに「相互浸透」し「凝縮」されて、一つの「渾然とした集塊（masse confuse）」（DI 7[20], 98[148], 126[187]）のうちに溶け込んでいる。

われわれの性格は、まさしく過去の全状態の現実的総合であることがわかる。〔…〕この凝縮された（condensée）かたちで、われわれの過去の心理的生は、われわれにとっては外界にもまして存在している。（MM 162[212]）[12]

凝縮の一般的定式化

人格のレベルで三度目の、そして最後の凝縮が出てくることになるのを機に、下位階層での凝縮の働きを振り返っておこう。

凝縮とは何か。乱暴にまとめるなら、凝縮とは、諸要素を一緒くたに融合してしまうことだ。だが、それは単なる粗視化ではない。「識別可能性空間の変形」によって他ならぬ「質」というものをもたらす、というのが私の解釈である。現象質の実在を認めつつ、それを「無から生み出す」ことも避けるベルクソンは、入出力の間の時間的な識別可能性のギャップに目をつけた。凝縮とは、〈時間的拡張〉によって）「実現された関係構造」を「表現される質」の次元に変換することで、識別**可能性を維持する**ものだ。

クオリアのケースと体験質のケースでそれぞれ確認しよう。

まずはクオリアだ。電磁波は「周期的」な構造を実現している。赤色なら毎秒四〇〇兆回にも及ぶ振動だ。「**実現された関係構造**」は、**外的に観察・計測可能であり、量的にカウント可能である。**ところがそれを受け取る私たちの側の時間分解能の低さゆえに、このミクロな時間構造は潰れてしまう。凝縮は、そこで失われる識別可能性を、質次元に変換することで保存する。「体験という非観測領域」はこうして初めて切り拓かれる（1章図10参照）。

流れはどうだったか。完全にボトムアップで定まるクオリアの場合と異なり、持続では下の感覚クオリア群と上の体験質とのあいだの双方向的な「折り合い」から、新しく未完了相という時間領域が展開されるに至った。そこで流れは、一方でクオリアの配列構造（体験の流れ）を実現しつつも、他方でこの配列自体を体験するという新たな質次元を増設した。進行形の現在固有のライブ感、「流れを味わうとはどういうことか」を、「時間的ゾンビ」[13]は知らないだろう（2章図3参照）。

さて、「階層2の体験質」は、この流れの質をも取り込んでいる点が新しい。進行のさなかにおいては、私が次々と体験するクオリアたちは、現実に時間的に展開される。凝縮されると、この配列構造は解体されてしまうが、追加の質次元が失われる識別可能性を代補する。「ドレミ」と「ミドレ」では、要素クオリアは同じでもまったく違う印象を残すからである。かくして体験質のうちには、要素の「感覚質」に加えて、この「質に変換された流れ情報」が包含されることになる。そして、項と関係の双方を一つの項のうちに繰り込んだ「階層2の体験質」こそが、「純粋記憶」で

（12）「性格」については、このほかＭＭ（164[215-216], 184[240], 192[249]）（「自分の経験全体を集めて、性格と呼ぶものに組織しつつ」）。ただし、ベルクソン自身も『笑い』のなかでそのように用いている通り、日常語の「性格」には、生得的な気質として解釈される要素が多く含まれ、人をタイプ別にカテゴライズするためのラベルとして機能することもあるため、本章での利用は避ける。

（13）感覚クオリアにおける哲学的ゾンビ（1章参照）と同様のことを、時間クオリアに適用したものをこう呼ぶことは許されるだろう。

あるというのがＭＴＳ解釈の帰結である。
以上と同じ働きを、今度は一連の記憶（体験質）に対して施したものが、私たちの心であり人格である。それは少なくとも人生規模のサイズの**階層3**の実在を想定している。そして、この階層3の存在により、階層2の意味での現在を溢《こぼ》れた過去が、保存＝凝縮されることになる。
私たちの現在の窓は有限で、体験は次々と流れの現場から溢れていく。一つの流れ体験は順序を実現するのだが、せっかく「実現された順序構造」も、人格という塊のなかに潰れて溶け込んでしまう。だが凝縮は、単に構造を解体し消し去るということではない。「表現される質」へと変換することで維持する。そしてそれこそが、私たちの心という「質的多様体」を形作るのである。[14]
私たちの人格は、大量の体験をただ見境なく融合させた闇鍋のようなものではない。**要素を融合しつつも、量的でない識別を維持する**。それこそが「質的多様体」の概念の意味するところである（1章4節「識別可能性空間とは何か」を参照）。

この多様性、この識別、この異質性は、アリストテレス風に言えば、潜勢態においてのみ数を含む。それというのも、意識は、諸々の質を数えたり、更にはそれらを複数のものにしたりするいかなる下心もなしに、質的差別化（différentiation qualitative）を施すからである。その場合にはまさに量なき多様性があることになる。（DI 90[137]）

1章でも引用したように、ベルクソンは「「識別する」という語にありうべき二つの意味」（DI 90[137]）を区別している。外的に実現された構造が可能にする識別と同等の識別を、そうした構造に頼らずになしうる識別。それが彼の言う質的識別であり、私たちのクオリアも、流れも、ひいては心そのものも、この識別可能性の変換の効果だと考えているのである。[15]

私であるとはどのようなことか

さて、人生規模の巨視的な時間階層3に凝縮がかかることで得られるのが「人格質」だ。実際、私たちは便宜のために、人にレッテルを貼って大雑把に分類することもある。だが、人格質ということで問題にしているのは、そうしたカテゴリーやラベルのことではなく、その人自身が内的に感じ取っている、「**その人であるとはどのようなことか**」という**全体的な質感**、つまり**その人であることの全体的なクオリア**のことである。

アリストテレスであるとはどのようなことか、ウラジーミル・プーチンであるとはどんな感じなのか、今目の前にいるこの人であるというのはどういう味わいの体験なのか。私たちは誰も、その

(14) 2章3節の支配的記憶テーゼで確認したように、ベルクソンの持続は連続であるが、決してアモルフで「ベタ」な連続ではなく、要素がそれぞれの階層で固有の構造的まとまりをなしつつ、それらが多層的にオーバーラップすることで「**異質的**(heterogeneous)」**な連続性**を実装している。ただし、凝縮されると言っても、すべての構造性が綺麗に自分という存在のうちに溶かし込めるとは限らないとベルクソンは考えている。私たちの自我はそれぞれに複雑で、人生には、うまく飲み込めない、統合しきれない経験というものもある。彼が例として挙げるのは、丸暗記しただけの知識や、一方的に叩き込まれただけの感情などである。それらは「たしかに相互浸透してはいるが、自我の稠密な集塊のうちに完全に溶け込むには至らない」(DI 125[186])。そうした浸透度のムラが、私たちの心に深さと屈折をもたらしている(平井 2002 277-278)。

(15) 時空的位置に頼る識別のことを「外的名称規定」と呼び、これを、少なくとも同等の性能を持つ「内的名称規定」で置換するライプニッツを強く想起させる戦略ではある——時間階層の実装や凝縮による変形といった具体的諸論点を除けば。

サンプルを一つしか知らない。そしてその一つも、定義からして絶えず成立してしまっている質であり、その変化も通常はきわめて緩慢なため、ほとんど常に背景に埋もれてしまって、それとして感知されない。しかし、ごく稀に、例えば子供時代の自分が突然乗り移って、あるいは大学生の頃の気分がやにわに蘇ってきて、変わってしまった今の「自分であるという感じ」を思い知る。

感覚質や体験質と違って、人格質は、人生という航路の背景に緩やかに、ときに転調しながらも流れ続けるアンビエントノイズのようなものだ。[16] サールはこれに近いものを存在の気分（mood）や趣き（flavor）と呼んでいる。[17] ベルクソン流には**意識のトーン**（ton）[18] である。それは特定の志向性を持たず、「その人を生きている」という漠然とした佇まいのようなものでしかないだろう。

もし自分が別な人であったらそれはどんな風だろうか。何かをするでもなく、何かを思い出すでもなく、まずは呼吸をし、少しだけ動き回り、あたりを見回してみて、何を感じるだろうか。それは、世界と存在について抱く基調的な安らぎや自信、あるいは人によってはもしかしたら緊張やこわばりのようなものかもしれない。幸福と価値についての大局的な手応えも雰囲気に色を添えているだろう。[19] 身体の動きには、何か微かな愉快、あるいは厭わしさが伴っているかもしれない。この時代、この地域、こんな人々との繋がりのなかにいるという漠たる見当識、幼少期や青年期の思い出を特段思い出すわけでもなしに、しかしそうした一つ一つの歩みが確かに色付けているような、その人であることの風味とでもいうべき何か。体験質が具材なら、人格質は、言ってみれば一つの鍋で年齢分の歳月煮込み続けたスープである。ほとんどの具材は影も形も無くなったとしても、スープに貢献し、二つとない味を醸成する。最新の体験は、そのスープの上に乗ったトッピングに過ぎない。スープがトッピングの味を左右するように、人格質は体験質に影響する。[20]

急いで付け加えておくが、次章で見るように、私たちの体験にはイメージの形で記憶全体のなかから「有用な部分」が組み込まれる。記憶からの影響という観点で言えばこちらの方が目立つし、実用的だ。だが、今から注意を喚起しておきたいのはむしろ直近の実用に資するでもない、圧倒的多数の、物言わぬ記憶たちのことである。それらは、互いに溶け合って中和（6章）しあいながらも、バックグラウンド的な質として、目立たず、しかし絶え間なく体験の素地一面を染め抜いている。

（16）ギンズバーグ＋ヤブロンカ（2021 上巻 67）は、ラマルクの『動物哲学』第三部に登場する「**内的感性**（sentiment intérieur）」ないし「**存在感性**（sentiment d'existence）」という概念に注目している。これは、「この感覚は動物の生命の続くかぎりたえず生まれており、生命の運動が、感覚能力のある体内の諸部位におこす不断の印象によるものである」（Lamarck 1809 333-334）。四肢の広がりや配置についての身体イメージも含むが、人格質は、個人的な経験の総体に由来するニュアンスも含むため、これをよりマルチスケールに拡張したものと言える。

（17）「言うなれば意識の趣のようなもの、つまり人の意識経験に対するなにがしかのトーンというものが存在するのだ。…気分には必ずしも志向内容が伴わない」（サール 2006 185）。サール（1997 第五章）における「バックグラウンド」概念も参照。

（18）『物質と記憶』で登場した有名な概念であるが、それが緊張度の高低で音色を変えるという点にのみ注目されがちである（MM 7, 135, 189, 273）。

（19）ベルクソンの意味での「自由」行為（7章）は、「われわれの過去の経験全体と等価であるような〔…〕幸福と名誉についてのわれわれの個人的観念」（DI 128[190]）を表現するものだとされている。

（20）流れ体験において見届けた、共時的な上下階層の未完了相における相互作用を参照のこと。このバックグラウンド的な人格質の存在は、私たちの体験の**一回性・反復不可能性**を担保する重要な役目を担っている。「日付」概念および時間徴表との関わりについては本章5節を参照。

4　時間を開き抜く

では、階層3という巨視的な時間スケールを実現しているのは何だろうか。これについてベルクソンは明確なテクストを残していないが、重要なので若干の考察を加えておこう。階層3が私のエピソード記憶全般を担うものである以上、その及ぶ期間は私という存在の生涯、ライフスパンということになる。すると、ライフサイクルの「一周期分」が単位として推定できる。

比較のため、階層2を思い出しておこう。階層2のレベルを実現していたのは、感覚－運動的身体であった。絶えず外界と相互作用し、五感に休むことなく流入する刺激に反応し続けている、その「周期一つ分」が、現在の幅を設定しているのであった。各周期の具体的な内容、どんな感覚にどう運動し返すかの内容は様々に異なるとしても、そこには反復される構造がある。感覚－運動ループは、別のループとオーバーラップしながらより大きな流れを作っていくにしても、その要素となる時間単位（現在の幅）を作っている。

階層3の視点に立てば、こうなる。私は、有限の寿命を持つ一個体として生まれ、他の様々な個体と関わりつつ、数々の発達段階を重ね成長し、やがて老い死んでいく。そこにはサイクルと呼べるものがあるが、各人生はその「一周期分」（「単位以下」）で終わってしまう。世界には類似の個体が多数存在し、それらの生涯の営みの具体的な内容、どんな風に生まれ育ち、死んでいったかという内容はさまざまに異なるとしても、そこには反復される構造がある。ある個体は他の個体たちとオーバーラップしながら、より大きな流れを作っていくにしても、その要素となる時間単位を、人格は作っている。そう考えることができるだろう。

時制区分のスケール相対性

階層3の存在は、一つ重要なことを私たちにあらためて気づかせてくれる。それは、**過去／現在／未来の区別そのものが時間スケールに相対的**だという洞察である（2章「コラム　ベルクソンと現代時間哲学」参照）。幅ゼロの瞬時が実在しないとすれば、現在には必ず幅がある。だから、〈あるスケールにとってすでに過去となったものが、別なスケールではまだ現在である〉ということが起こる。

　確かに、階層2の流れを体験している私にとっては、昨日や一〇年前はとっくの過去である。しかし、MTS解釈において、「絶対的な意味での過去」なるものは存在しない。そして現に、「人格としての私」にとっては、全ての体験はまだ終わっておらず、なお「周期一つ分」の途上にある。つまり、再編されうる。この階層では、「**過去のイマージュの総体がわれわれにはまだ現在である**(demeure présent)」(MM 103[136][21])。

　この階層3の成立は、〈時間的拡張〉の歴史においていかなる変化に対応しているだろうか。それは、一言で言うなら、**システムが時間的に「開いた」ものになる**ことだ。

　どういうことか。簡単に言えば、ある時点での感覚インプットを、階層2の意味で対応する運動のタイミングで消尽しきらないようになるということだ。単純な生物であれば、入ってくる感覚刺激も単純で、それに決まりきった応答して済ます。飛び回るものがあればカエルは即座に舌を伸ばす。この事態を、**感覚と運動のカップリングが「時間的に閉じている」**と表現することにしよう。

　しかし、読者の皆さんの五感が今受け取っている大量の情報を数え上げてみてほしい。紙の色や手触り（あるいは画面の明度や照り返し）、環境音、漂う香り、椅子の感触、内臓感覚、そして何より

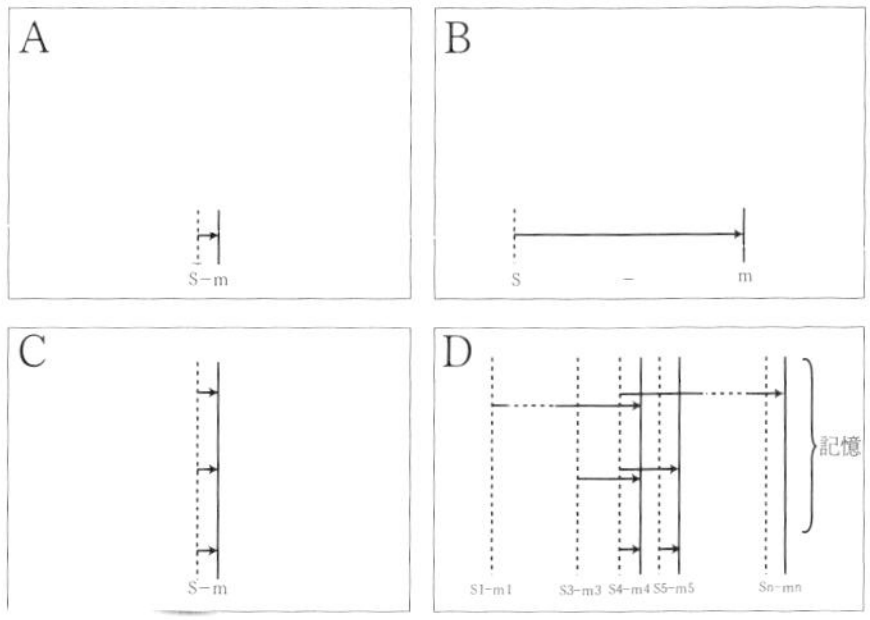

図2　システムの開け（階層3）：図中の縦線は破線が感覚入力、実線が運動出力を示す。A：生物Θのケース。感覚（s）－運動（m）のカップリングが単純かつ小規模。B：遅延が大きくなるが、時間構造に多元性がないため多階層化しない（ただ遅いだけ）。C：感覚次元が増えるが、感覚－運動の対応づけが固定的であるため多階層化しない。D：s4での感覚入力は一部m4で処理されるが、次のm5、さらに時を隔てたmnで処理をされる。m4での行動出力は一部s4に由来するが、手前のs3、さらに時を隔てたs1に由来する。不定の過去・未来への開けが階層3の根拠となる。

この文面……。果たして、それらのインプットのどれだけが、（同じ階層で）「直ちに反作用へと引き延ばされる」だろうか。システムが階層を増やし「厚み」を増していくに応じて、今見たり聞いたりしていることすべてに対応するリアクションを、その場で取る（取り尽くす）ことができなくなる。こうしてオーバーフローする高次の感覚は、現在を超えて持ち越されることになる。

ここでも生物Θと比較してみよう（図2A）。この生物は、ある時点に一つの、一つだけのクオリアを享受する。そして、それは一つの反応を直ちに伴う。ある刺激が来た。対応する反応をした。以上でおしまいである。

ここで感覚モダリティだけを増やしても、たいした変化はない（図2C）。例えば感覚モダリティが三種類になれば、その組み合わせに応じて反応が生じるから、確かに反応のバラエティは増えるが、時間的にはその場で入力への対処は尽きており、積み残しの課題を残さない。これが、時間スケールが成長しないことに対応する。

ところが、人間のように有機組織化が進み変形が多層化してくると（図2D）、ある時点での入力を、その時点で使い切るということはほぼ不可能になっている。今見たり聞こえたりする全てのことに私たちはいちいち運動反応を取るということをしないし、できない。それらのほとんどは繰り越される。しかし、時を経て——そして凝縮をはじめとする幾多の加工を介して——、結局はいつかの行動にそれらは利用されることができる。(22)

学んだばかりの知識、腑に落ちなかった誰かの言葉、気にも止めなかった景色……。その時点ではスルー(23)されたかに見える無言の経験たちが、時を経ていつか未来の自分に語りかける。そうした未来への開けのことを、私たちは「記憶」と呼んでいないだろうか。そして、同じことは過去へも

---

(21) 過去の全体・記憶の総体が「présent」であるという用例は少なくない。一般には「現前している」と訳されることが多いこの言葉を、MTS解釈の下では文字通り時制的に解釈できる。過去の総体の凝縮体（性格、後述）は、「われわれのなすべての決断に対して常に現在（toujours présent）である」（MM 162[212]）。MTSにおいて「上位階層が成立する」ということは、「下位階層にとっての過去がそこでは現在であるような、そういう階層が存在する」ことを意味するからである。

さらに、MTS解釈のもとでは、「時間を貫いて何かが存続する」ということは、通常イメージされる「時系列上の移動」という仕方では成り立っていない。あらかじめそこをものが通過するような時間のレールのようなものがあるわけではないし、存続はその上の一点から別の一点へと何かが水平に移動することではないからだ。現代の用語で言えば、ベルクソンは存続に関して「**耐続**（endurance）」**モデル**をとっていないということになる。だが、本章で展開している複数の理由により通常の「**延続**（perdurance）」**モデル**でもないことは明らかである（cf. 永野 2018）。

さらに現代の記憶哲学では、因果説を取らずに過去の保存的側面を語るBernecker（2008 71）のような立場（イベント自体が存続するという立場）の「難点」として“co-temporality”が挙げられるのだが、ベルクソンはむしろこの共時性を初めから時間論として引き受けることで、過去への直接アクセスを担保している。Alexander（1920 I 113）は‘compresent’という表現を用いている（cf. Malcolm 1975）。

(22) ベルクソンは、以下の引用のように、「一つの時間階層」内部で相殺するように定義される場合がいわゆるエネルギー保存則にあたると考えているが、他方で、「複数時間階層間」の変換を考慮に入れた識別可能性の保存則とでも言うべきものを考えている可能性がある。「エネルギー保存則が表現できるのは、〔…〕生み出される変化がすべてどこかで逆方向の変化によって必然的に相殺されるということだろう」（EC 243[309]）。

成り立つ。私たちが何か思い立って行動を起こすとき、それはその直近の感覚刺激によって全面的に説明されるようなものではない。私が怒っているのはさっきの言葉だけのせいじゃない。私が旅立つのは、昨日目にした広告のためだけじゃない。遠く近く、様々な過去に自分が受けとった入力たちが、その時には応じてあげられなかった問いたちが、はるばる迂回を重ねて今の決意に声を連ねているのである。

純粋認識および自発行動の発現

生物システムの時間的進化は、単純な感覚‐運動のペアから始まった。そして、それは常に基本形である。その意味で、ベルクソンはいつも「運動へと引き延ばされない知覚はない」と述べる。生物の知覚を没利害的・観照的なものと考えたがる哲学者の誤りを重ねて指摘するのもそのためだ。だが、〈拡張〉を通じて、知覚を引き継ぐ運動は、「遂行された」ではなく「生じつつある」となり、さらには「潜在的な」ものにもなる。(反応行動を引き起こさないように見える)「観察的・鑑賞的」な知覚(図3E)や、(感覚入力から引き起こされていないように見える)「自発的」な行動(図3F)が発現するのは、そうした巨視的な迂回を許すような時間階層を確保しているということだ。[24]

お金に例えたらわかりやすくなるだろう。わずかな日払いの手取りをその日に使い尽くしてしまうのが、生物Θだ。だが私たちは、給料の規模が一定以上大きくなれば、全額その日に使うことはしなくなる(してもいいがどうぞ自己責任で)。直近で使ういくらかの現金のほかは、いつでも引き出せる普通預金に、さらにさしあたり使うあてもないいくらかは定期預金に入れることができるだろう。こうして複数の時間スケールに分散することで、いざという出費にも応じることができるし、その使い方にも柔軟な多様性を確保することができる。(25) ベルクソンは実際、『創造的進化』において、動物の代謝システムが「蓄積されたエネルギーを瞬間的に解放する能力」(EC 121[157]) を、時間階層差によって実装していることを、肝臓・筋肉細胞・神経細胞へのグリコーゲンの貯蔵を例に語っている (EC 123-125[160-162])。私たちの感覚－運動システム――あるいは水準を反映して「認知－行動システム」と呼んでもいいかもしれない――は、このような意味で、**階層2を溢れ出ざるを得ない、構造的・内在的な理由**を持っているのである。(26)

ここで考えてみてほしいことは、図2Aのようなサイクルで感覚－運動を回している生物からしてみれば、今使えない感覚入力は端的に「無駄」だという点だ。見たり聞いたりしたところで、その場の行動に繋がらないなら、役に立たない。だが、〈時間的拡張〉は、その**狭い即効性のループ**から抜け出して、エピソード想起を可能とするDに到達した。その移行のためには、だから、先んじて有用性の財布の紐を緩め、

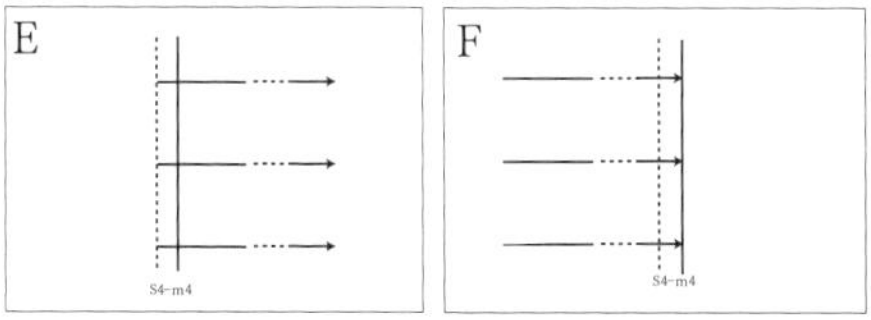

図3　観照と自発行動：E：行動を引き起こさないように見える観察的・鑑賞的知覚。「見ているだけ」の状態。F：知覚から引き起こされていないように見える自発行動（行為者因果）。両者とも不定長の過去や未来と遠隔的に感覚－運動カップリングする。その迂回を担保するのが階層3（記憶）である。模式図であるため人格質への変形・繰り込みは描かれていない。

(23) ベルクソンの用例としてはむしろ逆で、感覚に対してすぐに反応することを、システムから直ちに抜け出るという意味で「スルー」と呼び、逆にただちに対応できなかった残りこそが「引き止められ」、「意識」自体を含む新しい質構造・時間構造の成長をもたらす。「遅延による減算説」については6章。

(24) 「運動は脳実質を通過する際に、しばらくそこに滞留する (séjourné) こともある。そのとき、運動は意志的行為へと開花する」(MM 38[53])。

(25) このお金の比喩は、意識の遅延テーゼの理解に非常に有益である。6章1節参照。

無駄なことに価値を与えることを許せなければならない。[27] ベルクソンはこう述べている。

過去をイメージとして呼び起こすために必要なのは、現在の行為から自分を引き離せること、無用なものにも価値を与えられること、夢見ることを欲することである。(MM 87[115])

付言しておくと、お金と違って、私たちの記憶は時間構造そのものによって実装されているので、そのままでは他人に譲ることはできない。もちろん記憶は遺伝もしない。そして、お金と同じように、いくら貯めても、「一周期分」の途中のどこかで(位相に関わらず)強制終了する可能性はいつでもある。人生は「やりかけ」だらけだ。その意味で、記憶は、そしてそれでできている私の人生は、しばしば虚しいと言われる。しかし、それが本末転倒した物言いであることを、ベルクソンの持続理論は示している。[28] というのも、もし無数の「やりかけ」たちがなければ、時間は階層2に縮退してしまって、現在を超えた人格としての人生は初めから訪れないからである。「やりかけ」は人生にとってなくても良い付随品ではない。その余剰こそが心を作るからである。

5 過去のナビゲーション

時間をどうやって空間化するか

以上で「過去の体験がそれ自体で保存される」ことの内実を見届けた。階層3による凝縮=保存がそれである。私たちは、今ここの肉塊であるだけでなく、心を持つ。そして心は、比喩でなく過去でできている。これは記憶の第一の問題、「魔法のランプ」問題への答えを提供する。イメージの「素材」はたっぷりあることになるからである。想起や想像のイメージは、無から生じるのではなく、過去由来の現象素材を「加工」することで作成される（その具体相については6章2節）。

だが第二の問題、つまり「過去性の出自」については未解決である。もし複数の現在の配列、つまり「実現された順序構造」がそのまま保存されるなら、話は早い。現在とは別な時点というものが直接手に入るからだ。しかし、あいにく、保存は凝縮による。つまり順序構造はいったん潰れてしまう。これでは相変わらず現在から一歩も出られない。そこで、私たちが現にどうやって時間概念（「空間化された時間」）を獲得しているのかを見てみよう。ベルクソンによれば、時間は以下のようにして空間化される。

（26）最上位階層は何だろうか。テクストはいくつかある。有名な「生きた永遠」に関するテクスト群（PM 210-211, 169-170）、『物質と記憶』の一節（「われわれの意識よりもいっそう緊張した意識にとっては、歴史の全体ですら、ごく短い時間に収まるのではないか。そして、そうした意識なら、人類の歩みに立ち会いつつ、それを歴史展開上の主要な諸段階にいわば凝縮するのではないだろうか」（MM 233[300-301]））のほか、以下。「私を超えたところに〔私の持続よりも〕より緊張した持続はないと想定するいかなる理由もありませんし、〔逆に〕そうした持続が存在すると想定する強力な理由さえあります。それに加えて、高次の秩序に属するこうした諸々の持続の存在を前提として、無際限とは言いませんが非常に大きな弛緩から、完全な集中に至るまでの、諸持続のさらに完璧な連続性を認める強力な理由があるのです」（HIT 257[253-254]）。

（27）このようにして、一旦閉じているせっかくの秩序を解体するリスクを負ってでも、高次の質的複雑性を開拓する働きと「エラン・ヴィタル」の関係については5章コラム「二つの秩序」を参照。

（28）幸福と時間の関係については、青山（2016a）、山口（2019）を参照。

> まずは〔A〕それら〔諸状態〕を保存し、次いで〔B〕それらを**互いに外在的なものたらしめて並置**する〔…〕。〔A〕意識が外的世界のこれらの状態を保存するというのは、外的世界の多様な諸状態が、相互に浸透し合い、気づかぬほど徐々に全体を有機的に組織化し、まさにこの連帯の効果によって過去を現在に結びつけるところの意識的諸事象を引き起こすからである。〔B〕意識が外的世界の諸状態を互いに外在的なものたらしめるのは、それに続いて〔…〕、意識が、それらを**判明**な多様体の形で覚知するからである。このことは、それら諸状態を空間内に〔…〕一緒に**配列**することに等しい。このような用途に用いられる空間こそ、まさに等質的時間と呼ばれるものなのである。（記号挿入は引用者による、DI 90[136], cf 81[125]）

引用中の〔A〕保存・保持の働きは時間構造自体のなすものであるから常時作動するが、〔B〕並置・配列の働きはオプションである。相互浸透のかかった持続を、ビーズのネックレスのように離散的な瞬間が並んだ「順序」系列に仕立てるためには、諸項を外科的に切り離す必要がある。この相互浸透は、そもそも流れが流れとして成立するために不可欠な条件だったのに、肝心のその効果を、各瞬間を記号で置き換えることによって解除してしまうわけだ[29]。この操作によって、せっかく創発された**感覚質や流れはキャンセルされてしまう**。「そこにおいて音は、質を剥奪され、いわば空虚にされることで、それらの推移に伴う数々の同一の痕跡を残すに過ぎない」（強調引用者、DI 65[101-102]）と言われるのはそのためだ。

お餅の比喩で説明してみよう。米粒一つが現れては消え、また別の米粒一つが現れては消える。

ふた粒同時に並んで現れるのは禁じられているので、何も増えていかない。米粒は上書き更新されるばかりで、線の形に並びはしない。これが〈拡張〉される前の世界である。

そこで、〈拡張〉を許すとどうなるか。複数の米粒が共存できるようになるわけだが、くっついて一つの塊になってしまう。拡張は凝縮を伴うからだ。どんどんくっついてお餅は大きくなる。〔A〕保存される過去がこれに当たる。この段階でもお餅は線の形をしていない。

さて、このお餅の状態から米粒の系列を再現するのが〔B〕の処理である[30]。ここで記号への置き換えが入る。というのも、実際にお餅をちぎって並べてしまっては、お餅が減ってしまうからだ（時間表象を作ったからといって記憶が失われたりはしない）。結果として、記号は線状に並んでくれるが、それはもう米粒でもお餅でもない（質のキャンセル）。空間化された時間は「正しく」ても「実物」ではないというのは、その線は「食べられない」ということだ。かくして、こう告げられる。

> 時間は辿り直される線ではない。なるほど、時間が一度流れ去ったなら、我々はその継起的諸瞬間を互いに外在的なものとして表象し、かくして空間を横切る一本の線に思い描く権利を有する。けれども、この線によって象徴されるのが流れつつある時間ではなく、流れ去った時間

（29）藤田（2022）は、「空間化」にとって本質的なこのプロセスのことを、「間隙を設ける」という意味で「空間化（espacement/spacing）」と解釈する。また、関連してTrotignon（1968）は、持続に六つのレイヤーを区別しており、その中で記号化と空間化を区別している。

（30）なお、こうした「事後的な空間化」と別に、「リアルタイムの空間化」もある。お餅にくっつく前に（くっつける順に）お米の記録を取っていくものだ。ここでも記号への置換は施される。

であることに変わりはないだろう。(DI 136[201])

以上で確認したのは、保存そのものは凝縮によって系列的でない仕方で実装されており、それを記号によって系列化することの代償として現象質の側面がキャンセルされてしまう、それが「空間化された時間」(計測の時間)であるということだ。

純粋記憶は順序の形で配列されているか

ところが、である。〔B〕の空間化局面ではなく〕〔A〕の保存を説明しているはずの『物質と記憶』の別のテクストでは、NGワードであるはずの「配列」や「順序」といった語群が総動員されている。あたかも保存段階で記憶が空間化されているように読めるため、この箇所は多くの解釈者を困惑させてきた。

この記憶力は、〔…〕われわれが経験していく全状態を、それらが生じるのにつれて順々に(a la suite)保持し、配列し、それらのおのおのの事象にその場所を残し、そしてそれゆえに、それぞれの日付を記していく。(MM 168[219-220])

この問題について重要な貢献をしたのは、時間の哲学において独自の思索を展開している哲学者、伊佐敷隆弘である。彼は、「生じるにつれて順々に保持・配列する」という表現が二通りに読めることを指摘している。つまり、「**配列の作用**」の順序と「**配列の結果**」の順序である。

例えば、新幹線のホーム（自由席）での行列を考えてほしい。車両に入る順番（配列作用の順序）は、必ずしも車両内での座席の順番（配列結果の順序）とは対応しない。そこで、ベルクソンが記憶が起きた順序で保存されると述べるとき、彼が意味しているのはこの「配列作用の順序」のことだとすれば、それは直ちには、配列された記憶が順序系列をなしていることを含意しない。つまり、空間化は避けられる。そう伊佐敷は指摘する（伊佐敷 2016 259）。しかもそれは凝縮説と符合する。[31]

鋭い着眼に基づいた鮮やかな提案である。しかし、伊佐敷自身も満足していないように、これで全てが解決するわけではない。一つはテクスト上の問題。この解釈では「生じるにつれて順々に」という部分は救えるのだが、「配列」や、「日付」を記すという表現が手付かずに残される。もう一つは内容上の問題。体験の流れが流れの体験を含意しなかった（2章）のとちょうど同じように、保存が順番に行われることは、その順番が保存されることを保証しない。それはその通りである。実際、車両に乗り込んだ順番は、車両のなかでごちゃ混ぜに座ってしまえば失われるはずだ。ところが、現実には私たちは偶然ではない仕方で記憶の並びを再現できてしまう。つまりここには、記憶の並びそのものは維持されないが、並びが記憶されないのも困るというジレンマがある。これを「**日付問題**」と呼ぶ。

時間内定位はどう実装されているか

そこで、今度は想起の場面に目を写し、出来事の時間的位置を割り出す作業がどのように説明さ

（31） 伊佐敷自身は記憶の保存に関して凝縮説を取ってはいない。

れているかを見てみよう。この作業のことを、「時間内定位(localisation temporelle)」と言う。記憶を系列の形で取り出せるのも、ひいては空間化できるのも、この操作が成功するおかげだ。この働きは、ベルクソンによって明確に(凝縮に逆行する)「膨張」の働きとして記述されている。

〔時間内〕定位の作業とは、膨張(*expansion*)の努力なのであり、この努力によって記憶力は、常に全体として自分自身に現在であるまま、そのさまざまな記憶をいっそう広い面の上に拡げる。そして、それまでは漠然としていた集合の中に、落ち着き場所の分からなかった記憶をそれと見分けるに至るのだ。(MM 191[247-248])

まず、このテクストは、「凝縮による保存」という解釈方針と符合する。というのも、保存時に凝縮されているなら、再生時に膨張させるのは自然だからである。

ここでベルクソンが描き出そうとしているプロセスは、記憶全体からなる多様体を、徐々にその倍率(解像度)を上げながら、必要な領域を焦点化できるよう随時回転させていくという操作である(並進と回転、詳しくは6章)。グーグルアースというアプリを開いて、地球全体が俯瞰されている状態から、福岡市を見つけ出す作業を考えてみてほしい。宇宙空間に地球が浮かんでいるくらいの倍率では福岡市は潰れてしまっていて、どこにあるのかわからない。回転と拡大を繰り返して初めて、ターゲットの位置と形を探り当てることができるわけである。

だが問題は残る。この凝縮態の記憶の塊から、それに膨張の操作を施したところで、いったいどうやって順序に関わる情報を引き出せるというのか。なんの当てもなく地球儀を回して、たまたま福岡市が見つかる確率は、限りなく低い。つまり、探索すべき方向に見当がついているはずである。私たちはどうやって記憶の場所の目星をつけているのだろうか。

時間徴表説

ベルクソンの答えは、「記憶が知っている」である。[32]
決定的な手がかりは、次の引用にある。コレージュ・ド・フランスでの記憶力講義（HTM）である。ベルクソンはそこで、思い出されるべき記憶自身の質的表現から読み出されるものとして、時間的定位、「日付」情報を捉えている。

> 記憶を外側から眺めて分析する代わりに、自分の記憶に内在するように試みてみましょう。記憶に内在してみると、見えてくるのは次のような事態です。この記憶は、それが位置づけ可能なものであるなら、通常それに固有の徴し（marque à lui）をもっています。それが属している時期の徴しのようなものです。この徴しは、言葉では表現できない、いわく言い難いものですが、誰もが感じているものです。私たちの人生のさまざまな時期は、それぞれが特別な色合い（coloration）とニュアンスを伴っており、私たちには異なって見えます。（強調引用者、HTM 32）

（32）イポリットは、その著名な論文のなかで、純粋記憶として保存される過去は、それ自体が知に他ならないことをすでに指摘している（Hyppolite 1949＝1994）。

時間定位情報は、記憶自体に保持されている。これは先ほどの新幹線の例でいえば、乗客自身に前後の人の特徴や行列全体のどのあたりだったかを訊ねることに相当する。ただし、日付といっても、数字で添え字が付されているわけではない(33)。「色合い」や「ニュアンス」といった質的な表現という形で、想起イメージに浸透しているというのである。

　これは、実際、内面的な観察からしても、思い当たることがあるはずである。ある場面が蘇る。いちいち前後の出来事を思い出さなくも、そのシーン単独で、それがおおよそいつ頃の出来事であるかの「察し」がつく。もちろん、常にとは言わない。それでも、一般には、何か出来事自体が自分の位置を告げ知らせてくれるとでもいうような、そういう知り方を私たちはしていないだろうか。「あの頃性」とでも呼びたくなる何かが、出来事を覆っている。もちろん、より正確に位置付けるために、追加で前後の記憶を検討することはあるし、実際、多くの場合やっているだろう。しかし、大まかな時期の見当なら感触で分かる。この見当識が、記憶探索において、どちらに進めば良いのか、その質的な方位付けを可能にしてくれる。同時代の心理学者ロッツェの「局所徴験（Lokalzeichen）」の考えからインスパイアされていると思われるこの理説を、「時間徴表」説と呼ぶことができるだろう(34)。

> 記憶は他のすべての記憶から、あるニュアンスのようなものをもつ点で区別されます。このニュアンスのことを局所的（locale）とは言いたくありません。局所的な色ではなく、時間的な色（couleur temporelle）だと申し上げましょうか。その記憶は私の過去の歴史のうちに位置づけられる、ないし位置づけられうるのだからです。（HTM 116）(35)

記憶が保持するのは、出来事の内容だけではない。その出来事を包む前後関係、人生全体のなかで占める位置、そうした「諸記憶間の関係」に由来する情報をも、色合い・ニュアンスという質表現に変換して、関係「項」である記憶の一つ一つが保持している。実際、想起イメージは、「過去のすべての出来事を、輪郭と色彩、時間上の場所と合わせて描き出す」（強調引用者、MM 94）と言われるのである。私たちの解釈では、「日付」はこれのことだ。

しかも、これはMTSにおける凝縮の解釈と整合する。感覚質においても、体験質においても、**実現されている外的な関係構造を、質に変換して各項のうちに繰り込む**のが、凝縮の働きだったからである。[36] そして、想起の際には、この内容に変換された時間情報を頼りに、時間内定位を行う。「暗闇」のなかから特定の記憶を探り当て、白日のもとへ連れ出してくるという芸当ができるため

---

(33) 単に絶対的な座標を教えるのが役目ではなく、絶えず動的に編成される記憶の多次元システムのなかで、探索をナビゲートすべく、相対的方向指示を担うため。ベルクソンは、渡り鳥の空間ナビゲーションについて、空間規定や方向の各々が彼らにとって「ニュアンスや固有の質」を帯びていることを論じている（DI 72[112]）。

(34) 実際、ベルクソンはこの直前の講義では、いったん「一定の局所的なニュアンス（nuance locale）――「局所」という語は空間ではなく時間の中での一つの場所を含意しています――」（HTM 111）という言い方をしており、それを翌週の講義（右の引用）で言い直している。

(35) 「局所徴験」の説がヘルマン・ロッツェの著作に最初に現れたのは、『医学的心理学もしくは魂の生理学』（Lotze 1852 331）においてであるとされている。『形而上学』（1879）では、あるコレクションを輸送ためにナンバリングするという例を挙げて説明している。「かつての空間的位置の痕跡は、それぞれの印象が持っているはずで、その印象が残りのすべてとともに魂の統一体の中で非空間的に存在していた間中、保持されているのである」（1879/1884 485）。

の道案内《ナビゲーション》を、（記憶構造に実現された順序ではなく）、質的に表現・示唆される順序が行ってくれているのだ。

ちなみに、関係が項に書き込まれるなら、「実現された関係」そのものは維持しなくてもよくなる。つまり、記憶自体は固定された時系列に並ばなくてよく、むしろ用途に応じて自由に再編できることになる。これは私たちの知的創造性にとって決定的な条件となる（記憶の諸平面、6章）。

質の多重繰り込み

メインの内容を構成する「イメージ」と、それをいわば副詞的に修飾する「色合い」や「ニュアンス」の重層性に注意しておこう。いずれも質的成分であるが、レイヤーを区別する必要がある。例えば夢のなかで、いたって日常的な場面でありながら——特に不穏な照明やBGMがついているわけでもないのに——やたらと恐ろしく感じるシーンに出くわしたことはないだろうか。心的イメージを画像化する技術が出始めているが、その画像だけを再現して他人に見せたとしても何が恐ろしいのかさっぱりわからないだろう。「色合い」「ニュアンス」成分はこれにあたる。

しかも、こうした「関係の項への繰り込み」は、複数次元にも対応すると考えられている。ある重さの錘りを腕で持ち上げる時の感覚を例に、ベルクソンはこう述べている。

> 運動と重さの区別は、反省された意識が施す区別でしかない。無媒介的・直接的な意識が有するのは、いわば重たい運動の感覚である［…］。これらの感覚の各々は、そのニュアンスによってそれが生み出される場所を、その色合いによって持ち上げられる錘りの大きさを表して

いる。(DI 37[61])

ここでも、錘りがどれくらいの重さであるか、腕がどの地点からどの地点へ移動したか、といった外的・量的であるはずの情報が、単一の「重たい運動の感覚」の質情報に重ねて繰り込まれていることがわかる。言うまでもなくこの感覚には、もともと、冷たさやざらざらとした手触りなど、対象に由来する様々な質感が備わっている。私たちはそこに追加で重ねられた「ニュアンス」や「色合い」から、元の外的・量的情報を推定し直すわけである。なお、「ニュアンス」や「色合い」といった言葉のそれぞれは、(ベルクソンの言葉遣いではお馴染みのことだが)文脈を超えて固定的に割り当てられてはいないから、対応を覚える必要はない。大事なのは、追加されるのが複数次元でも、単一の心的要素に異なる質情報として書き込めるようになっているという点だ。

6　今だけじゃない時間

こうして、本章の課題であった「過去性」の正体を見極める準備が整った。

(36)　ベルクソンの言い方を用いれば、「実演される」順序を、「表現される」順序へと変換している。「実演される(joué)」と「表現される(représenté)」は、哲学史上では「形相的実在」と「思念的実在」や、「実的」と「志向的」など、様々な形でその亜種が展開される区分類型のベルクソン的なバージョンとみなせる(平井 2018)。私はこの対比を、身体と精神に固定的に割り振られたものとしてではなく、異なる階層に適用できる一般的な枠組みと考えている。

私たちにトークン的な出来事の再生、つまりエピソード想起が可能なのはなぜか。それは、出来事の各々が、その内容だけでなく、相互に取り結ぶ時間関係についても、質的に識別できるからである。各記憶が帯びる時間的色合いのことを、ベルクソンは「日付」と呼んでいる。そして、「生涯の出来事やそのディテールは、本質上、日付を有し、したがって二度と繰り返されはしない」(MM 88[115], 84[111])。つまり、体験の反復されえなさ、**一回性**を担保しているのが時間的色合いなのである。同じテーマパークに何度遊びに行っても、同じお店で何度料理を食べても、それらの体験はすべてトークン的に別なものである。そうしたオリジナルの体験の違いを引き起こしているのは何か。

もうお分かりだろう。体験のバックグラウンドを埋めている**人格質**、つまり私自身なのである。もう一度引用しよう、「人格は変化しながら、たとえある状態が表面で同一であるとしても、その状態が深みで**反復されるのを妨げる**」(EC 5-6[23])。例えばVRなどを用いて完全に同一な感覚入力を与えたとしても、体験は同じにならない。「なぜなら、私はそのあいだに生きてきたからだ。〔…〕イメージが同じであったとしても、それは同じ枠の中にあらわれるのではなく、枠が違うという漠たる感じが同一のイメージについての私の意識をフリンジのように取り巻いていて、それのおかげでそれらを区別し続けられるのである」(強調引用者、ES 143)。人生に加わる新たな体験のせいで、「枠」としての私は変化し、そのようなものとして再帰的に体験質に浸透する。こうして人格質は、体験を他のあらゆる体験から常に質的に識別する。

その一方で人格質のほうも、階層2の体験質同士がとりもつ「実現された関係構造」を取り込んでいる。ちょうど流れの配列構造を流れの質が表現し、体験質に繰り込んだように、だ。こうして、体験質から出発しても、人格質から出発しても、私たちは順序構造を復元するための手がかりを手にできるのである。

凝縮質の二成分①――内容成分と内的照合

階層2以降の凝縮がもたらす質次元には、二種類の成分が区別される。階層2以降は、凝縮される要素が初めから質的・現象的である。それゆえ第一に、上位階層は、素材となった一群の質的要素を「内容」として含んでいる（内容成分）。他方で、凝縮は、諸要素間の関係構造を解体する代わりに、それを質的識別に変換する。そのため第二に、上位階層は、これら関係構造を「色合いやニュアンス」へと繰り込み、「内容」を副詞的に修飾する質次元として保持する（ニュアンス成分＝時間的色合い）。本書の解釈では、想起プロセスのただなかにおいて、前者の質成分は「照合」に用いられ、後者の質成分は「ナビゲーション」に用いられる。

私たちはエピソード想起以外にも、数々のイメージ形成能力を持っている。反実仮想も、未来予想も、とりとめのない夢想も、同様に心的イメージを用いている。これらを「**非想起イメージ能力**」と総称することにしよう。それらと異なり、ただエピソード想起だけが、その想起プロセスのただなかで、私たちに「過去性」というものを教えてくれる。それがなければ、そもそも私たちは時間という概念に出会えなかった、そういう何かである。この、エピソード想起に固有な「過去性」の正体は何か、というのが本章の掲げた問いであった。私たちの辿り着いた答えは「時間的色合い」であり、そしてさらにその時間的色合いの正体が、凝縮質に含まれるニュアンス成分だ、というものである。

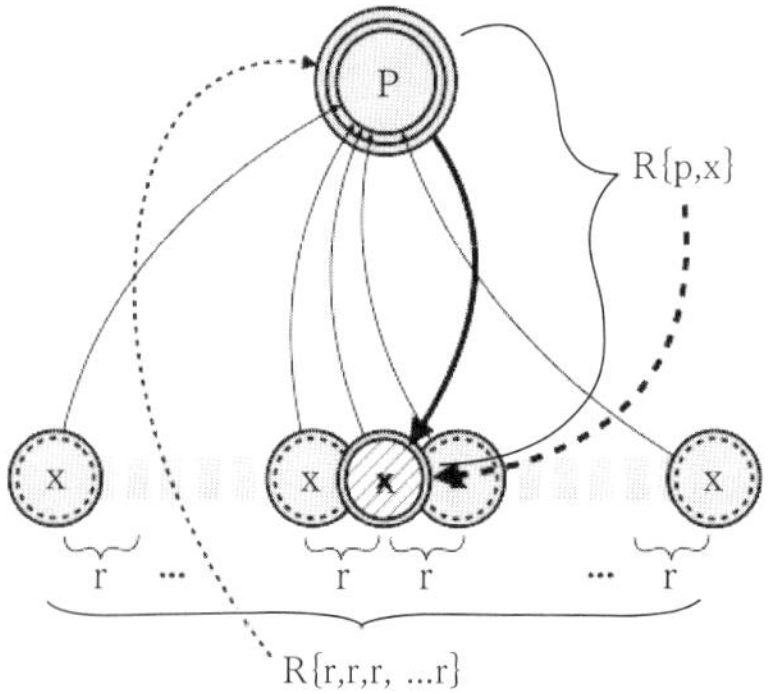

図4　体験質と人格質における凝縮の内容成分とニュアンス成分：階層2の体験質（x）と階層3の人格質（p）のそれぞれについて、内容成分を実線矢印、関係構造を質に変換するニュアンス成分を破線矢印で示した。体験質由来のニュアンス成分は方位付け可能性を人格質に埋め込み、人格質由来のニュアンス成分は「時期の徴し」を体験質に刻印する。

非想起イメージ能力と想起の違いは何か。このように問えば、直ちに思い至るのは、プロセスの最終段階で「照合」ステップがあるかどうかだろう。想起の場合には、試作してみた想起イメージを見て、自ら「いや、こうじゃなかった」「もうちょっとこうだったか」とダメ出しをすることができる。このようなことを、他の非想起イメージ能力の場合には行わない。「他者による」チェックや、「他の記憶との整合性に基づく」チェックの話ではない。**当該想起イメージ単独への違和感に基づく、自分自身のなかでの、きわめて原初的な照合**ステップである。このとき、教師情報として用いられているのが「純粋記憶」、つまり体験質である。ただし体験質自体が、オリジナル体験の細部を展開してくれるわけではない。あくまで「こんな感じだった」という全体的な感触・質感を与えてくれるだけである。それでも、私たちはそれを頼りに内的照合を行うことができる。外部との照合に出すのはその後である。うまく思い出せないとき、隣にいる人が「これのこと？」と差し出してくれた候補に対しても、「近いけど、そうじゃないんだよなあ。もっとこう……」と判断することができる（6章3節、コレジャナイ感）。まだ想起できていないというのに、だ。しかしそれができなければ、私たちの記憶は使い物にならないだろう。

この照合は、体験質の「内容」成分に基づいており、私たちの記憶の営みにおいて、いうまでもなく本質的な役割を果たしている。想起の内実に関わるのでこれは6章で扱う。しかしながら、本章で探し求めている時間概念の源泉は、こちらではない。

現に、内容的照合はエピソード想起だけの専売特許ではない。「意味記憶」があるからである。「馬のたてがみは首のどこら辺まで生えていただろう」と思い出してみるとき、そこでも同様の原初的照合は機能する。しかしここで思い出しているのは過去のエピソード、つまりいつかどこかで出会ったトークン的な馬ではない。「馬一般」についての「タイプ的」なイメージである。(37)

凝縮質の二成分②——ニュアンス成分とナビゲーション

エピソード想起をエピソード想起たらしめているのは、言い換えれば私たちに「過去」を教えてくれるのは、「時間的色合い」のほうである。そしてそれは実際の過去の体験の順序構造に由来している。私たちは、個別エピソードから始めても、過去全般つまり人格質から始めても、目的の記憶に向かって近づいていくことができる。それは、それらに色合い・ニュアンスという副詞的修飾の形で埋め込まれた「時期の徴し」と「方位付け」のおかげで、**広大な記憶領域のナビゲーションが可能になっているからである。**

(37) タイプ的イメージは時間的に近接しない諸イメージの重ね合わせであるため、時期の徴しである色合い成分は「中和」される(6章)。だが同じ理由で、ある対象との関わりが特定の時期に偏っているとき、ニュアンスは中和されてなお特定の色合いを帯びる(HTM「個人的再認」)。

この時間的色合いは、想起プロセスの特定ステップというより、その全般を通じて利用される。私たちは、記憶を探るプロセスのなかで、ずっと「過去のある特定の時期が帯びている識別的な質」を感じ取りながら、それに頼り続けている。私たちが過去を過去として認識できる理由を探すのに、結果として得られたイメージを見てもダメで、「過去が現在のイメージへと展開しつつ暗闇から白日のもとに現れてくるその運動を、われわれが身をもって辿るしかない」（強調引用者、MM 150[198]）と言われていたのは、そのためである。

まとめ　記憶の接地問題

既存の記憶理論は、結局のところ「時間のレール」を前提にした上で、ある時点から先立つ過去時点の事象をどうやって表象的に再現するかという問いを立てる点で、ある問いを覆い隠してしまう。それは私たちの時間理解そのものの起源の問いである。

時間のレールが記憶から作られるものである以上、これを前提にした問いは論点先取である。ベルクソンは、私たちが今手にしているような整序された時間概念を持てるためには、記憶という経験そのもののうちに、私たちに過去の存在を告げ知らせるものがなければならないことを初めから見抜いていた。それは表象的・間接的認識ではダメである。知覚と違って記憶の場合には、その表象・被表象関係のあいだに、懸案の（被説明項であるはずの）時間的隔たりがあるからである。

だから、過去を媒介なしに、直接感知することを許すような、一種の**直接想起説**が不可欠である——しかも「時間のレール」を前提することなしに。ベルクソンは、**〈時制のスケール相対性〉**に目をつけた。ある階層で過去であるものは、別な階層でなお現在である。時間のレールを横に移動するのではなく、時間階層を縦に移動するモデルとして、直接想起を実装できるのではないか。その前代未聞の着想を単独敢行したものが、彼の記憶力理論であり、そのMTS解釈である。
私たちの心は文字通り、本物の過去でできている。想起プロセスにおいて私たちが探索の絞り込みに用いる「時期の徴し」も進路を決める「方位付け」も、凝縮が変形・保持した過去そのものに由来している。想起とは、このように過去自身の助けを借りて、この凝縮された膨大な時間リソースのなかをナビゲートし、特定の体験質に辿り着くために生命が一部の生物において開発した、稀有なスキルなのである。

コラム　ベルクソンと現代時間存在論

1章から続けてきたMTS構造の紹介がひと段落したので、ここで時間論としてみたMTS理論の特徴を述べておく。現代の他の時間存在論の立場のなかに文脈づけて比較することは、MTSモデルの特徴を掴む上で有益だろう。比較対象としてとりあげるのは、現代において代表的な以下の三つの立場である。

永久主義：宇宙の開闢から終末までの全ての時点が平等に存在しているとする立場。
成長ブロック宇宙説（GBU）：過去から現在までは存在するが、未来は存在しないとする立場。
現在主義：現在のみが存在するとする立場。

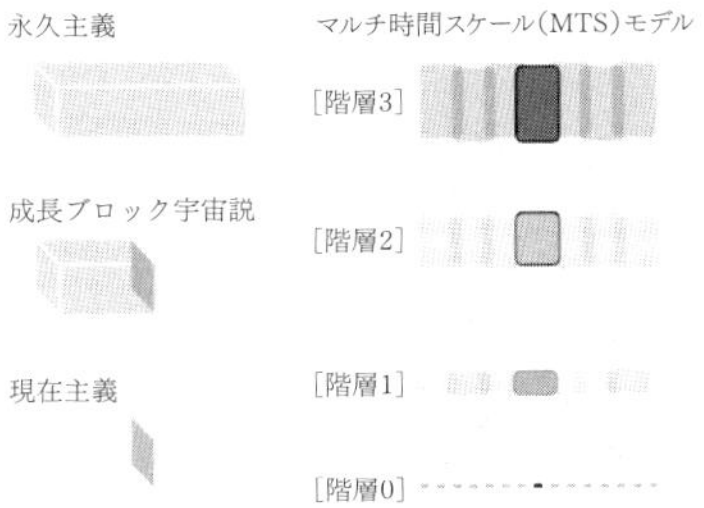

図5　現代の諸見解とMTSモデル

このうち、ＧＢＵと現在主義では、宇宙の時間的な形が「現在」を境に区切られているため、存在論的な意味で一つの現在が定まっている。それに対し永久主義では、全ての時点が平等で、宇宙そのものに現在というものは記されていない。現在は、（ちょうど空間上で自分がいる場所を「ここ」と呼ぶように）それぞれ自分がいる時点をそう呼んでいるだけの、相対的で名目的なもの（「指標的（indexical）」と言われる）である。

これらの時間論的立場の既知のメリットやデメリットについて、ベルクソンのＭＴＳモデルと比較しながら確認していこう。

Ａ　**同時性の相対性**：宇宙全体に当てはまる唯一の客観的現在を想定する現在主義・ＧＢＵ共通のデメリットとして、特殊相対論における同時性の相対性と衝突するという点が挙げられることがしばしばである。(38)しかしＭＴＳでは、宇宙の現在はローカルに多様な現在たちの集合なため、この難点は当たらない。

Ｂ　**真の変化があるか**：永久主義は全時点が存在するためもはや何も動かぬ**静的な宇宙像**になっており、変化や動きは見かけのものにされてしまう。この立場が正しければ、ほんとうは、宇宙の未来の果てまで事実は出来上がって揃っている。各コマが三次元でできた四次元パラパラ漫画みたいなものが、ただ置いてある状態だ（誰かがパラパラするわけではない）。これを「**四次元ブロック**（宇宙）」と呼ぶ。この説では、時間の向きも経過も事物の変化やプロセスも、すべて実在しない。私たちが「変化」と名指しているつもりのものは、実際には、ある時点における性質ａと別時点における性質ｂの関係にほかならないとされる。現在主義とＧＢＵは、変化を宇宙に体現させる点で永久主義に対立する。ＭＴＳは、各階層を単独で見れば現在主義である。そしてその内部では生成変化が実在している。

	A　同時性のズレ（相対論）	B　真の変化があるか	C　非対称を説明できるか	D　正しい記憶をもてるか	E　真の現在にいるか
永久主義	○	×	×	○	○
成長ブロック説	×	○	○	○	×
現在主義	×	○	×	×	○
ベルクソン	○	○	○	○	○

表1　現代時間論の諸論点

C　非対称性、D　記憶の接地：現在主義では、未来だけでなく過去も存在しないため、記憶などに基づく過去言明は、指示対象を欠く作り物・フィクションということになってしまう。これに対して、MTSでは、階層2で向きが創発し、階層3のおかげで過去が実在的に存続するため、記憶は過去に接地しうる。

E　真の現在：GBUでは、非対称性は確保できるが、私たちの考える現在が宇宙の客観的な現在と一致していない可能性が指摘されている（Braddon-Mitchell 2004）。例えば、宇宙は実際には西暦二四〇〇年で、私たちは過去の住人なのかも知れないのだ（過去が実在する以上、私たちがそれである可能性がある）。これに対してMTSでは、現在は縦方向に階層は複数あるが、共時的なものとして一通りしか存在しないので、この恐れがない。以上のように、純粋に時間存在論としてみても、MTSモデルは既存の立場に対して一定の利点を示す。

さらに、本章の主題である「D　記憶の接地」については、永久主義とGBUからの差別化もしておこう。どちらも物理主義的な前提に立っていることが多く、そこで存在を認められている過去は、普通はいわゆる「物体」のみである。しかしこれでは既述の「**魔法のランプ問題**」に抵触する（本章1節参照）。

そこでこの問題を回避するため、両者の用いる四次元ブロックを少し改変して、心的現象経験も含めた「**現象包括型ブロック宇宙**」のバージョンを考えてみよう。そうすれば、過去時点の心的経験も実在できるようになるからだ。しかし今度は、ある時点にいる自分が、以前の別時点に存在しているその心的経験にどのようにアクセスするのかが障壁となる。「心的タイムトラベル」ではない、真正のタイムトラベルをしなければならなくなる。これに対してMTSモデルでは、保存は上位階層への凝縮によって実装されるため[39]、同一階層で水平方向へのタイムトラベルを必要としない。こうして、記憶の接地問題の観点からも、MTSモデルは一定のメリットを有している。

(38) 客観的な現在という時の「客観的」という言葉に、「観察者の主観から独立」という意味と、「宇宙全域にわたって共通の／普遍的な」という意味が混在している点が話をややこしくしている。ベルクソンは（例外的なケースを除き）ローカルなシステムに相対的にしか時間を認めないので、後者の意味で普遍的現在を認めない。

(39) 上位階層（潜在的）へのアクセスについては6章3節。

第４章　身体とシンクロする世界——運動と知覚

１　知覚はどこにあるのか

ここまで、生物のシステムが進化を通じて次第に〈時間的拡張〉を果たしてきたこと、それによって感覚質や流れ、記憶など、私たちの心を形作り特徴づける様々な要素が、マルチ時間スケール（ＭＴＳ）の構造から説明されることを見てきた。ここで、視点を時間から空間に転じてみよう。私たちの周りには空間が広がっていて、そこには様々な物が並んでいる。そうした対象を、私たちは目・耳・鼻などの五感というインターフェイスを通じて受け取り、世界を認識している。その仕組みを扱う哲学の部門を、認識論と呼ぶ。本章は、ベルクソンの認識論を扱う。そこで〈拡張〉と並ぶベルクソン時間論のもう一つの屋台骨である〈運動記憶〉がいかに中心的な役割を果たしているかを確認する。

認識論についてのベルクソンの立場は、従来の議論——とりわけ以下で見るように当時すでにデファクトスタンダードとなっていた「**表象主義**」と呼ばれる考え方——を批判し、それに対する代案を示すものになっている。表象主義に沿って考えを進めていくと、最終的には、私たちの知覚は、幻覚と根本的には変わらないもの、辻褄の合った夢のようなものとして、各個人の主観のうちに囲い込まれてしまう。これに対してベルクソンは、これまでも再三強調してきたように、主観を客観へ、心を自然界に接地させることを旨としている。知覚は、ちゃんと私たちの外に存在する。彼にとって、表象主義は乗り越えるべき立場である。どのように乗り越えるのだろうか。まずは表象主義的な認識論の論点を概観しておこう。

表象主義の言い分

表象主義の観点からは、外界のものを見聞きするときに、その対象は、実は私たち自身のなかにあることになる。目の前二メートルのところに白い壁が見えるが、その知覚は、目の前二メートルではなく、私のなかにあることになる。どうしてだろうか。

まず、同じものを見ても、人によって見え方が違うということはよくある。単に、好き嫌いや美醜の判断レベルだけではなく、もっと即物的に、角度が違うために同じ面が変形したり隠れたり、光の当たり方で色味が違って見えたり、具体的な映像レベルからして異なっている。色覚に異常があれば、さらに異なるだろう。だからそれらの映像は、見るときに各個人のなかで作り出されたものであるはずだ。各人内部に作り出されるこうした外界の複写を、心的「**表象**」と呼んだり「**現象**」と呼んだりして、客観的な意味での世界そのもの、「物自体」と区別する。

ここに厄介な事情が付け加わる。私たちは状況によっては、夢を見たり幻覚を見たりする。つまり、「外界に対象が実在しない」時でも表象を持つことができ、あたかも外界を知覚しているかのように思い込む場合がある。では、あなたが今目覚めて外界を見ているとして、それが夢や幻覚でないことをどうやって確かめればよいだろうか。目を擦ってみるだろうか。手を伸ばして触れてみるだろうか。いずれにしても、起こるのは、あなたのなかの表象の変化である。この立場では、触覚も視覚に並ぶ五感の一つに過ぎないことを忘れてはならない。視覚は目に入った光を電気信号に置き換えて脳に送る。触覚は皮膚の刺激を同じく電気信号に置き換えて脳に送る。入力を受け取る脳にとっては、どちらも結局は電気信号だ。だから、視神経を途中でハックすれば視覚を乗っ取れてしまうように、触覚神経も原理的にはハック可能だ。だとすると結局、私たちには「物自体」は知り得ないということにならないか。私たちができるのはせいぜい、物自体がどうなっているかを「推定」することだけだ。それが表象だ。表象は物自体ではない。それはどこまでも「私が推定した世界」でしかない。ひとたび現象と物自体を区別してしまうと、もう物自体への直接アクセス権は剥奪されてしまうかのようだ。

こうして、表象的認識論は、ある不穏な帰結を連れてくる。この立場がもし正しければ、私たちが見るもの聞くもの、味わい触れるもの、語りかける人々も、実在ではなく、自分の心のプロジェクターが生み出し投影している幻影にすぎない。「観念論」と呼ばれる立場である。表象主義を採用するということは、結局のところ、各人が生涯おひとりさまの天然VRの個室に閉じ込められているという話を引き受けるということだ。

この議論がわかりやすく、一定の説得力を持つことは歴史が証明している。モンテーニュは「夢の懐疑」で有名だし、デカルトはそのより強力なバージョンを展開した。知覚されない存在を否定する観念論はバークリに見られるし、物自体と現象という用語はカント由来のものだ。ベルクソンの時代にも、テーヌという哲学者の、知覚は「真なる幻覚だ」というテーゼは広く普及しており、マッハの現象主義がフッサールに与えた影響も知られている。現代でも、パットナムによる「水槽の中の脳」という思考実験は有名で、ハリウッド映画では『マトリックス』がこうした認識論をベースにして大ヒットした。

表象なしの知覚とは何か

ところが、ベルクソンは、こうした表象主義的な認識の捉え方に異議を唱える。私たちの知覚は、ちゃんと世界へと直接アクセスしている。世界と私たちを結ぶ、地続きの認識ルートがあり、それが**表象を介さない知覚**を実現しているというのだ。彼は言う。従来の認識論は、「物質の存在と現れを分離してきたが、〔…〕この分離を一旦行なってしまうと、もうそのあとでは、これを避けるのは難しくなる」、と。だから、その分離の手前で認識を捕まえなければならないのだ、と。しかしそれはいったい、どんなものだろうか。

それは何か神秘的な境地ではない。世界の因果関係を無視した、何か霊的透視のような話をしているのではない。むしろ逆である。従来の「認識」の方こそ、あまりに知性化、（擬人化ならぬ）擬心化されすぎていたのだ。ベルクソンが示すのは、従来の認識の捉え方をより基礎的で即物的な次元にまで引きずり降ろすことで見えてくる、「表象なしの知覚」のあり方である。

ベルクソンは、物質における相互作用から話を起こす。例えばある物体を考える。前章で見た物質システムのことを思い出してほしい。それは周りの様々な物体から様々な影響を受け、またそれらの影響に対して反作用を返しているだろう。ここに表象の出番はない。そもそもこれを「認識」

とすら考えないのが普通だ(1)。

次にその延長線上で、アメーバなど、ごく基礎的な生物を考える。これもまた、環境から影響を受け、それに対して反作用を返す。感覚‐運動と呼び方を変えても、システムがやっているのは(多少複雑になった)作用と反作用である。「単なる原形質の塊の状態にあっても、〔…〕生命体は外的刺激の影響をこうむりつつ、それに対して機械的、物理的、化学的な反作用で応じる」(MM 24[37])。

ここで大事なのは、ごく基礎的な生物における感覚‐運動が、「機械的、物理的、化学的」な水準で行われるということだ。具体的にベルクソンが念頭においているのは、感覚器官と運動器官が未分化な「棘皮動物の菅足や、腔腸動物の蕁麻性器官」などの例であるが、彼の考えでは、こうした基礎的な生物では、「知覚と反応のプロセス全体は、機械的衝撃に必然的運動が続くのとほとんど違わない」(MM 28[42])。つまり、ここにも心理的な・内面的な表象が立ち入る隙間はない。だがこれはすでにれっきとした「知覚」である。

最後に、人間を考えてみよう。人間身体も感覚によって環境から刺激を受け、運動によって環境へと介入する、環境との相互作用を行う点は同じである。しかし、感覚神経と運動神経の間に発達した中枢神経系(脊髄・脳)をもつことで、複雑さが飛躍的に増大している。そして、ここでは確かに表象を用いた認識が成立している。

(1) ベルクソンは汎心論的観点から、物質にごく原基的な感知と質(プロト現象的質)を認めているが、通常の本質主義的なアプローチとは異なる。詳しくは平井(2020a)を参照されたい。

相互作用から知覚を見る

このように、物質から人間までを一貫して俯瞰することを可能にしてくれるのは、相互作用のシステムという観点である（2章）。そして、進化の段階を考慮に入れることで、人間を必要以上に特権視しない知覚理論を描くことができる。そこで見えてくるのは、表象はいわば進化の贅沢品で、知覚が知覚として成立するために、表象は不可欠なものではないということだ。

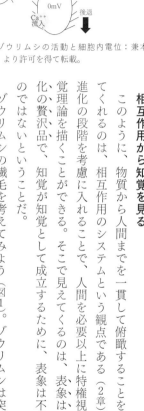

ゾウリムシの繊毛を考えてみよう（図1）。ゾウリムシは突かれると繊毛をなびかせて後退する。そこで起きているのはこういうことである。接触を検知するとゾウリムシを覆う細胞膜にあるイオンチャネルが開き、環境からカルシウムイオンが流れ込む。(2) 外界と体液とのイオン勾配が変動することで、繊毛が逆転し、その結果ゾウリムシは「後退」する。以上だ。あっけないほど単純な電気生理のプロセスである。そこではけっして、「入力値を内部モデルに照らして外界を推定する」というような複雑な手順がとりおこなわれているわけではない。それでも、これはれっきとした知覚だ。ゾウリムシは外界を確かに知覚している。生物はもともと、世界と当たり前のように地続きに相互作用しており、そもそも知覚はそのおかげで成り立っている。知覚というものは、初めから分かち難く世界に根を張っているものなのだ。

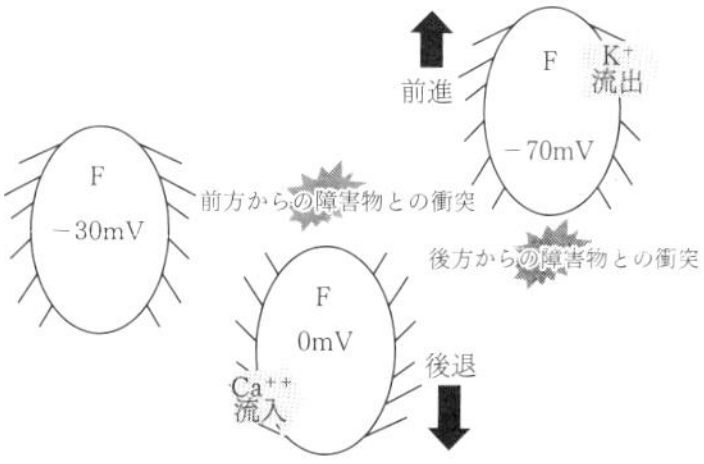

図1　ゾウリムシの活動と細胞内電位：兼本(2016) より許可を得て転載。

一八世紀の哲学者であるカントが認識論を論じる際に想定していたのは人間であり、人間だけだった。そして、生物学の知見は比較にならないほど乏しかった。私たちの認識は表象に閉ざされている。物自体の認識はできない。しかしそれでは共通普遍なものを扱う科学は成り立たない。そこでカントは、認識が常に、時間空間というア・プリオリな形式に制約され、全人類に共通の「超越論的悟性概念」によって枠づけられているとした。科学認識の普遍妥当性は、これらのおかげで担保される――これがカントの描いたストーリーだった。

ところが、地上で生を営むほとんどの生物たちにとって、カントが設定したこんなルールはまったく与り知らぬところだ。「現象」と「物自体」の区別などどこ吹く風で、今日もカタツムリの角は物に当たって収縮するし、ゾウリムシはイオン勾配に従って運動するし、夏の虫は飛んで火に入る。表象なしの知覚のほうが、生物界では圧倒的なマジョリティだ。そして、概念や思想や理論越しに世界を見る私たち人間も、肉でできた生物であり、その**土台部分では、表象なしの知覚によって世界に深く接地している**のだとベルクソンは指摘する。[3] このタイプの知覚を、表象なしの運動的記憶を「手続き型記憶」と呼ぶのに倣って、**手続き型知覚**と呼べるだろう（平井 2016b 178）。

私たちの知覚に備わるこうした基礎的なレイヤーのことを、ベルクソンは「非個人的(impersonnel)」な知覚だとか、知覚の「土台（base）」、「地（fond）」などと呼んでいる。

彼らが残念ながら忘れているのは、やはり一つの非個人的な地があって、そこで知覚は知覚対

（2）兼本（2016 15）、大沢（2017）。

（3）「［この立場では、］物質についての認識を次第により深めていくことが可能である。〔…〕物質から差し引くのではなく、むしろ反対に、〔…〕われわれの多様な欲求が分断してしまった連続性を回復することである。そうすれば、物質についてのわれわれの知覚は、もはや相対的でも主観的でもなくなる」（MM 49[66]）。減質テーゼについては6章1節。

象と一致していること、そしてこの地は外部性に他ならないということなのだ。(MM 69[90])

そして、この手続き型知覚という土台によって、私たち生物の知覚は、しっかりと「実在に深い根を下ろしている」(MM 71[93])のである。

2　ボトムアップとトップダウン

こうして、認識というものがすべからく表象であるという、従来の認識論が共有していた「擬心化」は、生物学的なルーツへと裾野を広げていくことで、自ずと無効化される。人間の表象的知覚から出発してしまったがために、視野狭窄に陥ってしまっていたわけである。しかも、この原始的な「表象なしの手続き型知覚」というレイヤーは、原始的な生物だけのものではない。人間においてもそれは健在で、私たちの多くの無意識的な活動を支えてくれている。人間にも生理学的な反射があるし、単純で日常的に繰り返される振る舞いにおいては、意識に表象が現れないことをしばしば経験するだろう。(4) ベルクソンは、家の扉が内開きか外開きか覚えていなくても、その場に立てば腕が勝手に開いてくれるという例を挙げている(HTM 104)。癖の多くも、本人は気づかない。このとき、私たちは手続き型の知覚から直ちに(意識的イメージを介することなく)対応する反応行動を発動する。このときの認識回路をベルクソンは**自動的再認**と名付けている(図2下)。そしてそれを可能にしているのが反復によってパターンを学習する**運動記憶**なのである。

注意的再認

だが他方で、私たちの意識に上るのがいわゆる表象的な知覚であることもまた事実である。ベルクソンはこれを否定しているわけではない。心的イメージは、私たち人間の日常の認識活動においていうまでもなく重要な役割を果たしている。これがなければ景色や絵画を鑑賞することはできないし、熟慮を経た理知的な行動も可能にはならないだろう。しかし、そうした心的表象の登場によって表象なしの知覚が駆逐されたわけではない。それゆえ、ベルクソンの認識論は、「表象なしの知覚」だけでも「表象知覚」だけでもない、両者を同時に併用する**ハイブリッド説**を展開する。(5)

さて、心的表象を用いる認識モードのことを、彼は「**注意的再認**」と呼んで『物質と記憶』第二章で詳しく論じている（図2上、6章の区分では「気づき」に相当）。人間が意識を注いで物事を眺めたり聴取したりするのは、こちらを用いている。この認識モードにおいて、私たちは外界からはわずかな特徴のみを拾い上げるだけで、そこから対象を推定し、該当する手持ちの**心的イメージを投射**することで、(6)心像経験を伴うような表象的認識を実現している。これがベルクソンの注意的再認という説の大筋だ。

これに対し、「生きるために不可欠であり、疑う余地のないほど直接に実用的なものについては、

（4）　ベルクソンは知りえなかったが「盲視（blindsight）」の発見もまた、この点で示唆に富んでいる。本章3節を参照。

（5）　**現代の知覚哲学**では、常に表象なしで知覚する「直接実在論」、常に表象で知覚する「表象主義」、場合によって切り替える「選言主義」があるが、常に双方を使うベルクソンのハイブリッド説はこのいずれでもないが、近年少数の哲学者によって検討され始めている。Schellenberg（2014）など。選言との対比で「連言主義」という言い方もできるかもしれない。

（6）　心的イメージ自体の形成については、6章2節で扱う。

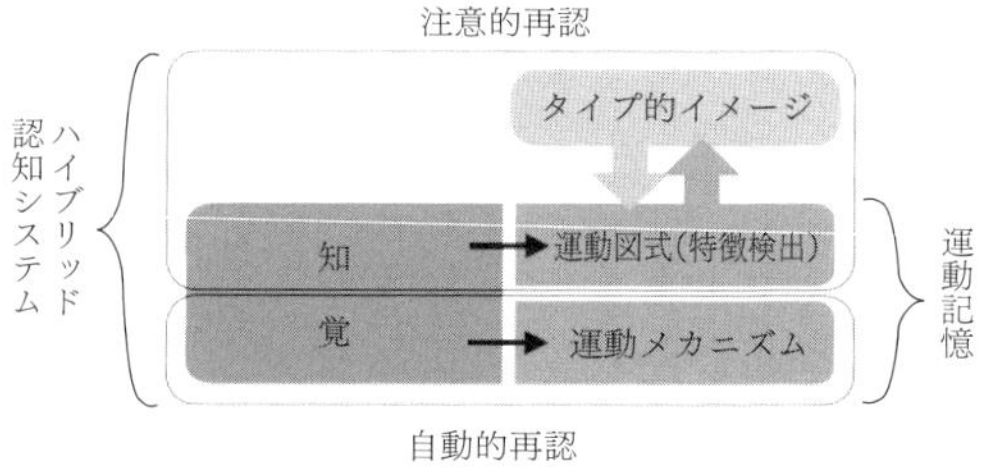

図2　ハイブリッド認知システム：図下が自動的再認。一定の行動レパートリを備えた生物が外界と相互作用するときに作られる回路。知覚入力を限定するのは生物にインストールされている「運動メカニズム」（筋肉運動モジュールのこと）であり、一定の知覚入力は対応する運動メカニズムを発動させる。図上は注意的再認。習得済みの脳内の「運動図式」によって知覚の特徴抽出がなされ、それを適切に修飾できる心的イメージが投射される。

再認が別の方法で行われねばならない」（HTM 92）。こちらが手続き型知覚＝自動的再認であり、人間も多くの場合はこれで済ませている。ある時点で見られるもの見られないものの選別は本能と自動的再認でまず決まっており、注意的再認は、さらにそのなかで何を見るかを選びとる段階にあたる。

この注意的再認自体が二段階のパートからなる点に注意してほしい。このモードにおいても、やはり手続き型の経路、つまり運動記憶が「土台」を提供している。土台というのは、この場合、**特徴検出**のパートのことを指す。それがあった上での、**イメージ投射**である。もし仮に、特徴検出に障害が起き、外界の特徴と大きく逸脱したイメージ投射をしてしまうとしたら、これは文字通り妄想的な幻覚になる。言い換えれば、通常時の知覚においても、私たちはよくコントロールされた幻覚を見ていて、現象的なリッチさはそうしたイメージに由来するというわけである。

従来の、すべての知覚が主観による作りものであるという観念論の立場を、VR（Virtual Reality 仮想現実）に準えるとすれば、ベルクソンの認識論は、外界の直接知覚をベースに、そこに心的イメージを織り込んだAR（Augmented Reality 拡張現実）――あるいはもっと高次な想像の議論も含めればMR（Mixed Reality 複合現実）――に相当する。テック企業が開発したゴーグルをまたずとも、私たちはすでに裸眼で、天然の拡張複合現実を生きているというわけだ。それ自体複合的である注意的再認と、自動的再認とが同時に並走するハイブリッドな理論である。

コラム　ベルクソンの拡張された自然主義

彼の立場は、旧来の表象主義に対する単なる反動ではない。彼は、すべての認識を手続き型知覚や行動に還元しているわけではないからだ。表象や概念といったいわゆるトップダウン的な要素を単純に排除したりはしない。彼の強調した「表象なしの知覚」、手続き型知覚が実在することはいくら強調してもし足りないほどだが、かといって、人間の知覚がすべて身体レベルの相互作用に還元できるという話もまた不適切だ。

こうしたベルクソンのスタンスを、**接地問題**の観点から言い直してみよう。まず、知覚はすべて心の生み出す幻覚だという理論は、接地を欠くゆえに不適だ。次に、知覚は全て身体レベルの相互作用で説明できるとするような立場は、今度は、接地すべき実在というものを狭く取り過ぎている。「物質」や「現在」のスケールに基づく実在観に固執してしまうことは、結局のところ、心と記憶の問題を先送りする羽目になる。すべてを包括的に理解しようとするなら、素材となる自然という実在の捉え方から見直す必要がある。それが〈時間的拡張〉のアイデアなのだった。ベルクソンは、心的イメージと呼ばれるものをも、MTSの観点から最終的には自然に由来するものと描き直し、すべてを接地させることを目指す。認識や心や過去を亡霊扱いせず、自然の外側に取り残さない。

実在は、実在しか使えない。実在するものだけを使って私たちはものを見聞きし、実在するものだけを使って幻覚や妄想を繰り広げ、実在するものだけを使ってエピソード想起を行なっている。こうした様々な心的現象をリバースエンジニアリングして、（その機能だけでなく）その現象的素材の出どころを一つ一つ辿り、見極め、同時にそれらをちゃんと提供できるような自然の理解を併行して練り上げていく。

どこからどういう素材を持ってきているのか分かっていない。そうした素材から心的諸事象がどういうやり方でできているのかも定かではない。しかも、どちらかを固定していては、結局哲学は行き詰まる。まさに、素材と調理法の両方をゆるやかに絞りながら囲い込んでいく、つまりは問いそのものを未完了相のもとで立て直すこと自体が、哲学の条件になっているわけだ。

このようなベルクソンの哲学的姿勢を、**拡張された自然主義**と私は呼びたい。現在では、自然主義という言葉は、いわゆる自然科学へと問題を還元していく姿勢のことを指しがちである。しかし、現行の自然科学とそれ以外（社会科学・人文科学）という区分自体が、上に述べたような一定の固定的な――ひょっとすると時代遅れのレガシーに過ぎない――実在観に依拠している可能性がある。

ベルクソンはけっして反自然主義者なのではない。現行の科学で解明できない心や意識をア・プリオリに初めから前提してしまう立場を、ベルクソンははっきり断罪している(7)。だが逆に、説明できないものを「非物質」「非科学」「主観」「錯覚」「精神」「神秘」として**探求から締め出すやり方が、かえって非自然的なものの存在を許す**ことになるという皮肉なからくりにも気づかなければならない。脳科学で説明できないものは非科学的な幻だと断罪する人は、結果的に、そうした「幻」を自然的な説明の外に放置することになる――合法化しないことで地下組織に流れる薬物のように。

そうではなく、従来の実在観において非科学的・非自然的などとしか呼ばれようのなかった、しかし確かに実在と呼びうべきものたちに、そのメカニズムの解明を与え、起源と合成の理路を探り当てる必要がある。そして、必要があれば、素材となる自然概念自体をアップデートすることも辞さない。

ただし、それは、結果として生じている複合的な現象をありのまま、何でもかんでも原因に放り込むという話ではない。汎心論の一部の議論はそのように批判されることがあるが、ベルクソン版の汎心論がそれと異なることは、別の論文で詳しく論じた（Hirai 2022）。これまでも示してきた通り、自然がどのように調理するか、そのロジックを辿り直そうとするベルクソンの努力は一貫している（「自然の機械工学」6章1節）。このことを、彼は、事象が人間の経験へと加工される「その決定的な曲がり角の向こう側」（MM 205[266]）を再構成するという有名な言い方で、自らの哲学の指針に掲げている。

現象面も含めた包括的な諸事象を、それを引き起こす自然の現場に接地《グラウンド》させる。彼がそうした姿勢を表明しているテクストは枚挙にいとまがない。空間的な知覚が「実在に根を張っている」（MM 71[93]）だけではない。「全ての感覚が、深さは異なるものの、延長の中に根を下ろしている」（MM 243[313]）。再認感は、身体の感覚－運動カップリングに「その根を持っている」（MM 102[135]）。記憶は、「深い根によって過去に結びついたまま」（MM 148[196]）であり、自由も「つねに必然性の中に深い根を下ろし、必然性と密接に組織されている」（MM 280[356]）。意識は、「その素材をあくまで自然から引き出している」（MM 280[356]）。このような哲学を、どうして反自然主義と呼べるだろうか。

記憶を貼り付けてものを見る

注意的再認の理論を少し詳しく見てみよう（図2上）。まずは先述の二つのパートの関係から。

（7）「魂は、いつ、いかにして、なぜこの身体に入ってくるのか。もし直観の哲学が、身体の生を、〔…〕精神の生へと通じる道の途中で見ようと決心しない限り、いつまで経ってもこれらの問題に答えは出ないだろうし、直観の哲学は、科学の否定となり、遅かれ早かれ科学によって取り除かれるだろう」（EC 269[341-342]）。

私たちの判明な知覚が引き起こされるのは、向きが正反対の二つの流れ、一方は外的対象のほうに由来する求心的な流れ、もう一方はわれわれの言う「純粋記憶」を出発点とする遠心的な流れ、これら二つの流れによる。(8)（MM 142[186]）

前者が特徴検出のパートで、そこでは知覚領域全体をくまなく平等に処理するのではなく、対象同定に必要なだけのごくわずかな「顕著な特徴」だけを拾って認知処理を進める。すべての対象表面の細かなテクスチャまで、その都度個別に読み取って知覚処理をするほど暇ではないのだ。その代わり、第二パートで、再利用可能な手持ちのイメージ素材から適当なものを貼り付けることで、時間と手間を節約しつつ見かけのリッチさを確保している、とベルクソンは述べる。

眼前に置かれた対象から実際に見てとるもの、耳にしたフレーズから人が実際に聞きとるものは、記憶がそれに付け加えるものに比べればほんのわずかなものだ。〔…〕真実はと言うと、各々の語において、あるいは節においてさえ、いくつかの文字ないし特徴的な字画だけを、つまりは残りを推測するのに必要な分だけを知覚して、残りはすべて、自分では見ていると思っているかもしれないが、その幻覚をあなたが自身で与えているものである。（ES 97-98）

注意して欲しいのは、これが単に、対象を同定するのに言語的概念が使われているとか、知識や思い込みによって理解の仕方が変わる（理論負荷性）といった話ではない、という点である。ベルクソンはもっとずっと基礎的な、即物的なレベルの話をしている。私たちは物の映像を受け取っているつもりで、実際には心的に作り出したイメージを世界に向けて投影している——いわば**天然のプロジェクションマッピング**を行なっている——というのだ。(9)

例えばペイズリー柄のハンカチが揺れているとしよう。大変複雑な模様である。それがドレープになって湾曲面をなしており、しかも絶えず揺れている。これを要素的クオリアでピクセル単位で描写していては「処理落ち」(描写性能が追いつかず滑らかな動画が作れない)しかねない。現に、そんなことをしてはいないのだとベルクソンは言う。目で拾うのは、何がどうなっているのかを判定できるための特徴的な要素だけで十分だ。ありあわせのそれっぽい画像が記憶のなかにある。それを使いまわすのだ。「ペイズリー模様」がだいたいどんな模様なのか——そう、「だいたい」で十分だ——ならわかる。「湾曲面に描かれた模様」というものがどんな感じかも知っている。「シルクの布が揺れる」のがどんな挙動かも知っている。「雰囲気」でいいのである。(10)こうしたものを適当に貼り付けて済ますという芸当は、**現象的な質のストック**がなければ無理な話だが、幸いベルクソンの記憶理論はそれを用意している(11)(3章5節、イメージの切り出しについては6章2節)。

(8) 興味深いことにベルクソンはこうした「遠心性知覚繊維」に言及している。「最近の遠心性知覚繊維(fibres perceptives centrifuges)の発見は、……印象を中枢へともたらす求心的なプロセスと別に、逆向きのプロセスがあって、それがイメージを抹消へと送り返しているのだ、と考えるようにわれわれを仕向けるものである」(MM 112)。言うまでもなく、これが解剖学的に注24で述べたものと同一の繊維を指すとは思われない。しかし、はっきりしているのは、トップダウン神経経路の存在を要請するような仮説をベルクソンが形成するに至っていたことである。

(9) 認知科学者・鈴木宏昭は身体性認知のパラダイムを補完するものとして、ポランニーに依拠しつつ近接項から遠隔項へのプロジェクションを論じている(鈴木 2020)。

同じ理由で、私たちの見落とし（「私の目は節穴か！」と思うことはしばしばだ）や見間違え、一部の錯覚などが説明される。カンデルによれば、私たちが抽象絵画を理解できるのもこうした認知の仕組みのおかげだ。(12) それだけではない。私たちはその道に卓越したエキスパートたちの知覚が、そうでない人のそれと大きく異なることを知っている。それは、蓄積されたイメージの質と量が、認識そのものに反映されているからである。経験値や熟達度が異なれば、比喩ではなく字義通りに、見えているものが違うのである。

見えないものが見えるようになる

一つ個人的な事例を紹介させて欲しい。私が受験のために美術予備校で木炭デッサンの修行を始めたころの話である。自分としては、構図、オブジェの配置、明暗の再現度には自信があった。実際、かなり正確に描けていたはずである。そこへ講師がやってきて、「壺の右側から回り込んでいく空間が描けていない」と言われた。モチーフは、左手前に壺があり、右側に何か長いものが壺に立てかかり、後ろにまた別のものが置かれている配置で、ちょうどその部分は三角形のトンネルのようになっていた。そこから覗く向こう側の事物の配置も輪郭も、入り込む光の明暗も間違ってはいなかった。そこの空間にある事物の描き込みが足りないという意味ではない。あるいは、実際にその空間を風が抜けているわけでもない。そうではなく、「回り込んでいく空間というもの」が描けていないというのである。それを言われた時点の私には、講師に見えていて自分に見えていないものが何か分からなかった。というより、そんなものがそもそも「見える」ということが理解を絶していた。しかし、面白いことに、木炭で出せる色味の幅が増え、試行錯誤を重ねるうちに、「回り込んでいく空間」はちゃんと描けるようになり、そして見えるようになった。識別可能性空間が拡張し、それが相互作用（この場合は観る-描く）の回路を増設し、蓄積された「回り込み」のイメージ記憶が適切に投射できるようになったわけである。今なお、私の知覚野は、「回り込み」や「彩度差」や「マッス」で賑わっている。同様のことは、ダンスでも、料理でも、プログラミングでも、あらゆる専門分野で起こっているはずだ。

もっと一般的にわかりやすいのは、ベルクソンが好んで援用するリスニングの場面だろう。マスターしていない外国語は、知っている単語しか使われていなくても聞き取れない。文字通り「処理落ち」している。だが外国語のつもりで自分がしゃべる母国語の会話を聴き直してみればわかるが、とんでもなく不鮮明な発音でも難なく意味をとれてしまう。それは言いたいことを推察して、音声イメージとして聴覚に貼り付けているからである。ちなみに、それを外国語の楽曲に対してやって

(10) 自分にとっての「だいたい」のイメージでよいのはなぜか。知覚であれ記憶であれ、私たちが違和感を検出できるのは、「**質による照合**」のおかげである。だから、自分の対象質に基づいて貼り付けてあるなら、仮定からして違和が検出されないわけだ。ただし、運動図式の発動の前段階として全知覚野についての感覚質の布置（クオリアマップ）がもたらすイメージと、デフォルトのイメージ投射との間の違和はありうる。いわゆる「二度見」はこれにあたるかもしれない。

(11) デネットが用いたマリリン・モンローの部屋の例によって現代では有名になったように、私たちの知覚にはその生理学的な性能の低さと「見かけの豊かさ」との間におおきな隔たりがある。部屋を埋め尽くすアンディ・ウォーホルの作品の一枚一枚を、一瞬で仕上げるだけのGPUスペックは備わっていないのに、ちゃんと「埋め尽くされている」感じがする。

なお、誤解されがちな点であるが、自動的再認と注意的再認の対比は、運動的か表象的かに対応しているのであって、対象が一般か個物かに対応するわけではない。HTMではベルクソンは再認に第三種を追加して、「**個人的再認**」と呼んでいる。

(12) 「抽象画家は微に入り細を穿った絵画的光景を提示するのではなく、むしろ鑑賞者が独自の経験に基づいて絵を補完できるような状況を生み出そうとする」（カンデル 2019 132）。

しまうと時折とんでもなく愉快なことが起こることを証明しているのが「空耳アワー」である。(13) これは、知覚した後に記憶で解釈しているというより、知覚レベルに記憶が先回りして入り込んでいるというべき事態であることがよくわかる事例である。(14)「空耳アワー」で爆笑するとき、私たちは思い浮かべたことに爆笑しているというより、聞こえていることに爆笑してしまうのだから。

> 本当は、記憶が私たちに見たり聞いたりさせているのであり、知覚だけでは知覚に類似した記憶を呼び起こすことはできない。なぜなら、そのためには知覚がすでに体をなしていて、じゅうぶんに完成されていなくてはならないからである。ところが、知覚は記憶がなければじゅうぶんに知覚にならず、はっきりした形を取ることもない。記憶が知覚に入りこんでその素材の大部分を供給するのである。(強調引用者、ES 171)

同じことは文字を読む際にも起こる。(15)

> 滞りのない読字というのは正真正銘の推察作業であり、われわれの精神は、あちらこちらにいくつかの目立つ特徴だけを拾い集め、それらの隙間をすべてイメージ記憶で埋める。そして、これらのイメージ記憶は、紙の上に投射されて、実際に印刷される文字に取って代わり、自分の方が本当に印刷されているという錯覚をわれわれに与える。(MM 113[148-149])

もちろんこうした芸当が可能なのは、見慣れた・聴き慣れた・読み慣れたものだからである。初めて読む哲学書ではこうはいかないし、未熟な外国語でも無理である。自動的再認だけでなく注意的再認においても、**習慣**（**運動記憶**）が認知の基盤を担っている（全てを脳から理解する現代では当たり前に思える帰結かもしれないが、運動記憶の射程は脳より「手前」にあることを次章で見る）。

そもそも、三次元空間として世界が見えること自体、学習の成果である。見方を学ばなければ、目に入ってくるのはただの光の散乱でしかない。幼い頃に済ませているから当たり前に感じているだけで、光の束のなかから対象の形や奥行きをそれとして判別して配置するのは、実は大変な習熟を要するプロセスである。生来盲の患者に対する開眼手術の報告は、そのことを教えてくれる。(16)

(13) タモリ倶楽部という番組の「空耳アワー」というコーナーでは、視聴者からの便りに基づいて外国語楽曲への母国語聴覚イメージの強制貼り付けの膨大なサンプルを得ることができる。

(14) ベルクソンは、この記憶の取り込みを（離散的なモデルとしての）「連合」に対置させている。「知覚は一種の同化作用（assimilation）によって、自らのうちに記憶をいわば吸収しており、〔…〕記憶で満たされているわけですが、記憶はそれと見てとれるわけではありません。〔…〕この独特な複合体（complexus）は、連合ではありません」（HTM 75）。

(15) ベルクソンは、ゴルトシャイダーとミュラーによって当時なされた実験に基づいてこの主張を行なっている。その実験では、全ての文字を識別するには不十分な時間で被験者に提示した文字列を読ませる。文字列はわざと間違えてあるが、多くの被験者は難なく読み、かつしばしば間違いに気づかない（MM 113[148], ES 98）。

(16) 鳥居・望月（2020）を参照。開眼者は、色の識別ができても、直ちに図領域の定位ができるようなるわけではない。同様に、図領域の定位のあと、図領域の大小／長短、縦横の弁別ができるようになってはじめて、二次元図形の形態弁別に到る。さらに、「視覚で立体および前方への奥行距離を知覚することは、平面の形態視が成立している段階にあったとしても極めて難し」く、さらに長い歳月を要する。例えば、遠方に収束する二本の線路も三角形にしか見えないわけである。

知的な了解とは何か

本節の締めくくりに、ベルクソンの認識論の射程を示す重要な引用を掲げておこう。一口に認識といっても、ただ光の方向を察知するといった単純なものから、人の話や理論を理解する・腑に落ちる・了解するというレベルまで、そこには広大な広がりがある（探索的「注意」については6章）。「数学における知解〔了解〕作用」を例に挙げている興味深いテクストを引こう。

> ある計算を辿っていくとき、もし自分で計算をやり直していないとしたら、それを辿っていくことができるだろうか。ある問題を自分でも解いていないとしたら、その問題の回答を理解できるだろうか。〔…〕読み聞きしている文章が私たちにとって十全な意味を持つのは、それらの文が教えている数学的真理の表現を、私たちが自分自身の奥底から引き出して、それらを自分自身で再発見し、いわば新たに創りなおせる場合だけである。証明を見たり聞いたりしているあいだ、私たちはいくつかの示唆をもらい、目印をいくつか選びとっている。これら知覚・聴覚のイメージから、抽象的な関係表象へと跳躍している。今度はこれらの表象のほうから出発して、それらを言葉へと展開しイメージ化する。その言葉が、読み聞きした言葉に合流して、それを覆うのである。（強調引用者、ES 169-170）

何かを知的に了解するということは、純粋に受動的には起こり得ない。自分の手で作り直したイメージを投射して、それが対象の示す枠にどれだけ正しく「合流」できたかの程度に応じて、了解は「十全な意味（sens complet）」をもたらしてくれるのである。

「勉強」というのが外的なものを観察するという意味ならば、そんな狭い意味の勉強に従事する必要は少しもありません。むしろ、いわば自分自身を作り直す（nous refaire nous-même）ためにこそ知は獲得しなければならないのでして、そうした知を、私たちは自分自身から引き出します。私たちはそうした知を潜在的な仕方で所有しているか、そうでなくても、少なくとも部分的には所有しているのです。（EPL 89）[17]

以上、ベルクソンの認識論の道具立てを確認してきた。認識は一枚岩のものではない。同時に感覚に入ってきた刺激も、無意識のままあっという間に自動処理されるものもあれば、じっくり現象的に味わわれることになるものもある。そもそも感覚質をもたらし、流れを可能にしたのも、こうした**遅速差**、**時間的不揃い**であった（意識の遅延テーゼについては6章）。**二重の知覚系路からなるハイブリッド説**は、私たちの認識における「気づき」を、同じ時間的不揃いを用いて実装する。

（17）　この講義ではプラトン『メノン』が扱われており、「ソクラテスの意味での徳は、この点に存している」（EPL 89）というのがそこでのベルクソンの結論となっている。いわゆる「探求のパラドクス」である。

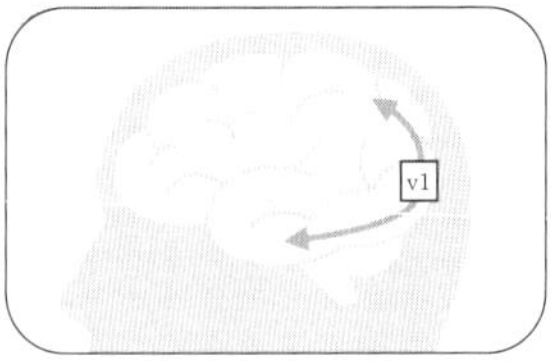

図3　視覚の背側経路と腹側経路

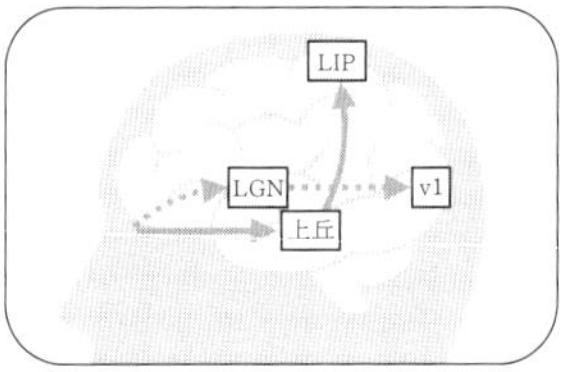

図4　盲視

二重視覚システム

こうした彼の考え方は、現代の認知科学の知見に照らし合わせてみると非常に興味深い。その一つは、グッデイルとミルナーらによって提唱されるようになった「二重視覚システム」仮説である（Goodale and Milner 1992）。この説では、私たちの視覚経路は、一次視覚野（v1）と呼ばれる部位を過ぎた先で「背側経路」と「腹側経路」の二つの経路に分岐する。腹側経路はwhat経路とも呼ばれ、物体がどんな形状をしているかなどを認識するとされ、背側経路はwhere/how経路と呼ばれ、対象への動作による働きかけを担うとされる。例えばエビングハウス錯視のように、視覚表象としては大きさが違うように錯覚する場合でも、同じ対象を「つまむ」という動作においては欺かれない（等しい間隔で指を開く）のは、それぞれ別な経路だからだと説明される（Haffenden and Goodale 1998）。

この二重視覚システムの説明力が際立つのは、視覚失認のケースにおいてである。視覚失認とは、眼という感覚器官ではなく、脳内の視覚処理を担う部位の損傷のために視覚認識に生じる様々な障害のことである[18]。失認症患者D・Fのケースでは、スリットがどちらに傾いているのかについて、視覚的に判定できないにもかかわらず、そこに封筒を入れることを指示すると、スリットの傾きに応じた適切な角度でスムーズに腕を操作することができる（Milner and Goodale 1995）。これは腹側経路上の向きの表象にかかわる高次視覚野（ＬＯ野）が侵されていても[19]、これと別の背側経路から運動野への接続ルートが活きているからであると説明される。

もう一つ、注目すべきなのは、「盲視（blindsight）」と呼ばれる症例である[20]。盲視とは、視覚器官ではなく、また高次の視覚野でもなく、その手前の一次視覚野が損傷しているケースで、患者は当然のことながら視覚的な現象経験を失っている[21]。本人の意識の上では視覚世界はないに等しい。そのため、長らく通常の「盲目」と区別されることがなかった。にもかかわらず、盲視の患者は、飛んできたボールや廊下の障害物を回避することが出来る。これは、一次視覚野の手前での分岐によって説明される。眼球から入った刺激は、その大半は一次視覚野へ向かうのだが、一部は「上丘」を経由して、そのまま運動野へと接続するのである。

こうした事例を通じて見えてくる重要なことは、どちらの場合でも、私たちの認識には分岐があって、高次の意識的イメージを作るコストを避けられる、「動作直結」の「単純だが速いコース」が用意されている、という点だ。同様の議論は、もっと上のレイヤーで意思決定理論としても展開

（18）　視覚失認はさらに、より視覚認知障害への傾きの大きい知覚型視覚失認、意味を失う連合型視覚失認、そして視覚失語（対象の意味は分かっているがそれを言葉で言えない）という三種類が区別される。問題にしているのは二番目である。
（19）　Ｄ・Ｆ氏において損傷しているＬＯ野は、サルでのＶ４野（もしくはＩＴ野）に対応している。
（20）　Weiskrantz（2009）、Yoshida（2015）。
（21）　Persaud and Lau（2008）は、「クオリア」という語の定義とともに質問した結果、盲視患者が視覚クオリアを持たないと答えたことを報告している。ただしこの結果は、視覚クオリアはないが非視覚的な意識体験がある「Ⅱ型盲視」と呼ばれる現象と矛盾するわけではない（Sahraie et al. 1997）。

されている（スタノヴィッチ 2038, 2017）。

ベルクソン版ファスト&スロー

ベストセラーとなったノーベル賞経済学者であるダニエル・カーネマンの『ファスト&スロー』のタイトルの通り、私たちの人間の出くわす局面には、即断即決が相応しい場合から、じっくり腰を落ち着けて熟慮すべき場合まで、様々ある。一人の人間がものを見聞きして行動するといっても、そこには様々なレイヤーがあり、**複数の時間スケール**が階層をなしているということは、ますます明らかになってきている。ベルクソンはそこに豊かな心の成立基盤を見ていた。

生得的であれ後天的に獲得したものであれ、決まりきった感覚－運動パターンとしてすでに身体に構築されているものであれば、意識の手を煩わせることなく、勝手に反応行動が繰り出される。自動的再認は、「瞬間における」（MM 100）再認とも呼ばれるように、速いのが売りだ。藪から飛び出した棒から咄嗟に飛びのくのは、「蛇だった」とわかってからでは遅い。「これは身体だけで行うことのできる再認であり、あからさまな記憶が介入してこない。それは行動であって、表象ではない」（MM 100）。人間では、日用品の再認や、住み慣れた街での散歩などもこれにあたる。

これに対して、注意的再認の成立のためには、**遅さ**が要る。悠長に表象を作って眺めていることができるためには、一刻も早く反応することが要求されるのではない状況が必要だ。感覚と運動の硬い結束が緩み、時間的厚みが生じなければ、階層3の要素の取り込み（心的イメージの投射）も果たされない。ともかく、このように、**遅さが確保してくれた時間的リソースを駆使して高次の心の諸機能を組み立てていくのが**、ベルクソンのアイデアである。

4　世界と噛み合わない

先ほど、二重視覚システムのところで「視覚失認」という病に言及したが、この点は特に興味深い。というのも、そうした再認疾患についての科学的な研究が開花したのがまさにベルクソンの時代であり、彼は他ならぬこの再認研究における問題を解決する文脈において先述の二つの記憶や二重再認経路に至ったからである。

視覚失認や聴覚失認（当時は「精神盲」「精神聾」と呼ばれていた[22]）、また**感覚失語**[23]（視聴覚および知能に問題ないのに言語を理解できなくなる）や**運動失語**（知能や発声器官に問題ないのにしゃべれなくなる）など、目覚ましい発展を遂げつつあった当時の膨大な文献のなかから、ベルクソンはとりわけある視覚失認、「もはや再認は生じないが、実質的には視覚的記憶力は消失していない」（MM 105[138]）タイプの視覚失認に注目した。要するに、**知覚も記憶もOKなのに再認が生じないケース**である。リサウアーの報告事例では、「患者たちは、その名称を言われた対象について内的な視覚像を呼び起こすことはできるし、それがどんなものかもうまく述べられるのだが、実際に当の対象を目の前に示さ

---

(22)　この呼び名は最初の発見者ムンクに由来するもので、視覚失認研究を本格的に行なったリサウアーに引き継がれた（Lissauer 1890）。ベルクソンも『物質と記憶』では採用しているが、HTMでは、フロイトによって一八九一年に新たに提唱された「失認（Agnosie）」のほうが用語として望ましいとしている。また、失語は、言語に限って失認が生じることなので、以前は「精神盲」「精神聾」に対応して「言語盲」「言語聾」と呼ばれていた。ベルクソン自身、言語聾のことをいわば「言語聴覚失認症（agnosie auditive verbale）」（HTM 87）と説明している。

(23)　「感覚失語」「運動失語」は実際の症状においては分離していないため、現在では他の言い方が用いられる傾向にある。例えば、感覚失語であっても錯語や言い間違いが多発し、運動失語でもほぼ常に言語理解の側面にも障害を伴う。

れると、それが何かを再認できないのだ」（MM 99[130]）。例えば、思い出の品をありありと思い浮かべて、それを人に伝えることもできるというのに、その実物を手渡されてもキョトンとする、という次第である。これは現代でもあまり知られていない病かもしれないが、症例数は多い。

当時主流だった認識論では、知覚に対応する記憶さえ持っていれば、両者が勝手にくっついて再認が成立すると考えるのが普通であったから、知覚も記憶も健全であるのに再認ができないこの失認の事例は、まったく不可解なものであった。それに対しベルクソンは、最終的に結合する記憶イメージと別個に、いわば知覚と記憶を橋渡しする媒介項として、脳内に「特徴検出」のパートがあるはずだと新たに予想したわけである。これが**運動図式**（schème moteur [motor scheme]）だ。

運動図式の四つの特徴

「知的理解の前に、構造と運動への知覚がある」（PM 94）。イメージ記憶の投射に先立って私たちの脳内では、感覚刺激によって一定の「生まれかけの反作用」〔ペンディング状態の反作用〕が生じ、それを互いに編成することで（MM 89[116]）、脳は**対象を特徴づける動きを内的に模倣**しているという。こうした一種の運動的共感を通じて、脳は対象の特徴を抽出していく。「運動図式」は、運動記憶の枠を示す重要な概念であるので、立ち止まってよく押さえておこう。ポイントは四つある。

① まず、遅延が不可欠である点。自動的再認のようにルーチン的な反応行動の場合には、入出力は体内をあっという間に通過してしまい、脳でのまとまった滞留時間（「生まれかけ」状態）がかせげないため、対象を描写するような認知が起きない。通学で読書に耽っていても気付けば目的地についている経験は誰しもあるだろう。途中では、信号で止まったり側溝に落ちないよう避けたり、

身体はその都度自動的に外界の状況に対応してくれているはずだが、それは心的イメージの描写を必要としない。注意を払ってじっくり物を見られるためには、動作直行型の短い相互作用ではダメで、一定の「遅さ」、時間的厚みが必要だ。ここに〈時間的拡張〉が効いている。

② 次に、対象の完全なコピーを取るのではない点。私たちにとって感覚器官に入ってくる全ての情報が平等に重要なわけではない。デジカメのように、視野の隅々までピクセル単位で入力を処理するということはしない。(24) その文脈で、そこから読み取るべき「要点」となる情報は限られている。運動図式が「図式（schème）」に過ぎないというのは、要約的・概略的という意味合いである。読むのがいつも「飛ばし読み」であるように、見るのは「飛ばし見」、聞くのは「飛ばし聞き」なのである。巧みな手品を見るたびに、視野が盲点だらけなのに気付かされる。人の話をちゃんと聞いていても、いや、ちゃんと聞いていればいるほど、一字一句の再現はできなくなる。運動図式は、**完成された絵画ではなく下図、素描**（esquisse）である。(25)

(24) このことは、現代神経科学の知見から納得することが出来る。『ギャノング生理学23版』によれば、われわれの網膜から伸びる視神経の数はおよそ一二〇万本にすぎない。カメラにたとえるならばわずか一二〇万画素であり、二〇〇七年発売の初代iPhoneの画素数がすでに二〇〇万画素であったことを考えると絶望的なほどのお粗末さである。そればかりか、色を判別できる錐体細胞の分布は中心窩近くに偏っており、周辺視野はほぼモノクロであることがわかっている。おまけに毎秒数回のサッケード（急速眼球運動）のせいで、脳に送られる情報はブツ切れだ。他方で、一次視覚野に流入する神経繊維のうち、網膜からの視神経が占める割合はおよそ四％に過ぎず、残りの九六％は逆に高次視覚野などから降りてくる内部情報だと言われている（高橋 2016 22）。右に引用した通り、ベルクソンは混入する記憶に比べて正味の外来成分は「ほんのわずか（peu de chose）」（ES 97）だと述べていたが、実際に私たちの視覚体験を司る脳内処理において、正味の外来情報の占める割合は驚くほど小さいのである。

③第三に、静的なコピーを取るのではない点。「運動的（moteur）」と言われるのはそのためだ。ベルクソンはどうやら、脳内で対象に寄り添うよう**運動同調を繰り返していくなかで、特徴が自ずと浮き彫りになってくる**と考えていたようだ。習熟によって、運動図式は「頻度の高い輪郭線たちがどのように編成されているか（organisation des contours les plus usuels）」（MM 106）を見抜けるようになっていく。人の表情を読み取ったり、文章を流し読みしたり、通行人のファッションチェックするときのように、慣れてくれば「一筆書きで（d'un trait continu）」[26]流れるようにチェックポイントを拾っていける。写真のようにパシャっとやるのではなく、輪郭や文字には見て取るべき「動きの節目（運動的分節（articulation motrice）と呼ばれる）」というものがあって、それを「なぞる（repasser）」とか「辿る（tracer）」、「大まかな線を引く」と言われる。その脳内再現運動に、重要さの強弱、抑揚といったアレンジを加えていくのだ。そうやって、対象の「内的編成」――対象がどういう動きから組み立てられているか――を再現するような「模倣運動」が作られていく。ただし、それは対象の特徴が「強調された」、いわば認識利便の観点から歪曲された自分なりの運動的コピーになる。

④最後に、心的イメージの検閲機能。この脳内模倣運動が、該当するイメージを選別し適切に合成するための検索キーであると同時に、**それ以外のイメージを抑制する、いわばゲート、「運動性の枠**（cadre moteur）」（ES 57）として機能すると言われる。

右に、この特徴検出パートの不具合は幻覚に至ると述べたが、ベルクソンは、幻覚について――のみならず睡眠時に見る夢についても――説明されるべきはイメージの発現ではなく、抑制の失敗だと訴えている。自前のイメージを投射して見ているということなら、もともと普段から行っていることだからだ。通常の知覚と夢や幻覚の違いは、そこではなく、不適切なイメージの流入をちゃんと封殺できているかどうかのほうにある。

世界の動きを読み取れない

デッサンを習えばはっきり自覚されるように、**静止した事物でも、そのなかには動きの線が縦横無尽に走っている**（運動的分節）。ものを認識するとは、無意識にでもそういった動きを探り当て、そこに自らを同調させることで、リズムという足がかりを掴むことなしになしえない。記憶で世界を飾り立てるにしても、その土台は身体にある。身体という運動センサーが、対象の機微を汲み取ってくれなければ始まらない。このようにベルクソンの認識論は、**私たちの身体の、頑健にして精妙な運動感知力**を最大限に重視している理論だと言える。

話を戻せば、問題は、知覚も記憶も揃っているのに目の前のものがわからなくなってしまう失認の事例であった。ベルクソンは、こうした失認の一部はこの運動図式の損傷によって説明できると論じた。というのも運動図式が記憶の知覚への入室管理役をしている以上、それが機能不全をきたせば、記憶自体は存在していても対象の認識を助けてくれないことになる。いわば宝の持ち腐れ状

（25）「その時には一つの下絵が与えられているわけで、われわれは遠近様々な記憶をそこに投射して、その細部と色彩を創り直すのである」（MM 117[153]）。

（26）語句の引用が煩瑣なので、この段落内の引用出典をこちらでまとめる。原文にあたりたい方は参照されたい。「一筆書きで」（MM 106[139]）、「輪郭の動き」「文字の動き」（MM 106[139]）、「なぞる「辿り直す」」（MM 110[145]）、「辿る」（MM 111[146]）、「大まかな線を引く」（MM 110-111[145]）、「内的編成」（MM 213[276]）、「模倣運動」（MM 112[147], 117[153]）、「強調」（MM 101[132], 107[141]）。

態だ。そして、実際に、患者たちに対象の模写をさせると、なめらかな線で描くことができず、あちこちの点を行き当たりばったりに取って、いつまでもひとまとまりの対象になってこない、要領を得ない描き方をする（MM 105-106[139]）。世界との運動的な共感力が落ちているのだ。

示唆的なのは、こうした患者が、自分で何かを描く能力自体は失っていないという点である[27]。患者は、自分で（意味もわかった上で）文字をすらすら書くことができるのだ。にもかかわらず、書かれてある文字――自分が書いた文字でも――を見ても意味がわからない。そして、それを隣に書き写すこともギクシャクしたやり方でしかできない。これはつまり、**運動を見てとるのと、実演するのは別個だ**ということだ（壊れているのは前者である）。書けるなら読めるだろうと思う人もいるかもしれないが、そうとは限らない。書字は読字の単なる上位互換ではないのである。

逆に、書けなくなったからといって読めなくなるわけでもない、つまり運動失語は必ずしも感覚失語（失読[28]）を引き起こすわけでもない（MM 123[160]）。いずれも習熟によって上達する運動記憶であるが、二つは目的も機能も大きく異なっている。「運動メカニズム」（発音や書字）は、実演するのが目的である。「運動図式」（リスニングや読字）では、対象が何かがわかる程度の特徴が拾えればそれでよい。外国語の習得において、通常、両者は一緒に進歩するだろうが、そのことは一方が他方を代替できることを意味するわけではないことを、様々な病理学の事例は教えてくれる。

以上、ベルクソンの認識論の内実を、現代の認知科学と照らし合わせながら紹介してきた。確かに、現代の知見との符合には目を見張るものがあるが、私たちにとってより本質的なのは、そうした主張を導き出してきたベルクソンの理路であり、現代の知見に還元しきれない、彼固有の哲学的洞察である。三点に分けて見ていこう。

一点目は、ベルクソンの「知覚システム」は、単に脳内プロセスの話ではなく、外界へと拡がっている点だ。これは1章でシステムの説明をしたところでも指摘した点であるが、次章にて進化スケールでの運動記憶の働きとして掘り下げる。

二点目は、認識の現象面を組み込んでいること。同様の方針はここまでクオリアや記憶についても確認してきた通りである。私たちの認識が、出力としてどういう行動を引き起こすか、どんな種類の情報をどれだけ弁別できるかといった機能面の説明は、現象面の問い、特にその産出の問い（1章3節）を満足させない。顔判定機能を備えたデジカメが画角全体のなかから、顔というまとまりをピックアップすることができるからと言って、デジカメがその顔を「見ている」わけではない。注意的再認の理論が二階建てになっているのは、まさにそのためである。現に、機能を説明するためだけなら、運動図式で十分である。対象を「判定する」ことが認識の「機能」なら、もう仕事は済んでいる。その上に、わざわざ心的イメージなるものを召喚して、外界に投射するという煩瑣なステップがなぜ要るのか――。

答えは、ベルクソンが立ち向かっているのが現象面を含めた包括的な認識の理論だからだ。私た

(27)「シュトリッカーの誤り」としてMM（128[167]）で指摘されている点だが、HTMではさらに詳しく説明されている。「口述でも書けるし、自発的にも書ける。さらに、彼の目の前に自分が今書いたものを置くと、読めるはずだと諸君は思うかもしれません。というのも、多くの場合、彼は初めのうちは正しく読めるからです。ですが、すぐに諸君は或ることに気づくでしょう。つまり、患者は口述された内容や、彼が書こうと意図した内容を諳んじているだけだということに。彼は読んでいるわけではないのです」（HTM 83）。

(28) 失読については、純粋失読、失読失書、失語に伴う失読などが区分される。自発的発語や書字はできるが理解できない事例は、純粋失読に対応する。

ちはただ判定しているのではなく、見聞き触れるものを味わっている。風景やものをしげしげと眺め、愛でることができる。喉越しを愉しみ、芳香に酔い、手触りに耽溺できる。

なお正確を期しておくなら、クオリアは凝縮の仕組みでボトムアップに成立するから、初めから視野分の感覚質なら備わっている。つまり、現象面はこの段階で一定程度は備わっている。しかし、これではまったく十分ではない。意識的知覚の現象的リッチさにとうてい届かない。[29] そこで、記憶に頼る。タイプ的イメージの投射である。その出どころは階層3だ。3章で見たように、私たちの心は過去の現象体験を包括した凝縮体であり、そこに蓄積された無数の「**現象素材**」こそが、あらゆる知的創造の「原資」となる。この「素材」を運動図式が「調理」し、そうやって、「知覚を裏から二重化する（doubler）」（MM 111[146]）というのである。[30] もし体験が機能だけでできていたなら、芸術家も宗教者も科学者も永久に生まれなかったことだろう。

つまりベルクソンの立場では、外界の編集は二重になされている。まずは運動図式によって認知に都合よく歪曲され、次いで投射されるイメージによって上塗りされる。イメージは使いまわされるから、ヴィジョンの洗練に向かいもするが、放っておけば思い込みやバイアスは強化され、見逃しているものはますます見逃されることにもなる。そうしたからくりは表裏一体のもので、良い悪い以前の構造的なものだ。[31]

三点目は、認識が原則として**有用性バイアス**に支配されているという点。つまりは、生物として進化してきた以上、認識は無目的に、「ただ見るために見る」というふうにはできておらず、生の有用性という指針で貫かれている。「私たちの能力というものは、そもそも哲学するために作られたものではない。それが作られたのは哲学のためでも、科学のためでもなく、生きるためである」

（HTM 72）[32]。ベルクソンによれば、表象だけに依拠する従来の哲学的認識論はこの点を見誤ってきた。「それらには一つの共通した要請がある〔…〕知覚はまったく思弁的な関心を持つ、知覚は純粋認識であるという要請である」（MM 24）、と。

自動的再認にせよ注意的再認にせよ、外界の中立的・客観的なコピーを取るように設計されていない。各生物種の生存戦略に相関的にしか、知覚は定義されないからである。有用性の支配は注意的再認におけるイメージにも及んでいる[33]。だからこそ、哲学をするなら、あるいは科学をするなら、そうした自らのバイアスをよく認め、その裏をかく知恵が不可欠ともなる。

（29）　1章で見たように、私たちの知覚の要素は、時間スケールギャップそのものの効果として凝縮され、感覚クオリアとなるというのがベルクソンの見解であるから、私たちが何かを知覚しさえすれば、ボトムアップ的に経験のフィールド全野が要素的クオリアで覆われはする。注意的再認によるトップダウン的イメージ投射なしでも、そこには「機械的反応を伴った諸感覚の受動的な並置だけ」（MM 142[186]）ならば与えられるわけだ。これを私は**クオリアマップ**と呼んでいる。しかしそれは、視覚であれば「色のついた染み（tache colorée）」（PM 165）、聴覚であれば「無数の音でできた和音」（MM 144[188]）のようなものでしかない。私は、「注意」の起点となる「残像イメージ」がこれであると解釈している（6章末尾）。

（30）　ベルクソンはある講義で、運動図式のみで、イメージ投射を欠いた「半‐注意的再認」とでも言うべきものに触れている。「図式さえあれば記憶は無用でさえあって、対象は再認されるのです」（HTM 90）。

（31）　注意的再認を備えた生物とそうでない生物の違いについて、以下のように述べられている。「記憶が結びついている脳のローカルな変化はどちらでも同じであるが、二つの記憶の心理的な相違の理由は、二つの脳内メカニズムのディテールのどこそこが違うということのうちにはありえず、グローバルに捉えた二つの脳の違いのうちにある」（EC 181-182[230]）。

（32）　ＨＴＭの編者であるアルノー・フランソワによれば、ベルクソン自身が「primum vivere, deinde philosophari」というラテン語の格言に「Avant de philosopher, il faut vivre」という翻訳を与えている（PM 34, 54, 152, EC 44, 296, MR 111, 173, 185）。

（33）　「［運動図式の習熟と］引き換えに知覚は便利かつ素早いものになるわけだが、ここからは実に多様な錯覚も生じてくる」（MM 30[43]）。

以上のように、ベルクソンの認識論においては、運動記憶が常に土台を提供し、それがシステムの「中心」を占めることで、外界への拡がり・接地と記憶からのイメージのとりこみの双方を担っている。それが自動的再認および注意的再認として、私たち人間におけるハイブリッドな認識システムを実現してくれている。[34] だが、その原理的に「閉じた」性格のために、私たちの知的創造性にとっては一定の制約としても機能する。

次章では、その制約を出し抜くための準備として、運動記憶という働きの原理的考察に向かうことにしよう。そして、続く6章では、運動記憶と拡張記憶の掛け合わせから、先述の認識論的な「閉じ」をいかにして突破するかが示せるようになるはずである。

(34) ハイブリッド説は、「錯覚論法」を二重に退ける。「生まれた時から」「水槽の中の脳」では、私たち同様の自動的再認も注意的再認も成り立たない。脳は魔法のランプではないため、「外的対象が少なくとも一度はその役割を果たさなければ、視覚的イマージュは現れない」(MM 41) からである。

第5章　空間を書き換える——折り畳まれた時間

1　もう一つの記憶

前章で私たちは、二種類の認知経路が、どちらも身体に備わる運動記憶によって基礎付けられていることを確認した。身体動作（運動メカニズム）も、認識（運動図式）も、反復によって習熟し洗練させていくことができる。誰しも漢字の書き取りやスポーツの練習などで、身を持って経験してきたことなので、「繰り返せば運動が身に付く」というのは、当たり前のことに思えるだろう。

だが、ベルクソンはこの「当たり前」の起源を探って進化を掘り進んでいく。そうして、基礎的な生物よりもさらに下、「物質」そのもののうちに運動記憶のルーツを見定める。拡張記憶が追加の時間階層をもたらしたのに対して、運動記憶はシステムごとに独自の空間をデザインするのが仕事である。持続理論が絶対時間を仮定しなかったように、知覚理論も絶対空間を前提にしない。文字通り右も左も定かでないところから出発して、徹頭徹尾相互作用そのものの組織化プロセスのただなかから、私たち生物の暮らす空間というもの[1]、「システム」というあり方そのものが構築されていく。進化は目を見張るほど多種多様な身体たちを産み出しただけではない。同じ数だけのオーダーメイドされた空間をも産み出したのである。この過程を実現するのがベルクソンの考える〈運動記憶〉の役割である。

拡張と運動――二つの記憶の諸水準

ここでようやく二つめの記憶、運動記憶の分析に本格的に着手するので、二者を対比して特徴づけておこう。まず、身近な人間の認知機能としての記憶の分類からベルクソンの議論は始まった。その文脈では、「運動記憶」は現代で言う手続き型記憶に、「自発的記憶」はエピソード記憶に――あくまでおおまかには――対応する、心理的な機能の話にすぎないかに見えた。

しかし、である。3章で見たように、人間において実現しているような自発的記憶の働き、つまり〈過去の体験を存続させる働き〉は、普通の意味で個人の能力に帰されるようなものではなく、人間という種が実現しているＭＴＳ構造の産物である。そして、このＭＴＳ構造は突然天から降ってきたものではない。それは進化のなかで達成されたものだ。システムの時間スケールを増大させ、次々と時間階層を増築していく〈拡張〉の働きを、ベルクソンは「**特別な意味での記憶力**」（MM 250[321]）と呼んでいたのだった。要するに、ここで記憶概念は、実現された機能の水準から、進化スケールでの獲得過程の水準に遡っているわけである。

同じことが、運動記憶でも当てはまる――しかも、個体レベルと種レベルのそれぞれについて。まずは人間個人のレベルで確認しよう。前章で見たように、自動的反応を担う「運動メカニズム」も、認知をもたらす「運動図式」も、一度構築されてしまえば、環境とのあいだで淀みなく――意識を不要とするほどに――スムーズに作動する。ところが、どんな運動も初めは不決断でブレが多く、形をなしていない。日々の訓練こそが、そうした散漫で雑多な動きを整流して、感覚‐運動ループに構造・形・秩序というものを徐々に作り出していくのである。「結果として構築された相互作用回路」を「**習慣**」と呼ぶなら、初めは回路の形すら取っていない状態から、更新に更新を重ねてそれを構築していくプロセスは、普通「**学習**」と呼ばれるものに相当するだろう。私たちが4章で見た「運動記憶」は、主にこうした個体レベルでの習慣と学習の話であった。

さらにベルクソンは、種レベルで先天的にインストールされている各種の「運動記憶」についても、同じことを考えようとしている。つまり、ある生物が「本能」として生まれつき実装している知覚や運動の回路――これは出来上がった回路として淀みなく遂行される――自体が、**進化スケールでの反復と更新を通じて獲得される過程**を考えるわけである。(2) ベルクソンの「運動記憶」という問題の射程は、ここまでカバーしている。(3)

ちょうど「ティンバーゲンの四つの問い」に対応する形で、都合四つの概念がカバーされている

(1) ベルクソンは「空間」という語の等質的な響きを嫌って「拡がり(extension)」という呼び方も用いている。後述。

(2) 学習と進化をパラレルに置く問題設定は、獲得形質の遺伝の嫌疑をかけられうる。だが、ベルクソン自身はラマルクの獲得形質遺伝を明確に却下しており(EC 85[115])、後述の「運動的閉包性」の論点からしても、ここで「反復と更新を通じて」と記した理論内実はむしろダーウィン的な遺伝と淘汰の仕組みと整合する。彼の議論は相互作用の場から種の形成を導くようになっており、一種の淘汰は必須要件である。

(3) 生物の水準から物質の水準に運動記憶が拡張できるテクスト上の根拠は、以下の通り。「習慣は過去を表象させるのではなく実演する」(MM 87[114])。同様に、「物質は絶えず過去を反復し」(MM 250[322])、「物質によって過去は実演される」(MM 251[322])。

	獲得過程	実現された機能
自発的記憶（個体レベル）	なし	（想起・想像など高次知能）(4)
特別な意味での記憶（種レベル）	拡張	凝縮（過去の保存と現象質への変換）
運動記憶（個体レベル）	学習	習慣（反応行動とパターン認知）
運動記憶（種レベル）	水路づけ	知覚システム（先天的運動回路）

表1　二つの記憶の諸水準

ことになるわけなので、読み手である私たちとしては、多義性の誤謬に十分注意しながら議論を辿っていかなければならない。本章では主に、最後の意味、つまり〈進化スケールでの獲得過程としての運動記憶〉に注目する。そこで、これだけを指す用語として、（ベルクソン自身が導入している）「**水路づけ**（canalisation）」というタームを用いることにしよう。斜面を繰り返し流れる水が、次第に決まったルートをとるようにして、生物と環境の相互作用回路が世界に掘り込まれていく。そうして出来上がったのがバラエティ豊かな「生態」たちだ。この、水路づけの「結果」のほうは、ベルクソン用語である「**知覚システム**」や、より一般的な言い方である「**回路**」を用い、特に水路づけとの連関をはっきりさせたい場合には、「**水路**」という呼称も用いることにする。

本章で、進化レベルでの水路づけにまで遡って、ベルクソンの議論の何を見定めようとしているのかを、最初に述べておこう。それは、一口に言えば、**空間というもの自体の創発**、である。

このような疑問がでてくるだろう。すでに1章から見ているように、「**物質システム**」というものが宇宙全体に広がっていて、それが空間というものを与えているではないか。だから、何を創発というか——。確かに、物質システムは空間を——より正確には物理的相互作用によって定義された「拡がり」（注1参照）を——与える。だが、それは「一つの」空間でしかない。時間のときと同じように、この宇宙には、一つの空間しかないわけではない。絶対時間がないように、絶対空間も存在しない。まったく違うロジックで組み立てられた複数の空間が互いに重なりあって共存するということを、ベルクソンは考えているのである。生物は、それが実現する相互作用のセットによって、一つの「**知覚システム**」を定義する。そして、生物の数だけ、知覚システムはある。この同じ一つの宇宙のなかに、だ。

生物の「頭のなかに」ではない点に注意してほしい。確かに、私たち人間であれば、大量の現象素材のリソースを駆使して想像上で「自分の世界」を繰り広げることもできるだろう。しかし、それには十分な生物的かつ時間的進化——少なくとも階層3までの拡張と、凝縮された現象質への能動的介入（6章）を可能にする脳——が要求される。初発的な段階の生物にそんなものは期待できない。できると思うなら擬人化のしすぎである。

生物は、初めは、世界そのものを素材として使って知覚空間を構築するほかない。「想像空間」は、脳や記憶という高度な設備が整って初めて成し遂げられるその縮小——あるいは拡大——再生産だと考えるべきだ。ついでに先ほど、〈水路づけ－水路〉と〈学習－習慣〉の水準を区別したが、これも同様の関係に立つことも指摘しておこう。個体レベル、具体的には数分から数ヶ月のスケールで何かを「学習」できるというのは、そういう戦略が採用された一部の進化系統で随分後から実装された、一特殊技能にすぎない。それに対し、進化スケールでの「**水路づけ**」は、より原初的で普遍的な現象である。このように、世界のただなかで知覚空間を構築する戦略は、当然彼の「**直接実在論**（表象なしの知覚、4章）」とも連動している。

（4）　6章で見るように、運動記憶との掛け合わせによって、エピソード想起や一般観念など多様な知能が発現する。

手近な「水路」の例を、いくつか思い浮かべてみてほしい。赤外線でものを見るガラガラヘビ。紫外線色を見るモンシロチョウ。超低周波で会話するゾウやキリン。超音波を見るコウモリ。皆同じ世界に住んでいながら、物質システムという素材の海のなかから、それぞれまるで異なる要素を「採用」し、それでもって固有の「地形」をもつ知覚空間を構築している。この水路・回路は、どうやってできたのか。これが本章の問いである。

前章まで、本書が辿ってきた進化スケールのプロセスは、〈時間的拡張〉のそれだけである。だが、システムが時間的に拡張しさえすれば、こうした特殊な水路が出来上がるわけではないのは明らかだ。〈時間的拡張〉は、3章で確認したように、言ってみれば創発する生命への先行投資であり、システム構築に新しい自由度の地平を用意するだけだ。そのなかで、具体的に何を使ってどのような相互作用システムを実現するかを指定する権限も能力も持っていない。その言わば「実務」を担当するのが、もう一つの時間の働き、運動記憶——水路づけの意味のそれ——なのである。

2　運動が彫り刻む風景

最初に起点を定めておこう。具体的にどんな水路が引かれるか、つまり空間のなかをどうデザインするかの前に、そもそもそうした水路を描くキャンバスとして、空間そのものが開かれなければならない。生物進化にとっては、普通これは、遠く離れた対象を察知する、視覚や聴覚のような**「遠隔知覚」の出現**を意味する。「眼の誕生」だ。ベルクソンは、こうした空間そのものの開けが、

〈時間的拡張〉によって可能になったと考えている。

目も耳も持たない原始的な生物を想像してみてほしい。体表面に何かが当たるまで何にも気付かない。環境のなかを、ただ漂っているか、あるいはランダムな運動をするだけだ。そうして、気がついたら何かに食べられているか、あるいは何かを食べている。接触の瞬間まで感覚‐運動は発動しないのだから、まったくもって行き当たりばったりの人生である（人ではないが）。これに対し、遠隔知覚が開発されることで、初めて、「戦略」というものが意味をなす。遠くに見えた敵から、どうやっていち早く逃げるか。向こうの餌に、どうやって気付かれずに近づけるか。

興味深いのは、この文脈でベルクソンが、他ならぬ〈時間的拡張〉が、遠隔知覚を、つまりは空間の開闢を準備したと論じている点である。

> 反応が即座でなければならないのに応じて、それだけ知覚も単なる接触に似たものにならざるを得ない。〔…〕動物は視覚や聴覚によって、いっそう多くの事物と関係するようになり、いっそう遠くからの影響までこうむるようになる。〔…〕行為が時間を自由にできるのと厳密に比例して、知覚は空間を自由にできる。（MM 28-29[41-42]）

まずは時間スケールが拡張され、数秒先でもいいから未来の行動が見通せる生物でなければ、遠くのものが見えたところで仕方がない。その意味で、時間的な領地を確保した分だけ、空間的な拡がりを手にできる、というわけである。〈拡張〉が先行投資であるという彼の考えがここにもよく現れているとは言えるが、果たして、この主張そのものが、実際に進化論の文脈でどのように根拠づけられるかはわからない。ただ、ここで顔を出している〈運動側の条件が知覚空間を定義する〉という考えは、これから見るように、あらゆる側面にわたって展開される論点になっている。

さしあたり、時間的拡張と空間的拡張のおおまかなタイミングが一致していると仮定して以降の話を進めることにしよう。いずれにせよ、空間的に離れた対象に働きかけるような運動をデザインできるためには、それに見合った**階層の増設**が不可欠だ。出来上がった狭い回路一本しかない状態では、新しい回路を模索しようがない。4章で紹介したように、初期生物の運動は驚くほど機械仕掛けである。それに対し、遠くの対象と相互作用するような生物においては、同じ「感覚」や「運動」と言ってもやっていることの複雑さのレベルが異なる。何せ「一連」の「混成」刺激が一定の仕方で並んだ「時空パターン」が「一つの感覚単位」になるのだ。運動も同じだ。例えば「逃げる」を考えてみよう。そのソースコードを原子や電位差といった基礎的な物理言語で書き下せばとんでもない分量になるだろう。スケール展開するには初期コストがかかる。それを支払えるだけの資力がまずは必要だ。それを時間（拡張）が提供しているというのがベルクソンの考えである。

鏡映説――距離を定義する

今しがた触れた、生物の運動側の条件が知覚空間を定義するという考えは、彼の知覚理論の根幹をなすテーゼであり、私はこれを「鏡映説」と呼んでいる。生物身体にどんな運動記憶がインストール済みであるか、その内実が当該生物の前に繰り広げられる知覚世界を定義するということは、逆に、この生物の知覚世界は自らの運動記憶を「鏡のように映し出す」と言えるからである。(5)

> 諸対象は私の身体に向かって、まるで鏡がなすごとく、身体がなしうる影響を映し返しており、身体が及ぼす勢力の大小に応じた順序で配列されている。私の身体を取り巻く諸対象は、それらに対する私の身体の可能的行動を反映している。（MM 15-16[26]）

「可能的行動」という言い回しには慣れが必要なので、引用などでこれが出てきた時には「行動のレパートリ」と脳内変換していただきたい。生物の知覚は、その生物の身体が備えている運動記憶のレパートリを「反映・反射（réfléchir）」している。例えば、同じ国際列車に乗り合わせても、英語しか喋れない人と独仏語まで喋れる人では、環境から聞き取れる会話は違ってくるだろう。モンシロチョウの世界に紫外線色が描き出されるのは、それで吸う蜜や交尾相手を選ぶという運動を反映している。そもそも対応する反応行動を持たないものを知覚しても意味がない。運動レパートリ自体が対象を**選別**しているわけだ。一言で言えば、知覚の鏡映説とは、「**どんな運動が可能であるか**（運動の可能性）が、**その生物が何を知覚するかを決める**」というものである。

では、具体的に何をどう決めるのか。もちろん第一には、つい先ほど述べた通り、知覚の構成メンバーを選抜することだ。第二に、**距離**を定義する。これも先の引用文中にすでに現れている。諸対象が「身体が及ぼす勢力の大小に応じた順序で配列され」るというのは、対象との「距離」がどれくらいのものであるかが、当該生物の運動能力によって、独自に定義されるということを意味している。彼ははっきりとこう述べている。「距離そのものが、周囲の諸物体が私の身体の直接的作

（5）平井（2006, 2016b）など。Posteraro（2019a）は、この鏡映説をチェメロのエナクティヴィズムに引き較べている。

用からいわばどれだけ守られているかの尺度を表している」（強調引用者、MM 15[26]）、と。

距離が定義し直されるとはどういうことか。それはつまり、何が手前にあって何が奥にあるか、どれくらいの近さにあるか、身体を中心に何がどう配置されるかということ自体、当の身体の能力を反映しているということを意味する。例えば、飛べる蝶にとって「上方」五〇㎝の位置にある餌は「横方向」五〇㎝のそれと大差ないリーチのうちにあるが、飛べない蟻にとって「上方」五〇㎝は、はるか地平線にも等しいほど遠い「単調な背景」（MM 15[26]）に位置する。また、ある生物にとって差し迫った対処を要求するものが、それと「等距離」にいる別な生物にとっては背景に沈む「無差別」なものでありうる。

> 我々の身体と覚知される対象とを隔てる距離は、まぎれもなく、危険の切迫の度合いや、約束の期日の近さの尺度である。（MM 57[76]）
>
> 空間における距離は、脅威や期待の時間上の近さの尺度になっている。（MM 160[210]）

例えば鹿が天敵から逃げられる距離は、物理的に計測すれば状況ごとにまちまちかもしれないが、鹿にとっては同じ「逃げることが可能な」距離である。そうした固有の距離によって定義された経路の全体として、知覚システムは水路づけられているのである。

繰り返すが、それは生物の「頭のなかで」作られるものではない。心的表象能力は知覚システムより進化的に後であるし、そもそもシステム同士は互いにオーバーラップしていて、食うか食われるかという死活の関係を取り結んでいたりもするからである。それらは決して、隔絶された観念論的世界ではない。**いくつかの結節点を共有しながらも全く異なった仕方で展開される、相対的だが実在的な空間の共存**ということを、ベルクソンが本気で考えていることがわかるだろう(6)。

もちろん、生物ごとに異なる知覚世界を互いに比較し位置づける上で、共通の土台として綺麗な座標でできた「等質空間」というものがあれば、確かに「便利」である。そのことをベルクソンも否定はしない。まさに、その便利さのために等質空間の表象は編み出されたのだから。だが、時間の場合と同じく、地図と土地の混同は慎まねばならない。等質時間が空間化された時間であるのと同じ意味で、等質空間とは言ってみれば**空間化された空間**(7)である。三次元幾何学空間のほうが「本物」で、各種生物の知覚空間のほうが「歪んだ」幻覚だというわけではない。むしろ、これらの様々に変形された知覚空間たちのほうが、より原初的な場面で、より世界に根ざしたところで作り上げられているのだ。

類似を定義する

同様にして、類似も再定義される。ある知覚空間のなかで、何が類似し何が類似していないかも、生物の行動のレパートリ（可能的行動）によって定義されるということだ。類似とは、生物抜きで

（6） 時間の場合に「共時的（contemporain）」と呼んだように、こうした関係を「共外延的（coextensif）」と呼ぶことができるだろう。ただしベルクソン自身はこの語を別の意味にも用いている（MM 168[219-220], ES 8）。ミケル（2018）参照。

（7） メルロ＝ポンティは『知覚の現象学』第二部「II　空間」の有名な一節において「空間化された空間」という表現を用いているがここと文脈も意味も異なる（1974/1945 2, 61[282]）。Addyman（2013）は私たちと同じ意味でこの表現を用いつつ、ベルクソンの空間・知覚論が奇妙にも長らく無視されてきた経緯について論じている。

「客観的」に決まるものではないが、知性的な精神（主観）の存在を要求するものでもない。以下で見るように、ベルクソンは「類似」というもの自体を、**相互作用によるタイプ化**として、水路・回路自体によって実装しているからである。

草原を覆う草たちは、実際には様々に異なっていてもかまわない。今日のハイエナは昨日のハイエナと別個体かもしれない。それでも、ガゼルの知覚システムのなかでは、「食べる」や「逃げる」という「一種類の運動出力」を発動させる限りで、そうした差異は無視され、みなひとしなみに「食べもの」「逃げもの（?）」というタイプ・カテゴリーとしてまとめあげられる。

そうしたタイプ化（グループとして一括りにすること）を引き起こしているのは何か。それは、ガゼルの思考ではない。ガゼルの身体に組み込まれた**行動側の解像度の制約**である。というのも、生物にインストールされる運動メカニズムは、数が有限で、またその発動はなされるか・なされないかの二択だからだ。水路のこうした「粗雑さ」が、タイプ化を引き起こす。

すると、物質システムとしては連続的な量の違いしかもたなかったはずの様々な状態のあいだに、離散的・タイプ的な線引きが設けられることになる。ここでも運動側・行動側の条件をもとに、感覚側・知覚側の分類が決定されるという鏡映関係が成り立っている。

> 行動とは、反対に、非連続な何かなのです。行動は行われるか行われないかのいずれかです。〔…〕運動メカニズムは、限られた、決まった数しかなく、〔…〕したがって、グループ化がなされなければならず、また、〔様々な差異は〕それら自体大きかったり小さかったりするけれども、生物のしかじかの反応という観点から見れば大差ないような様々な差異は消去されなければ

ばならないのです。（強調引用者、HIT 70-71[76]）

ここで、「しかじかの反応の観点から」という言葉に着目してほしい。どこか外の観察者によるのではない、いわば**相互作用自身による粗視化**とでもいうべき事態が生じている。凝縮の時と同じく、これも、第三者が自由にその解像度を変えられるような観察サイドの粗視化ではない。現にベルクソンは、これを説明する文脈で、目盛の粗い「秤」や「検電器」の例を挙げている（HIT 第三章）。グラム単位の秤は、ミリグラムの違いに反応しない。完全にシステム自身の都合である。草食動物が草の細かな違いに拘泥しないのも、それと同じというわけだ。

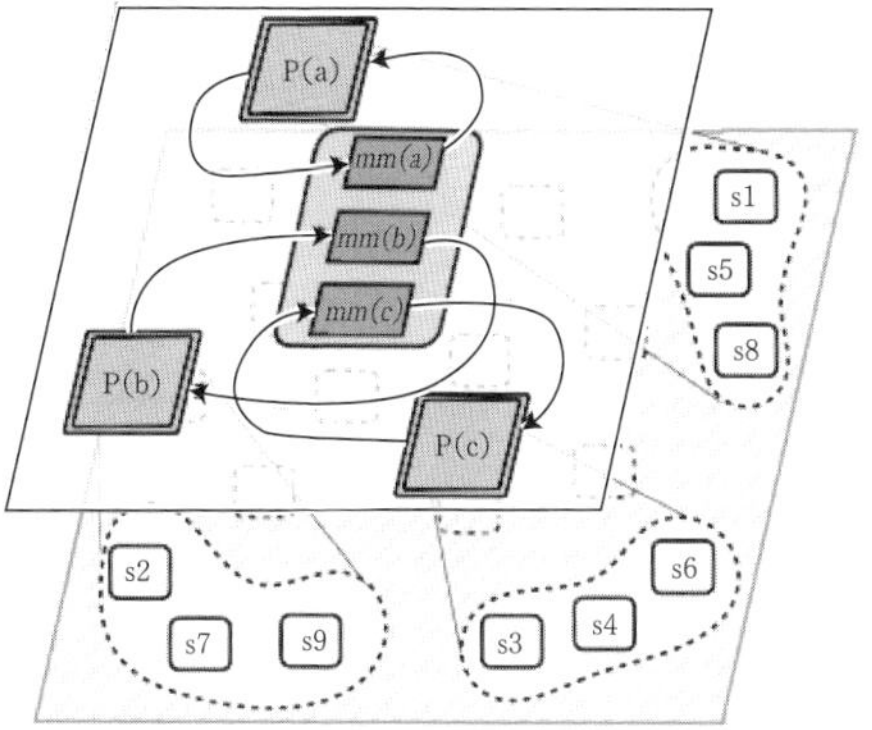

図1　知覚の選別とタイプ化：mm（a-c）は運動メカニズム、P（a-c）は対応する知覚対象（タイプ化済み）、実線の矢印は相互作用、レイヤーは運動階層の違い、下レイヤーのs1-s9は異なる物理状態（トークンとも言えない）を表す。対応する運動メカニズムを持たない知覚は中和される（6章）ためP（a-c）だけに選別される。タイプ化の粒度（粗さ）は運動メカニズムの粒度に応じて決まる。

意味のプロトタイプ

そもそも、物質システムに「類似」というものなどないことにも注意しておこう。「物質に関して言えば、同一のものと異なったものしか存在しません。類似の程度なるものは、弁別（discernement）を前提しています」（HTM 247-248）。その理由は凝縮の時と同じである。つまり、物質同士の相互作用において識別可能性のギャップはない、言い換えれば、どこまでも細かな違いにどこまでも細かく応答するからである（「原因が結果に比例する」システム（MM 20[32], 21[34], 254[326]））。

つまり、生物の登場とともに初めて、そして高次認知を待つことなく、「類似」なるものがこの世界にお目見えするのだ。ベルクソンはこれを、「**生きられる類似**」と呼んでいる（MM 179[233]）。

> 運動器官は、ひとたび組み上げられれば、変わることなく同じように機能する。したがって、あれこれの知覚が、その表面的なニュアンスに関してどんなに異なっていても構わない。もしそれらが継続されていく先が同じ運動的反作用であれば、〔…〕そこからは何か共通したものが浮かび上がってくるだろう。こうして、一般観念は、それとして表象される以前に、すでにまず感じられ、こうむられていることだろう。（MM 178[232]）

こうした一種の**世界内抽象**とでも呼ぶべき働きのなかで浮かび上がってくる類似とは、捕食対象、天敵、交配相手といった、行動に関連づけられた「**意味**」に他ならない。私たち人間の世界が言語によって意味付けられていることはよく知られているが、ベルクソンは、**分節言語よりもずっと基層の行動的レイヤーに、意味的分類のルーツ**を見定めている（木山 2013）。私たちの知能が扱うような一般抽象観念は、こうした生物学的起源を持っているというのである。(8)

このことから、この世に絶対的類似というものはないということが帰結する。類似とは、常に「達成しようとしている行動の観点から見た類似」（HTM 129）でしかない。だから、特定の問題解決文脈を設定することなしに、何かと何かが類似している（していない）などと述べることはナンセンスである。

彼はある講義のなかで、類似を純粋に思弁的に定義できると想定する立場を批判して、「いかに無作為に二つの対象を選び取ろうとも、その二つが収まる共通の類が必ず見つかるというのは、一つの論理的公理である」(HTM 76-77) とまで述べ、例として「竪琴《たてごと》」と「白鳥」と「ランプ」でさえ類似することを示してみせている (HTM 55) (物理学者の渡辺慧[9]が、同様のことを「みにくいアヒルの子の定理」として数学的に証明したのは一九六九年である)。

進化における回路形成は、常に対応する新しい〈問題－応答〉連関のもとにある。その意味で、類似というものは、**「問題を解決する能力の等しさ」**(ES 189) を示すものである。類似する諸対象は、「その具体的な形態は異なるにもかかわらず、一つの問題に対して、互いに類同的ないし補完的な位置を占めているのである」(ES 189)。

ここに垣間見えている**「問題－応答空間」**というアイデアは、このあとで水路づけの局面を考え

(8) 「それ〔中間的な認識〕は完全に概念とされた一般性からも、きっぱりと知覚された個体性からも等しく隔たったものだが、この感じこそが、それら両者を、次第に分離させることで生み出す。反省的分析がそれを純粋化していくと一般観念になり、識別的記憶力がそれを固体化していくと個物の知覚になるのだ」(MM 176[230])。認識において**原初的なのはトークンではなく中程度のタイプだとする「中間戦略」**自体は先行する心理学者リボー (1897) 譲りのもので、ベルクソンの発案ではない。HIT第三講および注77 (348-349) も参照のこと。なお、現代ではロッシュらによるプロトタイプ説が似た着想に属するが、いずれとも異なるベルクソンに固有な点は、中間的タイプを、思弁の領分ではなく、生物学的な運動・作用のただなかから生じるものとして世界に接地させているところにある。青山 (2021 109-108) を参照。

(9) 渡辺慧はベルクソンからの影響を公言しており、Gunter の論集『ベルクソンと物理学の進展』にも「現代物理学における時間概念とベルクソンの純粋持続」という論文を寄稿している (Watanabe 1969)。

ていく上で非常に示唆的である。[10] この空間内には、一つの問題に対する様々なありうる応答が配列されている。その空間上では、「問題を解決する能力」によって距離が定義されているのだろう。類似とは、この問題空間上での位置が「類同的ないし補完的」であることを意味するわけである。生命という活動が、世界との関わりのなかで問いと答えの水路を引く営みであるとすれば、知覚空間はこれの一実装だということになるだろう。

以上、水路づけが実現した水路、つまり生物にとっての空間が徹頭徹尾運動の関数として定義されていることを確認してきた。ベルクソンによれば、まず空間に新しい運動階層が開かれるが、その拡がり（空間の範囲）は運動の制御しうる時間的延長を反映している。どんな要素がこの空間のメンバーとなるか（要素の選別）も、それらをどのようにタイプ化するか（類似の尺度）も、身体に設置される運動記憶の数と種類を反映している。最後に、そうして選別・タイプ化された諸対象がどのような距離に定位されるか（近接の尺度）も、運動の時間的リーチを反映する。

ここで凝縮と比較しておくのは有益だろう。拡張記憶の場合には、識別可能性の縮減は、それと引き換えに新しい質次元の垂直方向の増設をもたらした。MTS構造である。対して運動記憶の場合には、識別可能性の縮減は、同一スケール内での新しい相互作用ネットワーク、空間構造、運動秩序の構築をもたらす。その成果が、世界を賑わす色とりどりの知覚システムである。

3　進化が折り合いをつけるまで

以上が「実現された」水路の話だ。冒頭で述べたように、ベルクソンはさらに、この水路の「手前」を考えようとしている。進化スケールでの「水路づけ」のプロセスだ。

> 生物が進歩するというのは機能が分化していくということだが、それによって神経系がまず形成され、それがやがて徐々に複雑化していくことで、多様な刺激を水路づけ（canaliser）、行動を組織することが可能になる。（MM 280[356]）

このcanaliserという語は、canal（運河、水路）という名詞が入っていることから分かるように、元々は「水路を掘る」という意味の動詞である[11]。つまり、ベルクソンは生物身体において運動回路

（10）ベルクソンは好んで、感覚－運動のやりとりを問題－応答関係として記述する。「これらのメカニズムのおかげで、多岐にわたる可能な問いかけ（interpellations）に対して相応しい応答（répliques）が保証される」（MM 167[219]）。「訴えかけ（solicitations）」（MM 45[61]）という言い方もある。

（11）この用語は、生物学の分野ではウォディントン（Waddington 1942）によって「エピジェネティック・ランドスケープ」の概念とともに提出されたことで有名だが、彼はこの概念をホワイトヘッドから読み取っている（Lucas 1985, Peterson 2011）。そしてベルクソンとの影響が濃厚なホワイトヘッドが、この用語を『進化』から継承したことは十分にありうることである。ベルクソンとホワイトヘッドにおけるcanalization概念についてはPosteraro（2019b）を参照。なおベルクソンは、第一義的には発生ではなく進化のレベルでこの概念を用いている点に注意。また、この概念についての哲学的課題についてはDebat and Le Rouzic（2019）を参照。「意識進化」のランドスケープという非常に興味深い概念についてはSuzuki（2022）を参照。

が形成されていく仕組みを、水が徐々に水路を抉《えぐ》っていく自生的プロセスになぞらえているわけである。「デザイナー」が天下り的に水路を描くわけではないし、逆に大地の都合だけで決まるのでもない。流れようとする水と大地との絶えざる折衝、その「反復と更新」のなかから一つの「落とし所」として、水路は決まる。神経系でもそうやって、流れるところが流れやすくなり、[12]他が流れにくくなるというわけだ。[13]

平らな斜面に水を落とせば、はじめはランダムにどこでも流れるが、いったん轍ができれば、水はそこを流れやすくなると同時に、その外を流れにくくなる（要素の選別）。〈拡張〉がもたらすのは「新しい階層」でのこの「平らな斜面」である。運動記憶による水路づけがそこで繰り広げられる。やがて地形は起伏を帯び、最終的には決まった運動通路を作り上げる。ベルクソンは、特定の感覚モダリティ〔視覚、聴覚、嗅覚など〕の誕生を、こうした水路づけの結果として描いてみせている。

> 生体の視覚は、実効性を備えた（efficace）視覚であり、その生体が作用を及ぼしうる対象に限定された（limitée）視覚である。それは水路づけられた（canalisée）視覚であり、〔出来上がった〕視覚器官というものはただ、この水路づけの仕事を記号的に示しているだけである。（EC 94-95[127]）

最後の一文に見られるように、ベルクソンが狙っているのは出来上がった水路・回路ではなく、あくまで水路形成のレベルである。なぜなら、「水路を貫通させようとする働き（percement d'un canal）は、その岸となる掘り起こされた土によっては説明されない」（EC 95[127]）からだ。

「身体を採用する」

さて、前節で見てきたように、水路づけの「終点」（完成された知覚システム）では、何を知覚し、どうグループ化し、どこに配置するかといった知覚空間の内実が、身体の運動的スペックによって定義される。他方で、水路づけの「始点」では、ただまっさらなオープンスペースが与えられただけで、類似の尺度も近接の尺度もまだ定まっていない。[14] つまり、空間が作られていないだけでなく、その中心となる**身体自体が決まっていない**のだ。

水路づけというプロセスが、途方もない問題‐応答空間を設定していることがわかるだろう。一体何をどう解けというのだろう。そもそもそこに初めから問題があったのかすらわからない。下手をしたら、進化とは壮大なマッチポンプである。

ともかく、要素的な相互作用の場でしかないところから出発して、マクロなまとまりとしての「身体」というものが探し当てられるところまで、水路づけの模索は続く。ヒントになるテクストを二つ挙げよう。人間の幼児期に、つまりは個体レベルで「身体が採用される」過程を記述しているテクストである。

(12) この意味で、canalization（英）は現代では「疎通化」と訳されることもある。
(13) ただしベルクソンの時代には側方抑制の仕組みは分かっていなかった。ヘッブ則は一九四九年である。Posteraro（2019a）は、『創造的進化』における「水路づけ」の問題を時間スケールの観点から解釈しており興味深い。また、現代の生物意識の議論文脈については、ギンズバーグ＋ヤブロンカ（2021 第八章）も参照。
(14) ただし、下位の運動階層（物理的相互作用のルール）はもちろん決まっている。

知覚は、まず物体の総体のうちにあり、次いで少しずつ限定されて、私の身体を中心として採用する。(MM 62[82])

幼児期を研究した心理学者はよく知っていることだが、われわれの知覚[15]は最初は非個人的である。知覚が身体を中心に採用して、自分の知覚になるのは、徐々に帰納を通じてのことだ。〔…〕私の身体が空間内を移動していくと、身体以外のイマージュ〔引用者注:事物のこと〕は変化するが、反対に、身体のほうはそのまま変わらない。だから、当然、私はこの身体を中心として、他のすべてのイマージュをそこに関係付けることになるはずだ。外界が存在しているという私の信憑は、拡がりを持たない感覚を私が自分の外に投射することには由来しないし、由来しようがない。(MM 45[61])

最後の一文が述べているのは、「認知的な空間構成」は後付けだという先ほどから指摘している論点である。重要なのは、私もいない、身体も決まっていない段階で、**相互作用自身による「帰納」**が生じるというベルクソンの発想だ。もちろん、事後的に登場する外的な観察者にとっては、赤ちゃんの体は初めから一定の輪郭を備えている。しかし、システム内在的な視点からは、身体の境界は自明なものではない。それは数々の運動的試行錯誤を通じて、**場のなかからだんだんと割り出されてくる**のである。

いや待て。「相互作用の帰納」と言われても、現実には作用インスタンス〔実例〕の一つ一つは、時点も場所も異なるから(赤ちゃんはあちこち移動する)、どうやって帰納するというのか——。こんな疑問を持つ人がいるはずである。そうした観点とベルクソンの観点を隔てているのは、やはり完成品の「手前」で思考する姿勢である。

水路づけの展開される領域が、かっちり決まった下位の運動回路でも、しっかり出来上がった上位の運動回路でもない、「あわい」の領域であることを忘れてはならない。そこでは物質の空間尺度はすでに無効化されているが、知覚の空間尺度はまだできていない。言ってみればちょうど**空間版の「未完了領域」**のようなものが用意されていて、そのなかでは、「位置」同士は、確定した排他的な関係を成さず、ブレやオーバーラップを許すようになっている。世界は、トークンはおろか、定まったタイプすらないところを通過してやってくるのである。[16]

ベルクソンはある箇所で、二つの事物の同一性を「**重ね合わせ可能**（superposable）」であることによって定義している。「同一性が存在するなら、重ね合わせ可能なイメージが存在するということです」（HTM 247）、と。だが、水路づけによる自生的な回路形成が成り立つためには、重ね合わせは、厳密な同一性から程度を許すものへと拡張されなければならない。[17] 現に、ベルクソンは次章で説明する「タイプ的イメージ」の形成――これは程度を許すものであり、かつ運動記憶によるもの

(15) ここの原語は représentation であるが特殊な用法であるため、不要な混乱を避け以下の用例に倣って「知覚」とした。

(16) ケーシーは『場所の運命』のある注（2008 578）で、ベルクソンが『試論』と同時期に書いた副論文「アリストテレスの場所論」に言及し、アリストテレス的な「場所」――「器が大きく包容力のある（capacious and embracing）」それ――の理解が、持続概念の「隠れたモデル」となった可能性を示唆しているが、藤田（2017）や Addyman（2013）が指摘する通り、それ以上は展開していない。本書の解釈ではここには二つの異なる時間がある。

(17) 逆に、物質システムを知覚システムの一極限事例と捉える可能性も開かれている。物質が「瞬間の下限」同様「タイプ化粒度の下限」を定義すること、識別可能性ギャップがないため「中心のない」システムを作ることも整合する。「拡がりの上限」を与える点については、DSでなされているように貼り合わせを用いて解決できる可能性がある。

だ――の文脈では、同じ「重ね合わせ」の語を用いてもいる(HTM 116, 137)。様々な水の流れは、時空さえ定まらない領域のなかで、お互いに無数の変換を通じて「重ね合わせ」を試行し、そのなかで徐々に、一つの落とし所として、新たな身体を析出するのである。

進化の折り合いモデル

実際、進化における種の創発は、目的論的なトップダウンでも、一方的なボトムアップでもないプロセスとして描かれる。鉄屑の詰まった桶のなかに手を突っ込む場面を考えてみよと彼は言う。

われわれが提案する仮説では、視覚の働きと視覚器官との関係は、手と鉄屑の関係とほとんど同じものになるだろう。鉄屑は、手の運動を素描し、水路づけ、限定するのである。(EC 96[129])

手を突っ込めば、無数の鉄屑が手の形の「メス型」に配列される。この鉄屑の配列が出来上がった身体および知覚システムだ。鉄屑同士の相互作用だけではこの形を説明することはできない。水なしに水路はできないからである。だが他方で、地面がなければやはり水路はできない。

正直、比喩の抽象度が高すぎて、こんな比喩だけを頼りに議論を作り込むのは危険である。だからこの場で深掘りすることはやめておこう。本章の観点から確認しておくべきことは、以下の二点だ。第一に、ここには、二つの拮抗する力――一方が「上昇」と言われ他方が「下降」と言われる――の「折り合い」が想定されているという点。持続の創設の場面で登場したあの「**折り合い**」モデル、その進化スケール版である。[18]

第二に、そうした模索のなかで、新しい運動階層における相互作用回路の形が、自生的に浮かび上がってくる、という点だ。無数の相互作用同士が——(通常の時空表象のもとでは)その都度様々な時点や地点を占めるはずにもかかわらず——いわば勝手に「帰納」を重ね、そこから一つの極として身体が炙り出されるに至るのだ。もちろん、これと併せて、様々な深さで掘られた水路のランドスケープも一緒に定まる。

ベルクソンの描像は、抽象度は高いがまったくもって力学的である。緩んだ座標しかない空間のなかで、変換に変換を重ねて相互作用が一つの姿を結ぶ。そんなプロセスを、どうやら水路づけということで考えているようなのである。

生物身体の皮膚表面による区別を前提しないで、とにかくどんな相互作用が起きているかだけを見る。初めのうちは散漫かもしれないが、やがて相互作用が互いに「重ね合わされる」ような類似と距離の変換が絞り込まれてくる。知覚対象だけでなく、中心となる身体自体も、こうした水路づけプロセスが新たに作り出したものだ。[19] 地形の起伏は強調されていき、ようやく身体は「知覚に

(18) 個人の流れ意識を実現するのと同型の条件が揃うようなら、進化スケールの「超意識」について合理的な可能性を語る余地が出てくる(EC 261[332])。「下降」とエントロピーの関係については三宅(2012 第4章)。

(19) 例えば、ある日ハイエナがガゼルの右手前方に現れ、別な日にチーターが左手後方に現れた、と私たちが記述したくなる状況があったとする。相互作用は、ハイエナやチーターやガゼルの輪郭をはじめ区別しないが、これらの重ね合わせのなかから、「天敵」と「ガゼル」は、一定の「距離」(可能的行動によって定義されるそれ)によって隔てられた二つの極として浮かび上がってくる——自然が自己無撞着法を用いて問題を解いているかのように。

よって中心として採用される」に至る。

ところで、ベルクソンが物質に、自生的な秩序を認めている点は、哲学史からみても興味深い。哲学史の伝統においては、物質・質料（materia, hyle）は、万物の素材として、それ自体は何ものでもない不定形の何かとして表象されてきた。そこに形相（forma, eidos）がやってきて、姿と秩序をトップダウン的に与える、というシナリオである。これに対して、ベルクソンは、形や秩序なら、運動記憶が反復を通じていわば勝手に作ってくれる。これに対抗する心的・生命的な原理というものがあるとすれば、それはむしろ、現状の形や秩序を打開して、新たな再構築をうながす契機（〈拡張〉）のほうだと考えるのである。

コラム　二つの秩序

物質から「自生的に」「秩序」が形成されると聞くと、一般的な語感では、ベルクソンが随分と物質を高く買って、そこに何か創造的な力を認めているかのような印象を受けるかもしれない。しかし、ここでの「秩序」は、「積極的なものを何も持たず、それはある種の中断が自ずと目指す形式」（EC 220[279]）でしかなく、それは実在全体が示す「複雑性の一側面に過ぎない」（EC 210-211[268]）。現にベルクソンは、この秩序のことを「惰性的なもの、自動的なものの秩序（celui[ordre] de l'*inerte* et de l'*automatique*）」（EC 225[285]）と呼んでいる。彼が「無秩序な物質 vs. 秩序をもたらす生命」という伝統的な構図を採用していない点をくれぐれも念押ししておきたい所以である。

なおベルクソンは物質の働きを、エラン・ヴィタルに対抗するものとして、「**解体する**（se défaire）」働きとしている（EC 246-248[312-315]）。「秩序」を形成するのに解体と言われているのは、そうした秩序がその完成と引き換えに潰してしまう時間構造についてであると解釈できる。

初めは乱雑に見える相互作用も、繰り返していれば、勝手に形ができてくる。自ずと落ち着き場所が定まってくる。ベルクソンがすでに物質から認めている種類の「秩序」とはこういうものであり、それは、**反復によって閉じたタイプを形成する働き**、つまりは運動記憶によって説明される（EC 225-226[286]）。その考えが『物質と記憶』の知覚・再認論、『創造的進化』の本能・知能論、そして『二源泉』の「閉じた道徳」〔慣習が自ずと規範化するからくり〕の話まで一貫しているというのが、本書の見立てである。[20]

他方で、ベルクソンは先述の意味での秩序に「もう一つの秩序」を対置し、それを「生命的なものの秩序」と呼んでいる（EC 225[285]）。本書で論じている〈時間的拡張〉は、こちらの秩序に関連づけられる彼の**エラン・ヴィタル**概念の個別システムへの適用形態と見ることができるかもしれない。エランは形成されるべき秩序の具体的指針を示すものではない（それは目的論としてはっきり批判されている）。同じように〈拡張〉も、放っておくだけで安定へと進む前者の秩序に対して、〈不定なる開け〉を解放する働き――いったんローカルに解決した問題を**より巨視的な文脈のなかで再び解かれるべき謎へと差し戻す働き**――でしかなく、いざそうして開かれた先であらたな落とし所を見つけるのは、結局は運動記憶とのすり合わせによる。それゆえ、最終的な落とし所として出来上がる配列性・構造性という意味での秩序は、いずれにせよ物質・運動記憶に帰されていることになる。

（20）運動記憶がもたらす秩序が、価値的な意味でネガティブだということではない。伝統芸能の洗練は、反復によってしか得られない「優美」を私たちに示す。そこに私たちが察知しているのは、ただ現在の運動ではなく、そこに実演される膨大な反復の厚みなのだろう。DI（9-10[23-24]）参照。

4　ここだけじゃない場所

こうした水路づけプロセスを、現存の生物たちの背後に描き出すことで、ベルクソンが示そうとしていたのは何か。それは、**身体と環境の一体性、分かち難さ**であった。そしてこれは、彼の直接実在論、**〈遠くの対象をその場所で直接知覚する〉**というテーゼ（「純粋知覚論」と呼ばれる）にとって決定的に重要である。

> 知覚は感覚中枢にも運動中枢にも存在していない。知覚は、〔…〕知覚が現れているまさにその場所に存在するのだ。（MM 45[61]）

前章でも触れたように、認識論の世界では、今なお表象を用いた間接知覚モデルが人気である。曰く、私たちは直に世界に触れているわけではない。私たちが作り出した内部的な模造品、表象というものを介してしか、世界を見ることも聞くこともできない――。これに対して、ベルクソンは、そうした表象の実在を認めつつも、他方で地続きの経路を決して手放さない（4章）。なぜか。

実は、そのわけは記憶の時と同様である。運動でできた知覚こそが、**空間というもの**、もっと言えば「**遠く**」**というもののルーツ**だからである。脳を持つ生物が、入力刺激から対象との距離を「推測」するようになった。それはいい。だが、もし最初からそうだったなら、そもそも「距離というもの」を誰がどうやって思いついたのだろうか。わざわざ距離を割り出して、それを世界の側に投影しなければならない意味は何か。想像してみてほしい。一度も何かを食べたことのない人工知能が、自力で、入力された分子成分から味空間を「推測」するようになるだろうか。

なるほど、個体レベルでなら、まだ抗弁できるかもしれない。「生まれた時からＶＲ」でも、事情は私たちと変わらない。ちゃんと推測だけで距離も味も世界の側に帰属できるようになるのだ――、と。だが、それは途方もない反復を経て進化が作り上げた脳という水路を前提にしている。同じ理屈を、進化レベルでも押し通すことができるだろうか。それは初めから、世界から切り離された身体を、「出来上がった」ものとして想定してしまっていないだろうか。

だから、大掛かりな理路に見えるかもしれないが、脳ができる前、身体が切り出される前の水準から話を起こすことで、直接実在論を擁護するというのには、一定の根拠があるのである。

器官帰属の誤謬

関連する方法論的な注意として、ベルクソンが「回顧的錯覚」と呼んでいるものに触れておこう。彼によれば、これは私たちの「知能（intelligence）」そのものに、抜き難く植え付けられた一種の「後知恵バイアス」である。私たちの知能は、どんな新規なことが生じても、それが「元々あった諸理由」によって起こるべくして起こったかのように言いくるめることができる。だが、そうした諸理由の多くは、実は後出しジャンケンでしかない。[21]

進化を遡って何かの起源を語ろうとするときにも、それが顔を出す。その一つのバージョンが、私が「器官帰属の誤謬」と呼んでいるものである。

人はよく次のように言います。「人間において意識は脳に結ばれている。だから脳を持つ生物に意識を認め、それ以外の生物に意識はないとするべきだ」と。しかし、この論証に欠陥のあることはすぐに気付かされます。このやり方で行ったなら、同じようにこう言えるはずです。「人間において消化は胃に結ばれている。だから胃を持つ生物は消化を営み、それ以外の生物は消化を営まない」と。しかし、これは大きな間違いです。なぜなら、消化のためには胃を持つことどころか、そもそも器官を持つ必要さえないからです。アメーバはほとんど分化していない原形質のかたまりにすぎませんが、立派に消化を営みます。〔…〕人間において、意識は疑いもなく脳に結ばれています。だからといってそこから、脳は意識に欠くべからざるものだということにはなりません。（ES 7）

論点はパラフレーズする余地のないほど明確である。私たちは、自分が高度に機能分化した生物であるために、それぞれの「機能」を、それに特化した別々の「器官」に固定的に割り振りがちだ。だが、それは進化の過程で分岐した一つの枝を特権視することだ。後から登場したものを、起源の側に「持ち込む」ことだ。そうした分岐の「手前」を考察しようとする場合には、こうした固定的な器官帰属の誤謬は退けなければならない。

回顧的錯覚のバリエーションは数多く、他にも、生物進化に目指すべきゴールがあると考える「**目的論**（finalisme）」（EC 52[78], 346[437]）も、新しさを既存のものの組み合わせに還元する「**可能性の錯覚**」（ES所収の「可能と現実」）も、同じ理由で批判されている。(22)

脳内回路の手前で

確かに、ひとたび出来上がった段階で見れば、環境も身体も、好きなだけ多くの部分に分解して考えることができる（遠くに物が見えるのは、「眼球」があって、そこに外から光が入り、「網膜」上の「視細胞」を刺激し、云々）。だが、こうした部分同士の因果連鎖の延長線上に、「逃げる」という項は登場しない。出てくるのは、「筋肉の収縮」とか「関節の屈曲」とかである。知覚システムが実現したのは、それじゃない。そんなものなら前からあったからだ。水路づけは、「逃げる」というスケールの運動単位を開発したのである。そこにはカテゴリー・ミステイク、もっと正確に言えば**スケール・ミステイク**がある。

（21）この語は『創造的進化』で進化の大きな三つの枝のうちの一つを特徴づける鍵概念として用いられるもので、一般には「知性」と訳されることが多い。しかし、この名詞には両義的なニュアンスがある。フランス語ではそれは形容詞の形で姿を見せる。テクストではintelligentは時にintellectuelと区別される傾向が見られ、前者によって技能的なもの（ベルクソンは手先・口先だけの巧みさに対して辛辣である）が、後者によってしばしば集中・緊張・努力を要する創造的なものが意味される（MM 86[113], PM 89-90, HTM 140）。また一九〇二年の講演「知性について」（EP 272-279）も参照。作用の名詞intellection（知的理解）（EC 305, 367, ES 167-173, PM 26, 31）も後者の文脈に属する。こうした両義性があるものの、能力の名詞としてintellectは普通用いられないため、intelligenceを共用することになる（アリストテレスの文脈での用例はある。EC 321）。そこで私としては、intelligentは「知能的」、intellectuelは「知的」と訳し、intelligenceは文脈に応じて「知能」または「知性」と訳すことを提唱したい。

二つの語の歴史的経緯についてはダンジガー(2005) にまとめられている。intelligenceは、一八二二年にキュビエ男爵によって、動物が示す一見理性的な妙技について、（人間に固有であるべきと考えられた）理性の代わりに導入され、フランス語としては定着した。英語に普及するのは一八五五年のスペンサーによる。ベルクソンに近いところではロマネスが『動物の知能』というタイトルの書籍を一八八二年に出している。

（22）〈言語がなければ意味は成り立たない〉という見解もこれに該当するかもしれない（本章2節）。

「遠くにものが見える」とは「目に入った信号が脳内で処理されてから外界に投射される」ことだ、といった説明が間違っていると言っているのではない。ただ、それは、上位スケールで「出来上がった回路」を前提にした上で、下位のスケールで「言い換える」ということをしているにすぎず、そもそもどうして遠くのものが分かるのかの説明を与えるものではない、ということだ。

ちょっと紛らわしいかもしれないが、「遠さのクオリア」のような現象質が先にあって、それがなければ距離見積り機能は発達しないという議論をしているのではない。今は運動記憶の話である。問題にしているのは、回路における〈知覚と行動、感覚と運動の一体性、不可分離性〉であり、より具体的には、遠さを知覚するということは、**そこまでどうやって働きかけるかという問いと切り離せない**ということである。見積もったその距離を、どうするのか。この問いのないところで、測量士よろしく「純粋に距離を測る」ことなど生物の世界に成立しない（米田 2022 192）。

例えば、その「距離の分解能」も生物に相対的で、きめ細かく遠近の段階を識別する動物もいれば、二、三段階の区別しかない生物もいるだろう。いずれにせよ、そうして出来上がった距離空間は、先立つ途方もない反復の産物である。**無数の「その距離の時にはこうした」の積み重ねが、いまその距離に何かが見えることを可能にしている**。そこには、運動記憶固有の時間が存在する。

5　プロセスの時間とシステムの時間

時間を折り畳む

ここで、システム空間における「遠く」と「身体」の一体性を理解するために、システムの時間がどういうものであるかを見ておく必要があるだろう。それは、私たちが通常考えるようなプロセス的な、系列的な時間とはまたまったく異なる独自のロジックでできている。運動記憶は、時間をタイプ化するからである。運動記憶が知覚対象をタイプ化することについては、すでに見た通りである。ここで今から語ろうとしていることは、時間のタイプ化である。どういうことか。

わかりやすさのために、いったん人間個人の習慣と学習の水準で話をしよう。私たちには、もう一方の記憶、つまり拡張による自発的記憶があるので、自分に起きる出来事を時系列に並べることができるのは前章で見た通りである。それのせいで隠れてしまいがちなのだが、運動記憶にはそんな時間はない。私たちに備わっている運動記憶は「複数」あり、それらは互いに独立でありうる。つまり、運動記憶Aはそれに「重ね合わせうる」運動だけに関わってそのメカニズムを更新し、運動記憶Bはそれに「重ね合わせうる」運動だけに関わってそのメカニズムを更新する。つまり、運動記憶にとって、時間はタイプごとに切り分けられ、別々にスタックされているのである。

トランプで喩えてみよう。ディーラーがカードを配る。ディーラーの時間軸上では、五二枚のカードが順番に並んでいる。通常の、連続したプロセス的時間がこれに当たると想定してほしい。他方で、配られるプレイヤーの側からすれば、自分のところには「間を置いて、時々」カードがくる。カードが来た時だけが自分の仕事をする時で、それ以外の時間は「無」である。いやもちろん、

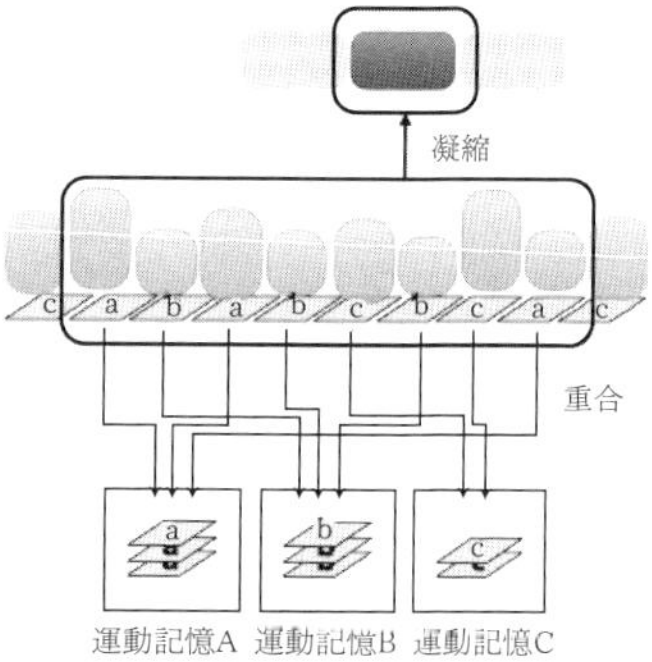

図2　拡張＝凝縮記憶と運動記憶の違い：凝縮は、「時間的近接」を軸に、「現象面を含む包括的経験」を、「スケールを移行して（変形を介して）」「保存」する。運動記憶は、「タイプ的分類」を軸に、「現象面を捨象した運動成分のみ」を、「同一スケールでトークン非識別的に」「実演」する。真ん中の系列はもちろん、二つの記憶の掛け合わせから再構成された「空間化された時間」であり、実在においては発生順序は逆である。

プレイヤーが人間なら、待ち時間も何かしているだろうが、今は運動記憶の比喩である。

このトランプを人間に戻してみよう。例えばプレイヤーAが自転車、プレイヤーBが九九の暗記、プレイヤーCが水泳の運動記憶だとしよう。当該人物（ディーラー）の人生のなかでは、自転車も九九も水泳も一つの巨視的な時間のなかに位置づけられる。それだけじゃない。自転車タイプのそれぞれのトークン、つまりは一回一回の乗車《ライド》も、プロセスの時間のなかで別な場所に位置づけられる（3章「時間的色合い」）。

この時、自転車の運動記憶（プレイヤーA）にとっての時間はどうなっているか。一回一回の乗車は隔たっていると先ほど述べたが、それはディーラーの時間のなかでの話である。そうした「間隙」は、運動記憶にとっては存在しない。変な言い方になるが、個別の運動記憶自身は自発的記憶を持たないからだ。ただ、無数の乗車だけが折り重ねられた、「経過」のない時間だけで、運動記憶はできている。ベルクソンが、完成された運動記憶は**「時間の外に出る」**（MM 88[116]）と述べるのはそのためである。

考えてみれば、必要な時だけ目覚めて活動し、用が済めばおとなしく眠っているというのは不思議な話だ。実際、いつでも自転車にまたがれば乗れてしまうし、「ににんが」といえば間髪入れず

「四」が出てくる。他に無数の運動記憶があるのにもかかわらず、だ。

こうした選択的トリガーを担っているのが、知覚対象のタイプ的弁別の仕組みだった。知覚対象のタイプ化は、運動のほうのタイプ化を鏡のように映し出している。つまりは、重ね合わせることのできる対象だけに運動は発動するように回路がデザインされたのである。(23) ここである。この、**知覚と運動の照応関係**が、**知覚システムという空間設計《ハードウェア》そのものによって実装されている**というのが、ベルクソンの知覚システム理論のポイントだ。空間デザインそのものが記憶なのである。

どこまでが「同じ動作」なのか。その類似の範囲も、運動が決める。正確には、身体と環境との間に張り巡らされた水路の窪みの曲率が決める。そしてもちろん、重ね合わせが可能であるためには、**各運動単位の時間長はそろって**いなければならない。「自動的運動はいつも同じ順序で相継起し、同じだけの時間がかかるようになっており、それが一つの閉じたシステムをなす」(MM 84[111])。

もう一点、大事なことは、ここで体験の**現象成分は刈り取られる**という点だ(図2)。私たちの体験は、自動的再認のケースから想起や想像など高次認知までバリエーションは豊かであるが、純粋に運動成分だけで営まれることはほとんどない。感覚クオリア、流れ、イメージ投射など、多かれ少なかれ現象成分が流入する「複合体」である。3章で見たように、自発的記憶のほうは、これら

(23) ここで適切な刺激に対して適切な運動を発動させるようなトップダウン的な司令官を置こうとする戦略はすぐに行き詰まる。運動に指令を出すために司令官の内部に各運動に対応する指令モジュールが必要になり、今度はそれらの指令モジュールへの司令が必要になり無限後退に陥るからである。

の体験の各々を、現象成分を含めまるごと保存＝凝縮していく記憶の働きであった（3章2節）。

だが運動記憶は、違う。運動が使える言語は重ね合わせしかなく、運動は運動としか重ね合わせることができないからである。だから、どれほど豊かな現象経験がそこに含まれていても、それは運動記憶には関与しない(24)。運動記憶は、体験が含む運動成分によってしかトリガーされないし、また体験に対して運動しか引き起こすことができない。物理世界において、物質が物質としか作用しないことを「物理的閉包性（physical closure）」と呼ぶが、運動記憶にも、ちょうど「運動的閉包性」とでもいうべきものが成り立っているのである。しかも、運動タイプごとに別々の、**タイプ化された運動閉包性**、である。自転車の運動記憶と九九の運動記憶も互いに隔絶されている。

まとめると、こうなる。各運動記憶は、システムに生じる**重ね合わせ可能な**（同一時間長かつ同一タイプの）**運動切片**の集積である。異なるタイプ・時間長の運動、運動に随伴する現象成分、運動と運動の間の「待ち時間」、これらはすべて捨象される。一つの運動記憶は、これらの運動切片によって、そしてこれらの運動切片のみによって更新され完成される。一枚の文書ファイルが、完成に至るまでの「編集履歴」の反復と更新の成果であるのと同じ意味で、現在の運動回路は過去の運動切片によって作られている。

システムは過去を実演する

一つの運動記憶は、それを構成するこれら過去の運動切片なしには、更新されることも完成されることもない。その意味で、なるほど、運動記憶も自らの過去を有している。だが、それは拡張記憶におけるそれとは全く異なる仕方で、である。運動記憶は、現在の運動と過去の諸運動切片を識別しないし、過去の運動切片同士のトークン的な識別もしない。徹頭徹尾タイプ的だ。それでも、否だからこそ、それは過去なしには成り立たず、タイプ的に反復された無数の過去なしには発動しない。こうした特殊な過去との関わりを、ベルクソンは非常に印象深い表現で特徴づけている。曰く「習慣は過去をわれわれに表象させるのではなく、過去を実演する」（MM 87[114]）。ここで「過去を表象する（se représenter）」というのは、普通の意味で心に場面を思い浮かべること、つまりエピソード想起のことを指している[25]。運動記憶には、確かに、自力でこのように過去を表象する力はない。しかし、運動はその発動のただなかにおいて、**パフォーマティブに過去を示す**。これを、ベルクソンは、「**過去を実演する**（jouer）」と表現しているのである。

重要な点なのでもう少しだけ敷衍しておこう。出来上がった運動記憶は、ただの回路でしかない。だから、それ自体には、自発的記憶のように、私たちに過去を告げ知らせる機能はない。実際、例えば癖のように、どこで覚えたかも覚えていないような習慣のことを人は「自分に生得なものだと思いかねない」（MM 85[112]）。逆に、自転車の運転技能を正しく「記憶」だと私たちが思えるのは、もう一つの記憶、つまり自発的記憶のおかげで練習の日々を想起できるからである（MM 89[116]）――。わかる筋である。そしてもしそれで話が終わりなら、運動記憶は実は偽の記憶で、本当は、記憶にカウントできないものではないか――。現にそう考える論者もいる[26]。

（24）　運動は包括的経験から、「運動性の枠（cadre moteur）」に収まるものだけを汲み取る（ES 57, 200, PM 79）。

（25）　エピソードの「想起」には、次章で見るように**二つの記憶の掛け合わせ**が不可欠である。そのため厳密を期すなら、「自発的記憶は過去を保存し、運動記憶は過去を実演し、二つの掛け合わせが過去を表象する」と言わねばならない。

（26）　シンクレアは私たちと異なり、習慣記憶と凝縮記憶を結びつける試みをしている（Sinclair 2020 chap. 4）。

しかし、そうではない。自発的記憶がもたらす系列的な時間とは全く違うしかたで、運動記憶には運動記憶固有の時間があり、固有の「過去との関わり方」がある。だからこそ、二つの記憶は互いに還元できない。そうした「もう一つの時間のあり方」を名指すために、「過去を実演する」という表現はわざわざ作られたのである。

「ジガバチは卵を植え付けるアオムシを殺さずに麻痺させるため九つの神経中枢を続け様に九回刺す」（EC 174-175[173]）。これをジガバチは「昆虫学者と同じ手法で」（EC 175[221]）習得したわけではない。つまり、自分の脳内回路を使って導出したのではない。生まれて初めて出くわしたアオムシに対して、その急所をただ「看てとる」のである。驚嘆すべき仕儀に思える。だが勘違いしてはいけない。ここになにか神秘的直観のようなものが働いているわけではない。それは水路の仕業だからである。そして水路は、**過去の膨大な反復**（水路づけ）を、**今実演してみせているだけ**だからである。その証拠にジガバチは、この「タイプ化された運動的閉包性」の外では、まったく平凡な振る舞いしか果たせない。

そして、この「看てとる」の擬人化・擬心化にも注意が必要だ。運動が過去を実演するものであるなら、運動による再認（自動的再認）もまた、「思考され表象されるよりもむしろ**実演される再認**」（HTM 121, cf. 113, 126）だからである。それは、運動と張り付いて引き剥がすことのできないタイプの知覚であり、（直列の）電気回路を電気が流れるといってもそれを途中で分割することができないのと同じように、運動から切り離しては成り立たない、高度に機能的ではあるが現象的にはまるで盲目的な知覚——パフォーマティブな「見る」——なのである。

電気回路は、ほんのちょっとしたことで切断されえます。一区画全体を照らす電気回路、または鉄道の一路線に動力を供給する電気回路を考えてみてください。導線が一つ切断されるだけで、あるいはほんの些細な何かがずれるだけで、すべてが無効になり、その効力は完全に無に帰します。〔…〕それらは全体の部分ですが、ただし、それをなくせば全体が実質的に無に帰するような仕方で位置づけられている部分なのです。（HTM 240, cf. MM 114[150]）

そこに現実に働きかけるという側面を抜きにして、ただ表象を「遠く」に飛ばすというのはナンセンスである。ベルクソンは言う。

どうしてもということなら、刺激興奮は神経要素に沿って進み、中枢に届いたあと、そこで意識的なイマージュに変換され、続いて点Pへと外化されるのだ、と言えなくもない。しかし、こういう言い方は、単に科学の方法の要求に屈しているだけであって、現実のプロセスを記述するものではない。〔…〕本当のところは、点Pとそれが発する光線、そして網膜、関与する神経要素は、一つの緊密につながった全体を成しており、光点Pはこの全体の一部なのである。そしてPのイマージュが形成され、知覚されるのは、まさにPにおいてであって、別の場所においてではない。（強調引用者、MM 41[56]）

知覚システムの不可分性

だんだん見えてきたように、ベルクソンは**非プロセス的な知覚の成立**というものを根拠づけようとしている。タイプ化された「システムの時間」には、通常の意味での諸時点の区別というものがない。知覚－行動回路を作る複数ステップの運動段階はあるが、それらは不可分である。ここでも運動階層のスケール・ミステイクに注意である。生物の知覚システムは、相対的に上位の運動階層に位置している。それを下位スケールの諸部分に分解することは可能だが――そしてお馴染みのプロセス的時間で記述することは可能だが――、それはシステムを外から理解する私たちが持ち込んだ時間である。知覚システムを構成する運動自体の階層においては、あるのは部分に分けることのできない一体となった時間だけだ。「**可能性**」**を非プロセス的に**「**鏡映**」するという知覚システムの一見不可解な挙動は、これによって実現されているのである（この「可能性」は、彼自身が回顧的錯覚として批判する「観念」ではなく、ルイスの考えるような他の「世界」でもなく、運動記憶が構築した複線的回路のことである。ベルクソンでは、様相も（もう一つの）時間の産物なのだ）。

ここから、**距離はあるが分割されない空間**というものが導出される。空間的拡がりを持ちながら「不可分」とは、近代的な空間概念に習熟した人の耳にはほとんど撞着語法に聞こえるはずだ。しかし、「具体的で分割不可能な延長と、その下に張られる分割可能な空間の混同」（MM 247[318]）に対する批判は、彼の物質論の主要テーゼである。地図と土地の混同だ。そして土地というものには必ず自分のスケールがある。彼は、私たちの知覚空間というものが、いくらでも分割可能な「等質空間」とは異なり、「一体性」（MM 246[317]）を備えた「分たれざる拡がり（extension indivisée）」（MM 202[263]）であることを、何度も強調している。それが分けられないのは、その背後に折り畳まれた時間の厚みゆえである。

違いを忘れないという条件で、凝縮の話と並べてみれば、わかりやすくなる部分があるかもしれない。私たちにとっての一瞬、赤色の瞬きが見えた時、それを外から測れば二〇ミリ秒の幅がある。だから、外から眺めている人がこれを分割しようと思えば好きにできる。だが、当のシステム自身にとっては、これはもう分割することはできない。(同じではないが) 似たような意味で、出来上がった構造体としての知覚システムを、外から眺めて部分に分解することはいくらでもできる。だが、それは階層を降りてしまうことなのだ。当のシステム自身にとっては、知覚行動回路は「一体成形」で、壊すことなしに分割することはできない。そうしたシステムで何かを知覚するとは、雑な比喩を用いることを許してもらえれば、自分の身体部位の痛みを観察によらずに察知することに比せられる何かである。現に、ベルクソンはある箇所で、環境に拡がる知覚システムのことを、「**広大な身体**(corps immense)」(MR 274) と呼びかえている。

体内の感覚なら、観察によらずとも即座にわかる。足の小指を机にぶつけたとき、表象を作ってからわざわざ足の先に投射したりなどしない。それははじめから特定の場所として察知される。「広大な身体」においては、「遠く」に見える天敵とは、いわば自分の体内の感覚——例えば足の先の痛み——なのである。

いや、足の先の痛みだって、実際には体内の神経を通って脳まで伝えられて、そこで初めて痛みとして「判断」され、「身体図式を参照」した上で足先に「定位」されているのだから、けっして直接知ではない——。こんな疑問を覚えた人には、もう一度、**器官帰属の誤謬**のことを思い返していただきたい。アメーバに神経は通っていない。脳もない。アメーバが何かに当たったとき、一体どこで感じるだろうか。当たった場所をおいて他にあるまい。それと同じように、知覚空間のどこかに何かが当たれば、システムはそれを直接に知る。体内の場所を直接検知できるように、環境に

「広大な身体」を展開した生物は、遠くの敵の歩みを察知し、初めて見た餌食の急所を見抜く。

もちろん、こうした原初的な知覚のレイヤーの上に、脳を持つ生物であれば、述べられているようなより精緻な推測のメカニズムが追加で構築されているだろう。繰り返すが、それを否定しているわけではない。観念論の時と同じで、上のレイヤーのメカニズムだけを見ていては、足元をすくわれる――今の場合は、世界への接地を失う――ということを警告しているのだ[27]。

全盲の人でも、他人から電磁波と色の関係を教えてもらえば、推察はできるようになるだろう。だが、そもそも距離をまたぎこす行動、「遠隔的行動」の術を持たない生物に、空間内定位の脳内回路が意味を持つだろうか。この近さであるというのがどういうことか。これだけの距離があるということが何を意味するのか――。生物はそれを**無数の過去の行動の反復から、非プロセス的に、非認知的に、パフォーマティブに知っている**。その知とは、生物の周りに固有の屈曲でもって彫り刻まれた知覚空間そのもののことだ。そして、そのような種類の知を生命にもたらすのが、運動記憶なのである。

(27) このことは「水槽の中の脳」という思考実験の効力を限定する帰結を導く。

第6章 **創造する知性**——縦糸の時間と横糸の時間

1~3章では〈時間的拡張〉の働きに注目し、MTS構造がどのように構築されるかを辿った。4章・5章では運動記憶の働きに注目し、生物の知覚システムがどのように設定されるかを見た。いずれも過去を変形・利用する（その意味で記憶である）が、その挙動の違いが、二つの記憶の違いを特徴づけている。一方は、凝縮（識別可能性空間の変形）を引き起こし、**質という新たな識別次元**を増築する。他方は、新しい運動単位によって知覚の**タイプ化**（実演される類似《パフォーマティブな》）を引き起こし、固有の水路＝知覚システムをデザインする。いずれも基礎階層としての物質には備わっていない、新規の特徴である。

ベルクソンの「**二つの多様体**」テーゼによれば、「実現された構造」（判明な相互外在性）が潰れることは、直ちに情報（識別可能性）の消失を意味しない。ドゥルーズが強調していたように、ベルクソンが導入したのは、一と多の区別ではなく、二つの「多」のあり方の区別だったからである。凝縮説は、このことを感覚クオリア・記憶・人格の産出メカニズムに援用したものである。後者の運動記憶は、指定されたスケール内での空間的な回路の構築を担う。時間切片を重ね合わせ、類型化《タイプ》し、一つの水路ネットワークを自生的に組織していく。

連続と離散の二種類の時間的変形の働きは、現実にはほぼ単独で働くことはなく、お互いに条件づけあっている。例えば、階層1〜階層3のスケールは、運動記憶が構築した具体的な水路によって定義されている。反復が、一定の時間長というものを「落とし所」としてみつけていなかったなら、あらゆる運動は場当たり的で、自然は何の階層秩序も作れなかっただろう。だが、運動記憶がそうした落とし所を探し当てられるのも、まずは拡張が新しい時空の領野を切り拓いてくれた上での話である。ひとたび確立された水路のもとでは、表象なしの手続き知覚のように、オートマトン的な振る舞いは可能になるにせよ、そこには常に先行する「水路づけ」の次元がある。

ベルクソンの心の哲学の真骨頂はここからである。こうして導かれた二つの記憶という道具立て、**二つの時間的変形の「掛け合わせ」**から、(一)様々な意味における「意識」、(二)認知における「イメージ投射」、(三)「エピソード想起」、(四)「探索的認知」まで、私たちの知的創造に関わるあらゆる能力が構成されるからである。ここまで揃えてきた道具をフル活用して、彼の見たその帰結を追いかけていくことにしよう。

1　意識の住み処を確保する

「掛け合わせ」の第一の事例として、「意識」を取り上げよう。まずは、ここまでも部分的に触れてきた意識の発生について、ベルクソンの考えをまとめなおす。

「意識」とは言わずと知れた多義語である。そこで、それらの意味を簡単に以下のように整理しておこう。1章で「クオリア」の狭義と広義を区別したのを思い出していただきたい。赤という色クオリアや、ドンという音クオリアが狭義の「**感覚クオリア**」である。他方で、イメージや観念などの高次の心的要素を含む主観の領域全体が備える現象的なあり方を広義のクオリアとした。本書では、狭義を「感覚質」、広義を「心」または「人格」と表記してきた。さしあたり「意識」という語についても、同じくこの二つを下限と上限として設定しよう。(1)

一般的用法においては、その他にも、「意識」の語には以下のような様々な意味の広がりがある。現在の体験全体のなかで、特定の一部が顕著なものとして浮かび上がる「**気づき**」。お目当てのお店を探している場合のようにこちらから特定の一部を浮かび上がらせる「**注意**」。睡眠や昏睡ではなく「**覚醒**」していること。自らの心的状態についての「**メタ認知**」。能動的自発的行為を起動する「**意志**」。自分のなした行動の説明原理としての「**意図**」など。

ベルクソンの概念マップのなかでは、2章でフィーチャーした「**流れ意識**」(持続)が中心的位置を占める。これは、現在の窓に対応し、未完了相、つまりは進行形で体験していることのライブ感という、この階層固有の時間特性に起因する意識であると説明した。感覚質はその要素的単位をなし、想起されていない記憶は人格質として現在の場を背景的に修飾する。気づきや注意は注意的再

(1) 要素的な感覚クオリアのことを「意識」と呼ぶのは、普通の文脈からすれば違和感がある(大袈裟と感じる)かもしれないが、物質が持っていないものを私たちが持っている最低ラインの話をする文脈であれば、この「下限」の感覚クオリアのことを「意識」と呼ぶことは、妥当である。他方で、自分でも持っていることを覚えていないような記憶や潜在的な心的状態まで含めて意識と呼ぶのも、非常にマクロな文脈では理解可能である。

認論に組み込まれており、同じく流れの場で展開されている。

意識と「産出の問い」

意識に関するベルクソンの探求は、これまで見てきたように、意識の「脳との対応表」ではなく「レシピ」を探る点に特徴がある。1章3節で挙げた三つのチェックリストを振り返っておけば、①体験の現象面（意識）は機能面の説明には還元されない、②相関ではなく産出を扱う、③素材と調理法の二つを提供する仮説を探す、である。

①について、あらためて確認しておこう。「気づき」でも「注意」でも「メタ認知」でも、一定の操作的定義を与えて機能実装することは技術的には可能である。今時スマホでも顔認証するし、車や飛行機の自動運転に自己モニタリング機能は必須だ。もしそれで意識を得たことになるなら、人間についても、同種の「機能」が脳内でどのように実装されているかを解明できれば意識の問題は万事解決、ということになる。だが、そうならないから意識は厄介なのである。機能実装しても、現象面はタダでついてこない。現象面は、脳回路などの「実現された構造」には還元されない。該当する現象質には、それ固有のレシピがあって、それを満たさなければならないのである。

現象次元が、何を「素材」にしてどのような「調理」を経て産出されるか、そうした包括的な「レシピ」を提供することで、**クオリアや意識といったものを、ちゃんと自然現象の仲間にカウントしよう**。これがベルクソンの「拡張された自然主義」戦略である（4章コラム）。

当然、先ほど区別した意識の多義性の各々は、すべて成立条件が異なるので、それぞれに違うレシピがあるはずである。本節は、それらのいくつかを例に、ベルクソンに特徴的な「**中和／脱中**

和」という概念と、それに依拠した「意識の減算／遅延テーゼ」を紹介することに努めよう（平井2020b）。

意識の遅延テーゼ

それではまず、既出の三つの意味、感覚質・流れ・心を例に、彼の基本戦略を見定めておこう。意識の問題の難しさは、被説明項が非物質的現象である以上、物質を素材とした通常の物理的調理法による産出は望めないという点にある。そこで無理に通常の物理的調理法に拘泥することは、かえって無からの産出を認める羽目になり、うまくない。

そこでベルクソンが着目したのが**時間スケール**だった。クオリアにせよ、流れにせよ、質的多様体としての心にせよ、それは物質宇宙の外から持ち込まれた異質の素材でできているわけではない。物質自身が使っていなかった時間幅の広がりを使い、そして、一種のスケールメリットの産物として心を説明する。〈意識は、相互作用の遅延＝時間スケールの拡張からもたらされる〉——これがベルクソンの**意識の遅延テーゼ**である。

もう一度、お金の例を思い出していただきたい。一日一〇〇〇円を使い切るというルールのもとでは、五万円の商品は永久に買えない——魔法でも使わない限り。ところが、三ヶ月で九万円を使い切るというルールなら、五万円の商品は買える。一日一〇〇〇円でも三ヶ月九万円でも収支のトータルは同じである。後者がどこかでお金を無から湧き出させたわけではない。それでも、前者には絶対にできないことができてしまう。どうやったのか。ただ、時間を使ったのである。

これと同じようにして、物質の極微の時間スケールから、生物のより大きな時間スケールへの拡張は、アクセスできなかった時間領域へのアクセスによって、「新たな素材」をもたらした。物質の過去である。物質同士の相互作用は、極微の現在のなかで完結する。物質は、時間に対して微分的に振る舞う（原因にほんの僅かでも変化があればそれに応じて結果も直ちに変化する）という意味で、この宇宙の時間単位の下限を定義している。時間経過の比喩を用いてよければ、あらゆることがあっという間に過去として捨てられる、物質がそういう運命のもとにあることを意味する。

生物の登場は、その運命を変える。例えば私たち人間の視覚にとっては二〇ミリ秒が下限の「瞬間」である。物質からしてみれば永遠と言いたくなるような長さだ。つまり、物質にしてみればとっくの昔に過去になっているようなものを捨て去ることなく掻き集めることで、私たちの「一瞬」はできている。意識を作る素材とは、それら物質の大量の過去のことである。これを元手（素材）として、識別可能性空間の変形（という調理法）が質（クオリア）をもたらす。これが凝縮説のレシピだった（1章）。

意識の減算テーゼ

時間スケールのトリックを使って意識を説明するという凝縮説のこうした着想を、1～3章では〈時間的拡張〉の観点から説明してきた。そこで、同じことを、運動記憶の観点から見直してみることにしよう。そうすることで、事象をより立体的に捉えることが可能になる。

「意識の減算テーゼ」がそれである。ベルクソンは、「物質そのものと、われわれが物質についてもつ意識的知覚との間にある隔たり」は「減少の道」（MM 32[46]）で乗り越えられると述べている。

なるほど、意識的知覚は物質の全体に達してはいない。意識的なものであるかぎり、知覚とは、その物質のうちでわれわれのさまざまな欲求に関係するところだけを分離ないし「弁別」することにほかならないからだ。だが、物質のこうした知覚と物質そのもののあいだにあるのは、単に程度の差異であって、本性の差異ではない。(MM 75[96])

意識というものは、物質について何か上乗せで「追加」されたものではなく、むしろそこから引き算で取り出される種類のものである――。 この減算テーゼは、メイヤスー(2013)によって取り上げられたこともあり、遅延テーゼに比べ有名になっているが、単独では決して説明になっていない点にくれぐれも注意すべきである。これは、時間側で遅延テーゼとして語られていることを、空間側で記述したものに過ぎないからである。多くの論者が、(物質から一部を切り離す)「この隔絶(isolement)そのものによって「知覚」になる」(MM 33[47-48])というテクストを引くだけで満足しているが、このテクストはこれだけでは理解できるしろものではない。

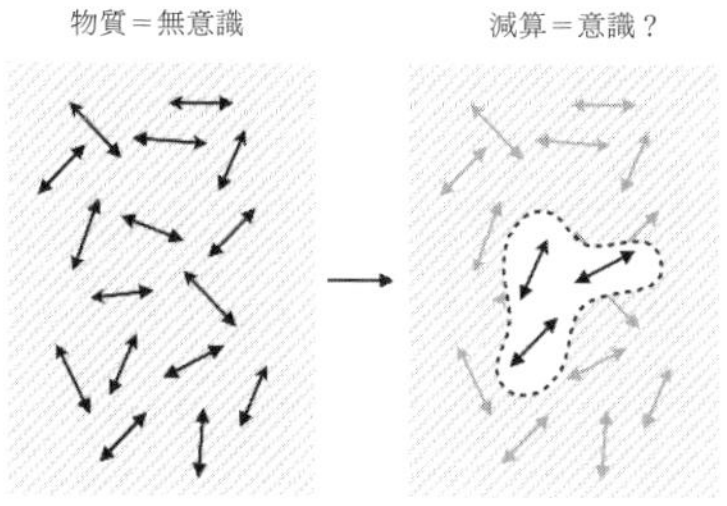

図1　減算テーゼ：〈選別によって物質が意識的知覚になる〉とするテーゼ。

確かに、前章で見たように、運動記憶は回路を形成することによって自らの対象を限定する。だが一般に、何かのうち一部だけを隔絶させたからと言って、その隔絶させた何かが質的に変容したりしない。一〇〇匹の仔豚の群れから五匹を切り離してロッジに連れてきても、仔豚は仔豚のままだ。小鹿になったりはしない。ところが、ベルクソンは、物質の相互作用の全体から、有用なものを切り離しさえすれば、意識が出てくると述べているのだ（図1）。

この命題は、時間次元の観点を補わなければ、理解可能な主張にならない。空間から、タダで消え去るものなどないからである。減った分は、「もう遂行し終わった」か「まだ遂行中」なだけである。つまり、時間方向に逃げている。その意味で、**減算の正体は遅延**なのだ。

二つのテーゼを並べて、このことを確認しよう。出発点として、物質システムの相互作用がある。これは、極めてミクロな時間スケールのなかで作用と反作用を繰り返す回路として宇宙を覆っている。そこで、一部の相互作用にローカルに遅延が生じたとしよう。凝縮側の説明は先ほど見た。多様体の変形によって意識が成立する場面だ。

この同じ事態を、運動記憶――同一スケールで互いに組織される回路――の観点から見るとどうなるか（図2）。一部の作用だけが開始されたのに終わっていない。反作用が閉じていない。つまり、物質の時間窓で切ると、収支の採算が取れていない状態が見かけ上成立する。「減じている」ように見えるわけだ。三ヶ月で九万円使うルールで五万の商品を買う場合、一日で見ると一〇〇〇円使い切っていないことになるのと同じである。これが**意識の減算テーゼ**――意識は全体から部分を切り出すだけで生じる――なのである。

創発の脱中和モデル

だが他方で、減算説には固有の利点がある。遅延説を、空間内の物理的相互作用の側から補うことによって、物質と意識の関係について新しい洞察が得られるからである。それが、**創発についての脱中和モデル**である。

世界のなかの相互作用は、単に時間軸だけでは説明できない。一セットの作用と反作用の時間的遅延だけ見ていれば、別な相互作用との「横のつながり」が見落とされるからである。物質は、まさに空間的拡がりにおいて互いに相互作用しており、生物の知覚システムもまた、ひとまとまりの運動が織り上げる水路ネットワークである。

したがって、**減算説と遅延説の掛け合わせ**から得られる、より完全な描像はこうなる。物質システムは時間的につぶれた瞬間的相互作用の総体である。そこでは常に相互作用は一つの瞬間の中で中和・相殺されている。意識とは、そこから一部のローカルな相互作用が遅延することにより、この**中和・相殺が解除される**ことの効果である、と。

この「中和」概念の導入こそが、ベルクソンの意識理論の独自性を特徴付けるものだ。それは、そもそも「何かが産出される」ということを考えようとするときに私たちがほぼ常に陥ってしまう共通のある「バイアス」に、真っ向から歯向かう思考である。

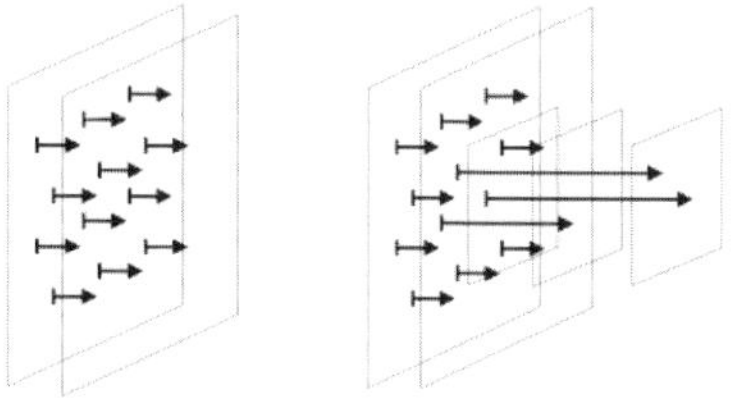

図2　遅延による減算：左では、全ての相互作用は同時に遂行される。作用に対して反作用が直ちにあてがわれることを中和と呼んでいる。右では、一部の反作用が遅延することで、当該の作用－反作用のペアが相対的に長時間システムに滞留することになる。こうして全体から部分の切り出し・選別（後述の「脱中和」）が生じる。ただし、この図では相互作用同士の横のつながりを示していない。

足し算の論理と引き算の論理——自然の機械工学

私たち人間は、何か新しいものを生じさせようと思えば、そこにそれを「外から追加」しなければならないと、半ば自動的に考えてしまう。これを「足し算」の論理と呼ぼう。無色のキャンバス上に青色が欲しければ、青い絵の具を載せなければならない。無音の環境に音を鳴ら

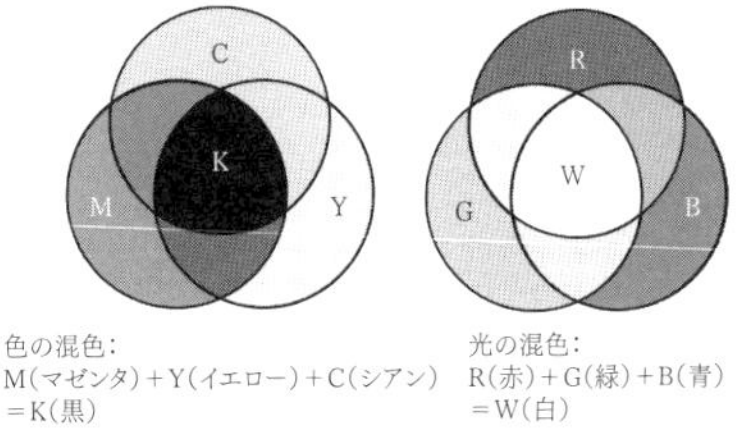

図3　色の混色と光の混色

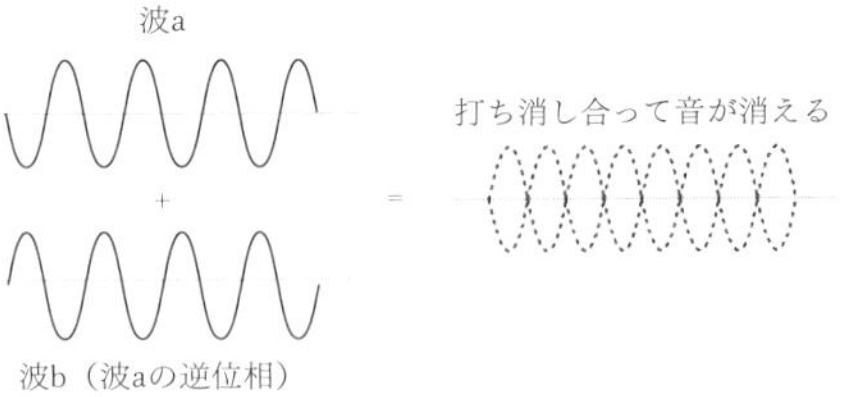

図4　音波の相殺

したければ、振動を引き起こさなければならない――。意識すらされないほど「自明の理」である。

ところが、人間のものづくりのロジックと、自然のそれは、実は逆向きでさえありうる。ベルクソンは、文字通り「**意識を持つことが可能なオートマトン**〔引用者注：自動人形のこと〕**を作る**」（HTM 61）状況を仮想した文脈で、人間知能が思いつきそうなやり方と自然のやり方を対比してこう描いている。

人間流の機械工学（mécanique humaine）は自然のそれとは異なります。私たちにとって単純なものは、自然にとっては複雑であるかもしれません。いずれにせよ、自然にとって単純なものは、〔…〕私たちにとっては多くの場合はるかに複雑なのです。（HTM 61）

自然が逆の歩み、つまり「引き算」の歩みで産出を行う例として、ベルクソンが引き合いに出すのは、――絵の具の混色ではなく――「光の混色」の事例である。ご存知の通り、無色の太陽光から青色を抽き出すには、何かを付け加えるのではなく、他の波長域の光をカットするだけでいい。この場合、無色（「白色光」と呼ばれる）から、有色（青色という特定の色）を出すのに使うのは、実際引き算のみである。初めの太陽光が無色であるのは「色が足りない」からではなく、むしろ「全てが揃っている」ために互いに打ち消し合い、「中和」し合うためだ。「青は積極的なものは何ももたらさなかったのであって、多くのものを斥けたわけです」（HTM 278）。

音についても同様のことが成り立つ。音波の干渉である。近年普及してきたアクティブ・ノイズ・キャンセル機能のついたヘッドフォンやイヤフォンをお使いの方も多いと思う。これの仕組みは、入ってくる雑音と同じ波形で逆位相（波の山と谷をひっくり返したもの）の音波を「出す」ことで、「無音」状態を作り出すものである。波は一般に、山と谷で打ち消しあってフラットになる。だから、逆に機能オンの「無音」状態から、一方の音波を「消し」さえすれば、もう一方の音が聞こえるようになる。「無音マイナス有音＝有音」なのである。

ベルクソンは、まさに、物質と意識の関係をこれになぞらえて考えている。すると、こうなる。物質は、意識の素材を欠いているために意識を持たないのではない。むしろ持ちすぎて飽和している、まさにそのせいで互いに相殺され、無意識となっているわけだ。だから、無意識である物質から意識を取り出すためには、余計なものを減算できさえすればよい。

これは文字通り、発想の逆転である。しばしば「創発」のモデルとして、部分が持たない性質を全体が持つという「全体論」が取り沙汰されるが、ベルクソンがここで提案しているのは、全体が持たない性質を部分が持つという**「逆・全体論」**なのである。どうしてそんな逆転が可能か。時間を見ているからである。

中和された意識としての物質

この脱中和モデルでは、創発の起点となる物理状態のことを、意識に対して「単なる無」ではなく――ちょうど全ての色がそこから出てくる白色光のように――「中和された無」として捉えることになる。(2)

物質とは、そこで全てが均衡し、相殺し合い、中和しあっている一つの意識のようなものである。(MM 247[317])

自然は、中和された意識、それゆえ潜伏的な意識とみなすことができる。(MM 279[355])

物質は意識を持たないと言われる。しかし、そこで意識が「ゼロ」であるという時の「ゼロ」は、そこに何かが追加されることで意識になるような「絶対的なゼロ」ではなく、それをある仕方で脱中和するだけで意識がそこから引き出されることになるような「中和されたゼロ」と考えるわけである。つまり、ベルクソンは、**二つの「ゼロ」概念を区別せよ**と言う。

もともと無い意識(conscience nulle)と、無化された意識(conscience annulée)(3)は、どちらの意識もゼロであることに変わりはない。しかし、前者のゼロが何もないことを表現しているのに対して、後者のゼロは、逆向きで同量のものが相殺し中和し合っていることを表現している。(EC 144[184])

では、この中和状態というのは、具体的にどのような状態を表しているのだろうか。直前の引用で「逆向きで同量のもの」と言われているところから分かるように、中和ということで実際に考えられているのは、作用が反作用によって相殺されることである。この「中和状態」を記述するテクストを以下に引こう。

> 表象は確かにそこに存在しているのだが、常に潜在的なままであり、現実的になろうとするその瞬間に自分とは別のものへと継続されそこに消えていくしかない、という制約のために中和されている。(強調引用者、MM 33[47])(4)

> 物質全体の作用はそこ〔宇宙の任意の一点〕を抵抗も減衰もなしに通過している(MM 36[51])

お分かりだろうか。ベルクソンは、この中和という現象において、**空間的な「相互作用のタイト**

(2) そこから無尽蔵に「湧出」するわけではない点で、プロティノスにおける一者とははっきり異なるが、「脱中和」という概念モデルそのものはプロティノス読解から引き出してきた可能性がある。HIT講義およびそれに付した解説(平井 2019)ならびに合評会報告(平井・青山・岡嶋・藤田・森田 2021a)を参照。

(3) 「nulle」は「無」という意味の名詞、「annulée」は「無化する」という意味の動詞「annuler」の過去分詞で、「無化された・キャンセルされた」という意味である。英語でも、中和・相殺のことを互いに「cancel」するという言い方をするが、そのニュアンスである。なお、この引用の箇所で前者の例として挙げられているのは「石」である。なお、ここでベルクソンが物質を中和された意識と考えることをやめているわけではない。ベルクソンが「中和された意識」(MM 247[317])と考えているのは、あくまで「全体としての」物質であり、個物として環境から切り出されたそれではないだけのことである。

(4) 「意識はそこにあったのだが、表象を行動が埋め合わせていたために中和されていたのである」(EC 145[185])。

な連携」を、時間的な「遅延のゼロ」という相の下で捉えているのである。つまり、ある相互作用が直ちに別のそれへと遅滞なく「継続される（se continuer）」ことを、言い換えれば「抵抗も減衰もなしに通過する（passer）」ことを、中和の状態と考えているのである。

「逆向きで同量のもの」と言えば、私たちはつい空間的に向き合った二つの力を思い浮かべてしまうが、それらが作用に対する反作用であるなら、それは現実には、時間のなかで展開されうる。そしてまさに、時間軸方向に遅延が入らないことが、作用と反作用が（時間的に）相殺され、打ち消され、中和しあっていると表現されているのだ。この中和・相殺によって消されているのは、ベルクソンの意味での時間、つまり持続なのである。

　そのことは逆の状態、この中和が崩れた状態、「脱中和」についての記述に確認できる。

> それ〔非決定地帯〕は現にあるものに何も付加しない。ただ単に実在的作用は通過させ、潜在的作用はとどまるようにさせるだけなのだ。（強調引用者、MM 36[51]）

> 生物の意識は、潜在的活動と実在的活動の算術的差分によって定義される。意識は、表象と行動の隔たりの尺度となる。（EC 145[186]）

うっかり読んでいると見過ごされてしまう箇所だが、ここでベルクソンは、中和である「通過」との対比で、一部の作用を「とどまる（demeurer）」ようにさせると述べている（未完了の作用が「潜在的」と呼ばれている）。システムは、一部の作用について、反作用までの時間を稼いでいる。読み取って欲しいのは、ここで、こうむった作用全体のなかから、「ただちに反作用へと継続されるもの＝通過」と、「ペンディング状態に持ち込んでとどめるもの＝遅延」との**篩《ふる》い分け・選別**が、**時間方向になされる**という点だ。「通過していく際に引きとめ（arrêter）たもの」（MM 34[48]）が意識の素材となる。なぜ「意識」か。それは、この遅速差が「時間的内部」（2章）を開くからである。

まとめると、こうなる。物質世界においては、作用はただちに反作用によって相殺される。未完了相という時間領域が、そこでは打ち消され潰れている。その意味で、意識はそこに宿らない。だが、意識はそこに「外から付け加わる」何かではありえない。意識は、ただ時間的な遅延を使っただけで、それが用いる素材は、元の物理世界のうちにあったものだけだからである。

意識とは、物質が単独では成し遂げ得ないことを実現しているという意味では確かに「創発」であるが、それを作るのに何か外から新しく別種の素材を「追加」しているわけではない——もちろん「無から産出」しているわけでもない——という意味では、物質だけからできている。

時間の外に出る

だが、話はここで終わらない。というのも、こうして確保された意識も、反復によって閉じる——それが運動記憶の定めだからである。どんなに高度な複合運動も、マスターしてしまえば無意識の自動性に陥る。どんな運動も、それ自体反復を通じて回路形成が果たされてしまえば、上位と下位階層の縦の相互作用は終わり、その場としての時間的内部は閉じ、時間は未完了相からアオリスト相へと立ち戻るからである。これをベルクソンは、習慣は完成と共に「時間の外に出る」（MM 88[116]）と表現していた（5章）。最初は右も左もわからなかった新しい街も、しばらく住めば「対象の判明な知覚を持たないまま、機械的に歩き回れるようになる」（MM 100[132]）。難儀を極めた

「ちょうちょ結び」も、いまでは見ないでも結べる。

進化水準と個体水準を区別しよう（5章表1）。進化における水路づけの模索は、確かに進化スケールでの未完了相を開いているが、ある生物種に生まれ落ちた個体にとっては、水路設計、つまり環境からの「問い」に対する「答え」のセット（5章2節「問題－応答空間」）は「出来あい（tout fait）」のものでしかない。だから物質的相互作用と比較したときに、確かに「減算」はあるが、当該時間スケールにおいて未完了の意味での「遅延」、つまり意識があるかと言われれば微妙である。言い換えれば、完成された脱中和は再び中和に戻るのである（5章5節、ジガバチの例）。

同じことを、後天的に新たな運動メカニズム（手続き型記憶）を学習・獲得する生物で考える。新しい技能を習得するために、反復練習をする。始めのうち、様々な要素的運動はギクシャクしており、遅延もバラバラで、互いの連携もうまく取れていない。このバラツキこそが、**減算×遅延としての最大の脱中和が発揮されている**状態であるはずだ。これに対し、目的の運動が一度習得されてしまえば、「すっかり準備済みの返答があるせいで、質問が無用となる」（MM 43[59]）[5]。つまり、行動は無意識化する。やる前から答えが決まっているとき、時間は創発の仕事を果たさない。

4章・5章で見てきたように、ベルクソンの知覚論の特徴の一つとして、意識を伴わない「手続き型の」・「実演される」知覚の存在が挙げられる。そこで「想定しがち」なストーリーは、①無意識的な物質から始まり、ついで②この無意識的な知覚が登場し、その後から③意識的な知覚が芽生えた、というものだろう。だが、ベルクソンはこれを認めない（実際、これは典型的に足し算の論理だ）。**意識（③）と無意識（②）の順序が逆**なのである。

減算（運動記憶）と遅延（時間的拡張）の「掛け合わせ」という観点は、この順序に関して重要な洞察を与えてくれる。物質は選別されなければ知覚にならない。それは確かである。だが、使わない物理作用を「無へと捨てる」ことはできない。そこでどうするか。生命は時間を使う道を開いた。つまり、新しい時間階層を設けて、そちらで知覚回路を模索する。〈拡張〉だ。**物質よりも「遅い」時間ステージへと、自らが利用する相互作用を連れてきて、そこで新たな複合運動を組織する**のである（使われない相互作用は相対的に「速い」ため中和される）。ここに未完了相が開く。だが、完成してしまえば、その新しいステージで閉じることになるため、意識はお役御免となる。

「物質から、まず無意識な知覚ができ、その回路にあとから意識が宿る」のではない。意識は空間ではなく時間の、時間的内部の住人なのであり、それは形成途上の未完了相にだけ現れて完成と共に居場所を失う。こうして、意識を欠いた手続き型の知覚と記憶が、主人を失っても働き続けるロボットのようにいつまでも居残るわけである。

なぜまだ意識があるのか

そこで新しい問いが立つ。なぜ私たちは今なお意識を保ち続けていられるのか、という問いだ。自然は別に意識を得ることを目指してやってきたわけではないし、一度得られた意識が永遠に続く保証もない。むしろ運動の**「質的死」**が時間の定めであるなら、「なぜ意識は生まれたのか」だけでなく「なぜ意識を失わないでいられるのか」もまた被説明項となるはずだ。人間だから、哺乳類

（5）「随伴運動が私の知覚を無用にするほどまでに組織されている状態」（MM 100[132]）に至れば、「活動が自動的になり、もう意識などはいらないという宣言がなされれば」（MM 12[22]）、情感や感覚は立ち去ってしまう。

だから、というのは理由にならない。現に、私たちの意識は閉じつつあるかもしれないではないか。

二つのことが指摘できる。一つ目は、事実上の制約からくる消極的な理由である。複合運動は、現実には大量の下位の運動モジュールによって実行される。つまり、マクロには「一つの運動」と言われるものも、実地運用においては、複数のミクロな運動のアドリブ的な調整を要求する。

運動モジュール同士を相互に調整し、うまく折り合いをつけなければ、一つの生物としてまとまった行動はとれない。筋肉の収縮、重心の移動、地面の摩擦。そこには解かねばならない問題が山ほどあり、しかも困ったことにそれらの問題たちは互いに制約し合っていたり、入れ子になっていたりする。さらに、環境の違いもある。同じ「逃げる」でも、状況はいつも異なるだろう。隠れるべき岩場が後ろにある場合もあれば遠く離れている場合もある。足場が砂地の場合もあれば、ぬかるんでいる場合もある。様々な状況のなかで、生物は「逃げる」という「一つの運動」を繰り出す。こうしたマクロな感覚－運動経路内部の「折り合い」的調整に注目する視点を、ゴドフリー＝スミスに倣って、「行動－調整観（action-shaping view）」と呼ぶのは適切だろう。[6] ベルクソンはこう述べている。「行動同士を組み合わせて複雑化させ、それらを争わせることが、囚われの身の意識にとってはおそらく、みずからを解放する唯一の可能な手段である」（EC 181[229]）。

二つ目は、より積極的な方向性である。つまり、階層構造をさらに上がることで新たな質次元を開拓するのである。限られたリソースをいつまでも基礎的な運動に費やしていては、よりマクロで複雑な運動は果たせない。「歩く」や「つま先で立つ」といった（それ自体物質に対してはすでに十分巨視的な）「運動の諸要素をすでに習慣として持っていなくては、ワルツのような複雑な運動習慣を身につけることはできない」（ES 179-180）。

これらの〔オートマトン的〕行動はまとまって、われわれの自由な活動の基盤（le substrat）を成しており、有機的諸機能がわれわれの意識的生の総体に対して果たしている役割と同じ役割を、この自由な活動に対して演じている。（DI 127[188]）

いずれにせよ私たちが意識を失わないでいられるのは、完了してしまった無意識を組織し大規模《スケール》展開させることで、「時間の閉じ」を延期しえている限りにおいてなのである。

2　イメージを用意する

次は（二）心的イメージだ。それはやはり「二つの記憶の掛け合わせ」を必要とする。私たちは多様なイメージ能力を有している。過去を想起し、未来を予想し、可能性を仮想し、不可能なことを妄想する。4章で見たように、意識的認知である「注意的再認」は、そのほとんどが投射されたイメージで埋められている。これらのイメージの「素材」はすべて階層3からくる。

（6）ゴドフリー＝スミス（2018 27, 46）は、「感覚−運動観（sensori-motor view）」を補足する観点として、「行動−調整観」を取り上げている。秀逸な訳語は訳者の夏目大によるもの。ベルクソンでは、有機組織に内属的なこうした不揃いさ・不統一性こそが「情感」の条件とされ（MM 56[74]）、かつ「情感的状態（état affectif）」は「人格の身体的基盤」——記憶が「人格の知性的素材」であるのに対して——をなすとされている（CII 295）。

目をひらけば目の前に様々な事物が、色や形、テクスチャを備えた「イメージ」として現れる。この当たり前は、生物知覚一般にとっては決して当たり前ではない。対象を弁別して、その場で適切な行動を繰り出すためだけならば、このように内的にイメージを描写するというプロセスは、端的にコストの無駄だからである。イタヤガイは色も形もなしに「動き」だけを検出して逃げる。ゾウリムシは接触を電位差に変換して移動する。複雑な図像認識であっても、スマホや自動運転車がすでに実現しているように、パフォーマンスのためだけならば現象的意識も心的イメージもなくてまったく困らない。では、なぜ私たちにはそんな余剰品がついているのだろうか。

「注意的再認」の仕組みをおさらいしておこう（4章）。外界から受け取られた刺激は、運動図式によってその「運動的輪郭」を内的に模倣される。4章でも強調したように、現象面を含む包括的説明を目指すベルクソンのアプローチでは、こうした脳内回路だけで話は完結しない。対象が「何であるか」の「同定」を果たした上で、さらに、実際に「非観察領域」（現象面）への「イメージ描出」が実装される（1章図3）。そこで利用される「イメージ」はどのようにして作られるのか。

二つの一般観念

身体に備わる運動記憶が、知覚を定義するという鏡映説については、5章で詳しく見た。何を知覚するかの「選別」、そしてどう分類するかの「タイプ化」は、システムの「中心」となる身体がどのような運動記憶のセットを備えているかを反映する。できあがった水路の地形そのものによって非プロセス的な仕方で外部の一群の物理状態は「重ね合わされ」、行動によって意味づけられた一つの「類似」、つまり**タイプ的知覚**を形作る。これが「一般概念」の生物学的起源であることも指摘しておいた。

同じ仕組みがターゲットを外界から記憶に切り替えることで得られるのが私たちの一般観念、タイプ的イメージに他ならない。ベルクソンは、経験の「**重ね合わせ**」に基づくこうした概念と、「**抽象**」に基づく概念とを区別している。前者の方がより原初的であり、これによって私たちには様々な形やパターン、テクスチャのプロトタイプ、そしてありふれた事物の「イメージ」が与えられる。後者の「抽象」は、こうして蓄積されたイメージ素材への人為的・能動的な介入操作のことを指す。思弁的な概念はこれにより作られる（Theau 1968）。ここで注目したいのは前者である。

図5　二つの一般観念（重合と抽象）

例えば、「ラーメン」について、「哲学」について、「フランス」について、人はそれぞれ一定のイメージというものを持っている。これは、あくまで個人的経験に基づいた一般概念・意味であって、公共の辞書に記載されている中立的な定義に必ずしも一致するものではない[7]。そのため、中立的な響きのある「一般観念」より、「**タイプ的イメージ**」と呼んでいる。そして、そうしたイメージは、元になった数多の個別的経験を「重ね合わせ」たものである。

なお、この「重ね合わせ」は、5章で見た通り、感覚質や人格における「凝縮」と、重要な点で異なる。凝縮は全

（7）Loar（1997）の「再認概念（recognitional concept）」はこれに似たものである。

て時間的に連続した一時期の凝縮であった。これに対して、重ね合わせの場合には、素材がタイプ的に選別されて折り畳まれている。ここに運動記憶が関わっているわけだ(8)。そして現に、注意的再認で**投射に用いられるイメージは、運動図式が選別する**と説明されていた。

そればかりでない。(『物質と記憶』の八年後になされた講義である)ＨＴＭでは、注目すべき記述が加えられている。記憶の選別とタイプ化が、**「中和」によって、しかも運動記憶と自発的記憶の二つの記憶の掛け合わせによる「中和」**によって説明されているのである。

> 行動的な記憶(mémoire agissante)、機械的な記憶を取り上げるにせよ、夢の記憶を取り上げるにせよ、いずれの場合も、そこにあるのは、一定の形態における心理的な生の全体です。心理的生の特定の部分だけが私に現れるという事態が生じているのは、二つの全体的記憶力が組み合わさった作用によって(par l'action combinée de ces deux mémoires intégrales)、殆どすべてが消え去りいくつかのごくわずかな部分だけが現れるからなのです。そこにはより単純な要素の複合、いわばほとんどすべての中和(neutralisation)があり、その結果、有用な部分、効力をもつ部分だけが現れるのです。(強調引用者、HTM 134-135)

ここで「中和」が持ち出されるのは、つい先ほど物質全体から有用な知覚の絞り込みが、不要な物理的相互作用の「中和」によって説明されることを見届けたばかりの私たちにとって、とりわけ興味深い(9)。知覚と記憶で選別メカニズムが共有されていることになるからだ。

身体の役割

こうして、運動記憶が果たす「選別」と「タイプ化」の働きが、知覚においても記憶においても一貫して果たされていることが確認できる。実際、『物質と記憶』でも「身体の役割」は、知覚に対しても記憶に対しても、等しく「選別」にあるとされていた。

> 身体は常に行為へと方向付けられつつ、行為のために精神の生を限定する (limiter) ことをその本質的機能としている。身体は表象に対しては選別 (sélection) の、そしてこの選別のためだけの道具である。知覚についてはどうか。〔…〕われわれの知覚は、…現にわれわれの器官に影響を与えて運動を準備させている諸対象だけに限定されるのである。記憶に関してはどうか。〔身体の〕役割は、有用な記憶〔…〕を選び出し (choisir)、それに身体のほうから現実的実効性を与えて判明な意識へともたらす、ということに尽きる。(MM 199[259])

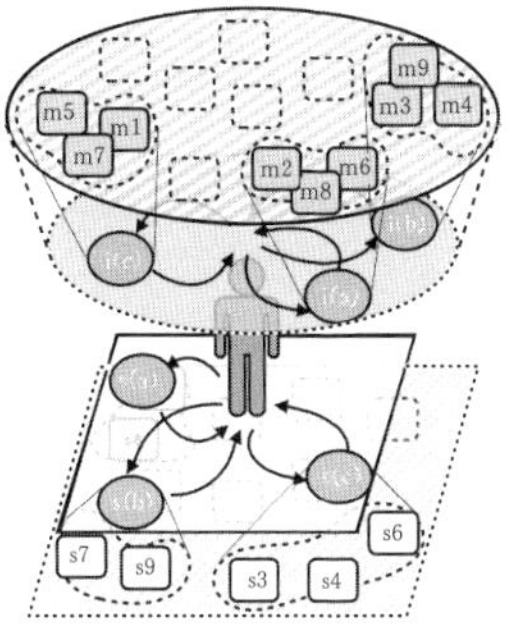

図6　中和による知覚と記憶の選別とタイプ化：身体は、知覚に対しても記憶に対しても、選別の基準として機能する。そしてその選別は、運動記憶による「中和」によって実装される。斜線は中和を表している。

(8)　タイプ的イメージは運動記憶によって安定化される。受動的総合である以上、放っておけばバイアスとして私たちの認識を固定化するリスクも伴う。これもまた時間の宿命であるからこそ、拡張による再構築の契機が重視されているとも言える。なお、平井 (2020b) では「高次凝縮」という表現を用いたが、背景機構の違いを反映して改めた。

(9)　諸記憶が階層3に位置することを考えると、利用されない諸記憶の中和は、「速すぎる」ことによる物質の中和とは別な仕組みであることが予想されるが、ベルクソンは詳述していない。

私たちの身体――これは運動記憶の集合体だ――は、物質世界のなかから有用な知覚を絞り込み、記憶全体のなかから有用な記憶を絞り込む。[10] その点で、外界と過去に対して、対称的な役割を果たしていると言える。つまり運動記憶は貫スケール的に働くのだ。

このように知覚と記憶の関係を整理すると、これまで見えにくかったいくつかの点についての理解が進む。第一に、運動記憶による**タイプ化**は、知覚と記憶の双方で有用なものの選別・絞り込みという同じ役割をしていること。第二に、選別の元となる全体については、知覚の場合は階層0の物質である一方、記憶の場合は階層3が含む**無数の体験質**（純粋記憶）であること（3章5節）。第三に、鏡映は出来上がった水路の効果であるため、再認で用いられるタイプ的イメージもまたタイプ的知覚の場合と同様、**非プロセス的**に切り出されるものであること、[11] こうした点である。

凡庸化と重ね合わせ

階層3に保存される体験の記憶は、凝縮されつつも識別可能性を維持している。つまり、そのままではトークン的であり、タイプ的ではない。

ベルクソンは、私たちが想像や夢で用いるイメージは、こうしたトークン的な記憶を加工して作られると考えている。その際に、個別的特徴の「丸め込み」が必要となる。重合は、この「凡庸化（banalisation）」ないし「脱個人化（dépersonnalisation）」を担っている。二つの用例を引こう。

異なる記憶は混ざり合い、大量の類似した、しかし個人的な記憶が、互いに重なり合い、互い

> に干渉し合うことで、脱個人化して没個人的な記憶になります。（HTM 129）

> 多くの同じ本性を持った記憶が、この運動の中で相互に関係し重ね合わされ、その凡庸さのうちに、一緒になって溶け合った膨大な数の個人的記憶を表現している。（HTM 137）

私たちは、3章で、凝縮の「内容成分」と「ニュアンス成分」を区別した。前者は、凝縮が含む諸項自体の質成分であり、後者は「実現された関係構造」に基づく質成分である。それゆえ重ね合わせにおける凡庸化はこれら二つの成分のそれぞれを「平均化」する。つまりイメージはただ内容的に凡庸化するだけでなく、「いつ・どこ」の特定性も失うことになる。(12) こうして、純粋記憶を素材に、タイプ的イメージは構成される。

この後に見ていくように、実は、想像、想起、夢などのイメージ能力において**汎用のアイテム**として用いられるこれらのイメージが、元を辿ればすべてトークン的な体験でできていることが、私たちの**探索的で創造的な知性**の基礎条件をなしている。中和はいつでも脱中和されることができ、

---

(10) ちなみにこれは、伝統的には心身間の相互作用に相当する「大問題」であるが、時間スケールをまたぐ相互作用を初めから実装しているベルクソンにとっては、ほとんど通りすがりの解決になっている。水路ができている場合には非プロセス的「鏡映」、プロセスの場合は「上り」は「凝縮」であり（本章3節で見るように）「下り」は「示唆原因」である。

(11) ベルクソンは、想起におけるイメージ形成のことをはっきりとプロセス的に描く（次節参照）のに対して、注意的再認において自ずとイメージが貼り付けられる様を、「規則的」（MM 95[124], 107[141]）「半自動的」（HTM 116）な投射と形容している。運動図式も反復による、「個体レベル」での水路づけの成果であるからだ。

(12) 元々の記憶に偏りがあれば、「平均化」を経てなお特定の「個人的色合い」を帯びることがありうる。HTMで導入される「個人的再認」はこれで解釈可能である。

一つのタイプはそれが擁する数多の識別可能性をいくらでも展開させる用意があるからである。

3 過去は現在に作用できるか——想起と模倣

それでは、いよいよ（三）エピソード想起である。人生の全ての出来事が記憶される——こうしたベルクソンの純粋記憶理論を、人生スパンに及ぶドライブレコーダーのようにイメージすることは、以下の二重の意味で間違っている。まず、脳の働きとして間違っている。経験は複雑な時空構造（要素の配列）を含むが、それ自体時空内の局所的な構造体に過ぎない脳がそれを含み持つことはできない（構造の識別可能性の縮減）[13]。現代の知見においても、脳に保持されるのは経験全体ではなく「一部の」「符号化」された痕跡だけである。つぎに、現象面を含む包括的体験としても間違っている。現在を越えでた体験は、その構造が畳まれてしまう以上、そのままでは維持できず、上位の質次元へと繰り込まれざるを得ないからである。結局、機能面でも現象面でも、体験は絵巻物のように「並置」されて保存されるわけではない。

私たちが採用しているMTS解釈の大枠（3章）について、簡単に振り返っておこう。ポイントは、「過去」のスケール相対性である。例えば三ヶ月前のライブ参戦が過去であるのは、感覚‐運動システムによって定義される現在の窓（階層2）に対してであって、この出来事は人生を一サイクルとする時間階層（階層3）においてはなお現在である。私たちが一瞬（階層1＝二〇ミリ秒）の光を目にする時、その期間の電磁波の保存が（完了していない相互作用自身以外に）媒体を要求しないように、私たちの過去の経験も、「それ自体において」（＝媒体なしに）保存される。ただし、ベルクソンは過去が「そのままの姿で」（＝変形なしに）保存されるとは述べていない。維持されるのは識別可能性――他のどの体験とも違うあのときのライブ――であり、構造は、保存される際に凝縮を被る。従来は現働的な知覚と潜在的な記憶という対比を用いて解釈されてきた論点であるが、私はこれに「識別可能性空間の変形」というモデルを与えた。イメージが「一度生じたそのままに存続し、〔…〕私の歴史の還元不可能な一瞬間をなす」（MM 85[112]）というのは、識別可能性の保存（他のあらゆる出来事から識別されること）を意味するのであり、その保存はオリジナルの体験に伴う「実現された構造」を質次元に繰り込むことで果たされている。

さて、こうした彼の記憶理論のうち、3章では、記憶に浸透する「時間的色合い」という、時間情報の繰り込み分にかかわる理論のみを紹介した。以下では、「想起イメージの再現」という、いわば本体部分を見ていく。

想起の現象学

それでは、ベルクソンが「想起」の仕組みについてどのように考えていたのかを見ていくことにしよう。とにかく想起は難所中の難所なので、まずは、指示対象をお互い見誤らないように、想起ということで問題にしている現象を、テクストの記述をもとにしっかり同定する。つぎに、なぜ・どのようにしてそのような現象が実現されるのかというメカニズムの議論に移ることにする。

（13） これはベルクソンが観念論について展開する議論である（MM 第一章，ES「脳と思考」）。

想起において記憶は、実に摩訶不思議な振る舞いをする。私たちの想起プロセスが、ひとがうっかりなぞらえてしまうハードディスクの検索とは根本的に異なる現象であることを、以下の**想起の七つの特徴**と照らし合わせながら確認していただきたい（途中記号が異なるのは後で利用するため）[14]。

（ア）何かを見たり聞いたりしているうちに、ふと「あ、これは何かと関係がある、何だったかな」と感じて、探索的な想起が始まることがある。そう感じた瞬間は、まだ想起は開始されていない。そのため、一体「何が」問題なのかも分かっていない状態であるが、にもかかわらず、あなたは「それ」に関連する記憶が自分のなかにあることを察知している。「**ナンダッケコレ感**」とでも名付けよう。その最初の感触がなければ、わざわざ想起のプロセスに入らないのだから、重要な要素だ。しかし、まだ思い出していない記憶が口出ししてくるなんてことは、どうして可能なのだろうか[15]。

（イ）「何が」問題かが分かった段階で、「**思い当たる節**があるか」のチェックも可能である。これも、個別事例をしらみつぶしに想起していくわけではなく、想起に先んじていわば「想起の見積もり」を取っている作業になる。これは現代の議論で「エピソード的既知感（Episodic Feeling of Knowing：EFOK）」と呼ばれている[16]。これがない場合は、想起プロセスには入らないだろう。

（一）いざ想起プロセスに踏み出す場合には、最初に、「現在の相互作用から**離脱**する」という一種の態度変更が必要である。

（二）記憶全域から、特定の領域へと手探りで**絞り込む**。

(三) 想起イメージの現実化。

(ウ) 想起ターゲットの同定に成功して、イメージの現実化を進めていっても途上で頓挫する場合がある。「喉まででかかっている」(Tip of the Tongue : TOT) 現象である。覚えているのは分かりきっているのに、思い出せない[17]。

(エ) 想起してみた結果を、自身で照合できる。思い出してはみたものの、「なんか違うんだよな」と感じる。ただし、間違いはわかるが正解はわからない。「コレジャナイ感」と呼ぼう。

ベルクソンはあるテクストで、(エ)の間接的教唆の働きを、記憶の「潜伏的介入 (intervention latente)」(MM 91[119]) と呼んでいる。これは3章で紹介したように、「いったん思い出してみた」段階で、他人からではなく内部的に「ダメ出し」が入る場合である。「自分が間違えたことをある漠然とした違和感によって認める。意識の暗い奥底から一種の警告を受け取るかのように」(MM

(14) 紙幅の都合で引用を断念したが、ES (164-166) に見られる「プレンダーガスト」の想起事例は、ベルクソンの驚嘆すべき現象記述に満ちているのでぜひ併せて一読いただきたい。

(15) 想起の起点においては、人から訊かれるなど外因的なケースと、この場合のように内因的なケースがある。そして、先に場面が来てそれが「いつ・どこ」だったかを探る場合と、逆に場面の再現をゴールとして目指す場合がある。以下では主にいずれも後者のケースを考察する。

(16) 平井・原・ペラン (2022) を参照。なお、ペランはEFOKを能力的に解釈しており、その場合これは「思い出せそうな感じ」に該当する。これもまた重要な現象的特徴である。無理そうなら想起に入らない、などの判断に資する。

(17) 「見つけられると思う、しかし見つからない。それにまもなく触れられそうだ、もうそこだ、と感じる。無意識のプロセスがイメージを指示しているのです。すぐ傍まで来ている。しかし見つけるまでには至らない」(強調引用者、HTM 56)。

92[120])。だが、(エ)に限らず、右のリストを眺めれば、記憶はずっと「**不可視なままそこに居合わせて**(invisible et présent)」(MM 92[120])いる、という非常に特殊なあり方を示すことがわかる。そこで、私たちとしては、記憶のこのような特異な振る舞いを総称するのに、「潜伏的介入」を用いることにしよう。

想起の三ステップ

さて、想起の実プロセスを構成する(一)~(三)について、ベルクソンの記述を見よう。それは、『物質と記憶』第三章の冒頭に見られる。

> ある記憶を見つけたり、自分の生涯の一時期を思い出したりする場合を取り上げてみよう。われわれが意識するのは、ある独特な働き、すなわち(一)現在から離脱してまずは過去一般に、(二)続いて過去の一定の領域に身を置き直す、という働きだ。これはカメラのピント合わせにも似た、手探りの作業である。だが、われわれの記憶はまだ潜在的状態にあり、ここでわれわれは適切な態度をとりながら、それを受け止める用意を整えているに過ぎない。(三)やがて、徐々に記憶は、凝集する雲のように現れてくる。記憶は潜在的状態から現勢的な状態に移行し、輪郭が形をとり、表面が色彩を帯びてくるにつれて、知覚に似たものになっていく。
>
> (番号付けは引用者、MM 148[196])

この三つのステップは以下に詳しく検討するので、繰り返しを厭わずしっかり同定しておく。各ステップに対応するベルクソンの記述をまとめるとこうなる。

（一）**現在からの離脱**：「現在から離脱してまずは過去一般に身を置き直す」という「ある独特な働き」。

（二）**記憶の絞り込み**：「続いて過去の一定の領域に身を置き直す」働きで、これは「カメラのピント合わせにも似た、手探りの作業」である。しかし、記憶は「まだ潜在的状態」にある。続く（三）によって現実化される記憶を「受け止める用意」の段階にとどまる。

（三）**想起イメージの現実化**：記憶が「潜在的な状態から現在的な状態に移行」し、「輪郭が形をとり、表面が色彩を帯びてくる」。

まずは、自身の想起体験と結びつけて具体的に確認してほしい。例えば、あなたが今集中して事務作業をこなしているとしよう。そこで突然「一昨日の晩御飯は何でしたか」と尋ねられた。いったん手を止めて、「一昨日の晩御飯？　ええと……」となるだろう。私たちの日常は、「現在」で営まれている。「過去」はそこにあるとしても、すっかり背景に退いているはずだ。そこで、それを前景に立ち返らせるためには、現在のほうでせわしなく回っている感覚‐運動のループをいったん解除しなければならないわけである。これが（一）現在からの離脱である。

しかしこの段階では、手にした過去はまだ「過去一般」でしかない。人には人生の長さの分だけの過去があるから、今思い出したい過去がそのなかのどの「領域（région）」のものなのかを、手探りで絞っていく必要がある。これが（二）記憶の絞り込みだ。「手探り」というのも大事である。

思い出してみて「あれ、この時じゃないか」となって、やり直すことも多々あるからである。

最後の段階が、ターゲット記憶そのものの構成にあたる。うまくいくかどうかはやってみなければ分からない。運が良ければ、「徐々に記憶は、凝集する雲のように現れてくる」。

これらのフェーズが成功裡に進めば、私たちは、ありありと蘇る過去の場面へと連れ戻され、いわゆる「心的時間旅行」(タルヴィング)を経験することになる。現実化された「**想起イメージ**」とは、知覚における流れ体験同様、〈構造と現象質の双方をそなえた未完了的あり方〉における記憶、つまりは過去の出来事をありありと再体験している状態の記憶のことを指す。私たちが想起経験に特有なものとして味わうあの「思い出しているという感じ(想起感)」としての過去性は、このフェーズに由来する[18](3章5節「時間徴表説」)。

現在からの離脱① 弛緩と膨張

まず、(二)現在からの離脱から見ていこう。ベルクソンは、**記憶へのアクセスが生命にとって諸刃の剣**であることを至る所で強調している。現在しか利用できない生命に比べれば、参照できるリソースが圧倒的に増えるわけなので、行動選択の合理化や学習効率などの面でメリットしかないように思えるかもしれない。しかし、生命活動とは、本来的には環境との相互作用を基盤とするものであり、そこに帰着することのない「夢想」に耽ることは、そうした「世界への接地」を危険に晒すものとなりうる。記憶の切符は心の病に通じている。

したがって、現在と無関係な記憶が押し寄せて心を占領してしまうことのないよう、記憶には厳重なゲート管理が不可欠である。ベルクソンでは、「**生への注意**(attention à la vie)」がこの門番の役月を果たし、覚醒中の記憶へのアクセス権限を握っている。逆に、身体の「感覚‐運動的平衡」（MM 180[234], 194[251]）が崩れることで、生への注意が「弛緩（détente）」すると、記憶は制御を失い、放埒な発現が引き起こされる。睡眠時の夢や、空想、走馬灯[19]、デジャヴュ、さらには統合失調における幻覚（MM 194-196[251-254]）もまた、こうした条件から説明される。目覚めていても「うとうと」したり「ぼんやり」したりすると、野生の記憶が忍び出てくることは誰しも身に覚えがあるだろう。これらの事象は皆、記憶というパンドラの箱を開けたことの代償として私たちが引き受けた、内在的なバグなのである。

記憶関連の働きのなかでも、本章1節で見た注意的再認におけるタイプ的なイメージの利用のように、反復された運動回路に基づいた運用ならば、それは文字通り行動に資するわけで、精神を病ませる恐れは低い。だが、エピソード想起は違う。「似たような出来事」ではなく、「一回だけ起きたあの特定の出来事」を再現するという、極度に有用性の限られた操作である。そうした操作は、

（18） ベルクソンの議論では複数の過去性が区別される。ここで述べている（二）および（三）フェーズに起因する過去性は、心的時間旅行という現象体験そのものに伴うものである。「本質的に潜在的なものである過去は、それがわれわれに過去として把握されるためには、過去が現在のイマージュへと展開しつつ暗闇から白日のもとに現れてくるその運動を、われわれが身をもってたどるしかないのだ」（MM 150[198]）。だが他方で、現在から離脱する（一）において、すでに一つの過去性が成立してもいる。「トラベルバック」と「ドローバック」過去性については平井・原・ペラン（2022）。

（19） ＭＭ（172[224]）、ＥＳ（76-77）、ＰＭ（170）、ＨＴＭ（132）。ジョルジュ・プーレは、ベルクソンの走馬灯（パノラマ・ヴィジョン）を扱った古典的論文のなかで、それを「弛緩」から説明する点が彼に固有であることを指摘している（Poulet 1960）。ちなみに夏目漱石はこの事例を『道草』のある箇所で「仏蘭西のある学者が唱え出した記憶に関する新説」として紹介している。

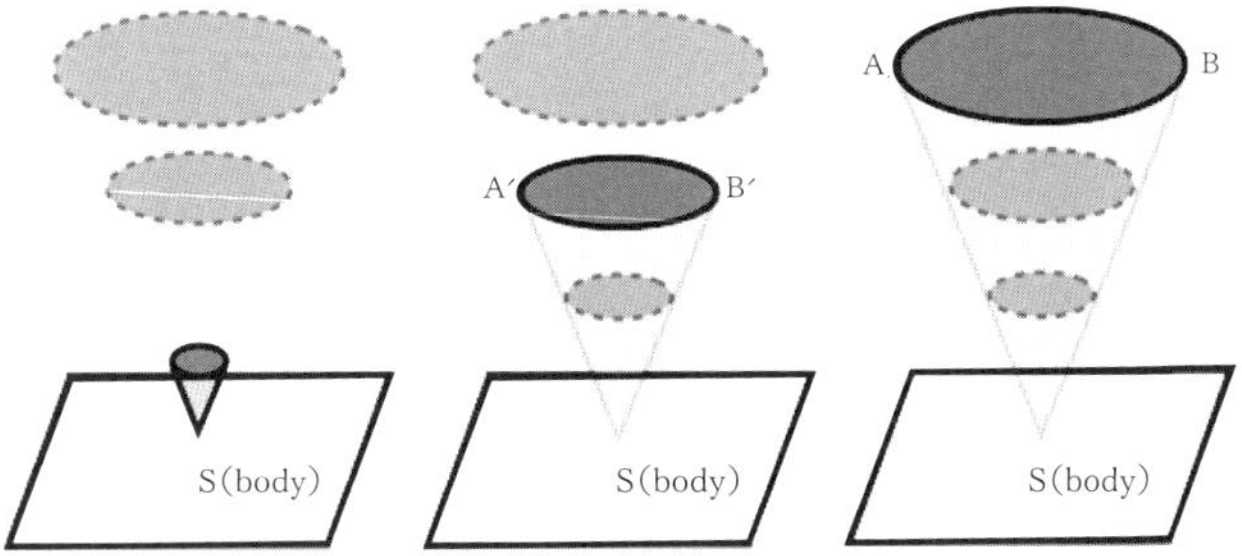

図7　記憶の諸平面：左は同じ記憶の全体が、一つの質にまで凝縮されている状態（人格質）。

本来は「覚醒」の裏であるところの「弛緩」を（目覚めていながら）意図的に発動させるという、いわば自然の裏をかく極めてトリッキーな技能なのである（石井 2007）。

想起の第一ステップ「現在からの離脱」はそれを示している。弛緩は、それまで緊縮していた記憶の自然な「膨張（expansion, dilatation）」を引き起こす（図7左から右へ）[20]。想起とは、通常は気が散ったり集中力が切れたりした時に意図せず起こってしまう弛緩・膨張を、意図の制御下で、つまりわざと引き起こすことである[21]。

ベルクソンは夜空の星雲を望遠鏡によってズームインすることで個別の星々を見分けられるようになるという比喩を用いつつ、「さまざまな記憶をいっそう広い面の上に拡げ〔…〕、それまでは漠然として集合のなかに、落ち着き場所の分からなかった記憶をそれと見分けるに至る」（MM 191[247-249]）と述べている。いずれにせよ、まずはそうした弛緩状態に記憶全体を持ち込んで初めて、そのなかから有用な記憶を絞り込み、選択的に現実化するということも可能になるというわけである。

現在からの離脱②　時間的内部の移行

こうした比喩的な記述は、メカニズムとしては何を指示しているだろうか。MTS解釈では、これを、階層1と階層2のあいだにあった**時間的内部が階層2と階層3のあいだに移行すること**として解釈できる。こうして限られた識別リソースを使い回すわけである。

私たちの通常の生は、現在という場で営まれている。これは階層1と階層2のあいだに開いた「時間的内部」(未完了相)のことを指す。ここはおよそ三桁分のスケールギャップがあり、私たちは最大数百から千ほどの感覚質からなる豊かな流れを、そこで体験しているのだった(2章)。そして、階層3が含む大量の体験質は、すべて高次の質次元(人格質)へと繰り込まれて、体験をバックグラウンド的に「色づける」のであった(3章、**時間的色合い**)。

記憶探索のターゲット(目的のトークン的記憶=体験質)は、現在においては潰れているこの人格質のなかにある。ただし、階層2と階層3のスケールギャップ(=記憶の数)は八 - 一〇桁ほどもある。(22) 私たちの限られた識別可能性リソースを、現在を維持したまま記憶探索にも割くことはできない。「現在の手を止める」ことは、階層1と階層2のあいだの時間的内部を閉じる方向に働く。意識が

(20) 「意識はより広大な面の上に自分を繰り広げながら、自分の蓄える富の目録をいっそう詳細に展開できるようになる。これはちょうど、塊のように見える星雲が、だんだん強力な望遠鏡で観察されるにつれて、より多くの星々に別れていくような具合である」(MM 184-185[240])。この膨張は、記憶の「定位(localisation)」に不可欠であると述べられている。「定位の作業とは膨張の努力である」(MM 191[247])。「記憶を定位するとは、〔…〕全体としての記憶が自分を膨張させていきながら、過去の当の細部がそこに姿を見せられるほど大きな円を描くことなのである」(MM 272[347])。

(21) 通常は、「夢見る」こと自体が、生を司る欲求や意志の緩みに起因するわけだが、想起の場合は、逆説的なことに、「夢見ることを欲求する(vouloir rêver)」(MM 87[115])ことが必要だとされる。

(22) 10^8 秒はおよそ3・17年、10^9 秒は31・7年である(トホーフト他 2015)。

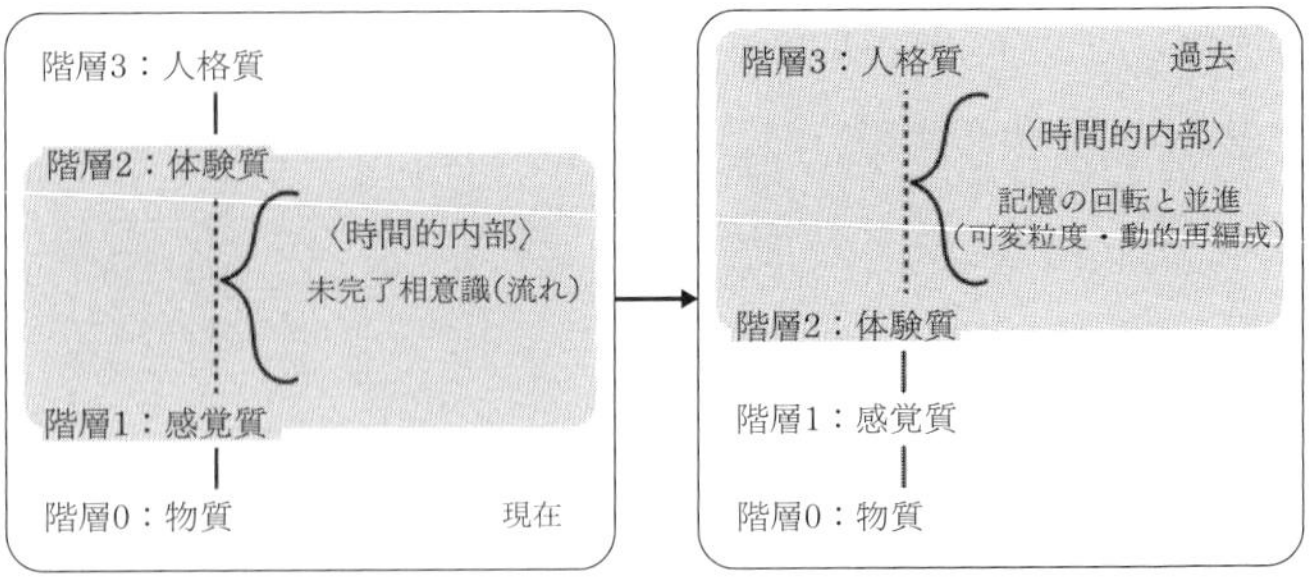

図8　時間的内部のシフト（MIS解釈）

上の階層に移行すれば、身体が環境との間でなしうることは自動的・機械的な所作でしかなくなる。その分のリソースを記憶に回すことができるわけである[23]。階層2を定義する感覚‐運動ループは、外界の物理事象との絶えざる相互作用のもとにあるが、それを意図的に（ほぼ）解除し、現在の「律速」を解く――文字通り「リズム」を変える――ことで、記憶に臨む体制が整えられると想定される。

人格質は異質的多様体である。それに物理的なサイズがあるわけではない。だから、「膨張」というのは比喩でしかありえない。では、何を表しているのか――。それは、これから試行される「構造」のための領域を用意することだ[24]。この後で見るように、記憶の探索もまた、固有の「折り合い」つまり未完了相のもとで展開される探索である。それゆえ、それを可能にするための「拡張」が先に必要なのである（ただし進化でも学習でもないので、これは拡張ではなく移行である）。私たちに同時に制御可能な識別可能性がせいぜい三桁なら、現在の方を閉じて、これからなされる記憶探索に備えるということは有意味であるだろう。

記憶の絞り込み――回転と中和

続いて第二ステップ、記憶全域から特定の領域への、手探りの絞り込みがある。これは記憶の「**方向づけ**（direction, orientation）」、「自転運動（mouvement de rotation sur elle-même）」といった言葉で説明されている。「これによって記憶力は現在の状況へと方向づけられ（s'orienter vers）、いちばん役に立つ側面をそこへさし向ける」（MM 188 [190]）。同じ働きは、HTMでは「集中運動」とも呼ばれている。[25]「自転」に含まれる「**回転**（rotation）」という言葉は、続く第三ステップの「並進（translation）」と対になる、（化学や数学などでも用いられる）一般的な用語である。並進とは、ひとまとまりの全体が位置移動することを意味するのに対して、回転とは、全体のなかでの諸要素の相対的な変転を意味する。

ベルクソンは、記憶は常に全体が連帯して動くと考えているので、有用な部分だけが意識にあらわれる場合でも、それは記憶全体から文字通り「切り離される」わけではなく、あくまでも「**前景化**」しているだけ（残りが後景に回り込んでいる）と考えている。これが回転に相当する（HTMでは、知覚だけでなく記憶についても「中和」概念が適用されていることは、2節で見た通りである）。

ベルクソンの記憶理論の最大の特徴である「**記憶の諸平面**」がこうして導かれる。ベルクソンは、同一の記憶のセットが無数の編成をとることができ、私たちは想起のたびに、様々な基準のもとで

(23) 感覚遮断の状況下で時間の感覚が変化することに対応。

(24) ただし相互作用によって構築される水路が脳側にある。そこから、鏡映的な掛け合わせの結果として、共存する「可能的断面」（MM 188[244]）「可能的反復」（MM 190[246]）からなる心の構造が帰結する。『試論』における深層と表層や『物質と記憶』における記憶の諸平面はそのもとで解釈しなおせる可能性がある。

(25) 「自らへの集中の運動（un mouvement de concentration sur elle-même）によって、記憶力は〔まず〕自らを単純化し、現在の知覚に対して現実の状況において用いられ挿入されうる自らの部分だけを提示します」（HTM 168）。

諸記憶をリアルタイムで編成し、そこから適切な粒度で記憶を取り出してくると主張している。逆円錐図の各断面は、それぞれ別な仕方で——別なタイプ化・時期割り・粒度で——編成された記憶全体を表している。つまり、彼の理論においては、**諸記憶相互のネットワーク構造自体が、単一・固定ではない**のである。

> われわれの記憶全体がとりうる無数の反復態を想定するなら、それらの一サンプルは、それ固有の仕方で特定の諸断面に切り分けられるだろう。そして、その分割のされ方は、あるサンプルから別なサンプルに移ればまた別物になるだろう。（MM 190[246]）
> 諸記憶は限りなく多くの互いに異なる「システム化」に参入する。（MM 188[245]）

例を紹介しよう。ベルクソンは、「粒度」違いの例として、ある外国語の単語を耳にしたときに、「その言語一般が思い浮かぶこともあれば、かつてその単語をある仕方で発音した声が思い浮かぶこともある」（MM 188[245]）を挙げている。「言語一般」は「タイプ的イメージ」で、円錐の下位断面に位置するが、上位断面上に位置する〔2〕「その単語をある仕方で発音した声」は、他の多数の同種の記憶とともに、〔1〕のうちに重ね合わされているという具合である（図9右下）。

　ここで是非思い返していただきたいのは、こうした**想起時の自由な再編可能性**を担保しているのは、時間徴表説、もっと根本的には「関係構造の項への繰り込み」をもたらす凝縮説であったという点である（3章）。項が元の並びを覚えているなら、並び替えは自由にできる。

　さて、内容に基づく記憶探索の場合（類似連合）には、脳側がとる状態をキーにすることで、[26]関

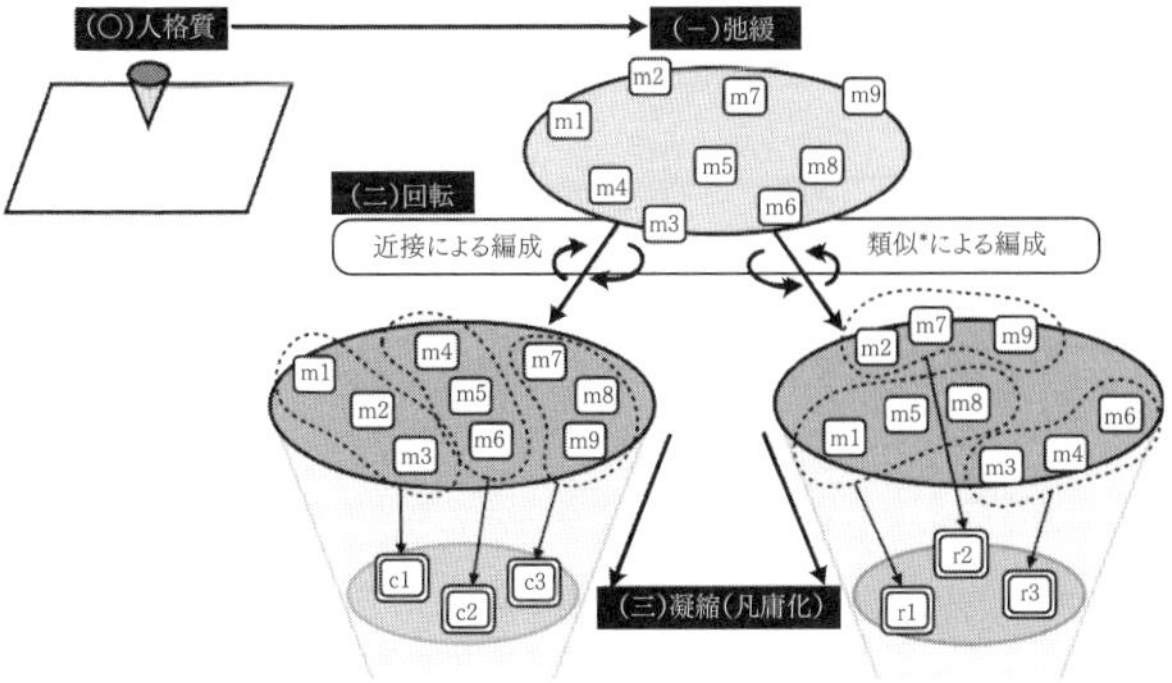

図9　想起プロセス：凝縮態にある全記憶（左上）が、未編成の弛緩態（右上）に移行する。異なる方針によって異なる編成がなされる（下左右）。＊「類似」について絶対的な体系があるわけではなく、その時点で身体の採用している運動状態に相関的にしか定義されない点は注意（5章）。なお、凝縮の向きが本書で用いているMTSの階層図におけるそれと上下が逆転するので注意されたい。

連する記憶（内容成分）が鏡映を介してタイプ的に選別される。例えばいつかのカレーランチを思い出したければ、カレーランチ時の脳状態がその絞り込みキーとして役に立つ。前節で見たように、日々繰り返し用いる概念であれば、水路はしっかり掘られているためタイプ的イメージの切り出しは非プロセス的に果たされるが（本章2節）、エピソード想起の場合には事情が異なる。最終的な想起対象がタイプではなくトークンだからである。頻度が低ければ低いほど水路は浅いから、システムは重合された（＝演じられる）過去に訴えることができない。そこでどうしても「プロセス」（の時間）が必要になる。それが続く「現実化」過程である。

　時期に基づく記憶探索の場合（近接連合）には、頼りにするのは記憶のニュアンス成分、「時間的色合い」

(26)　3章2節で述べたように、ベルクソンは脳内痕跡の存在を否定しているのではなく、脳内痕跡が記憶そのものであることを否定している。脳内痕跡は、検索キーとして想起に寄与する。

である。そして、内容と時期の二つの基準は多くの場合組み合わさって現れるだろう。「去年ごろに」「田中氏と」「夜に」食べた「カレー」といった具合である。適切なタイプ化のキーと時間的色合いの掛け合わせによって、目的の記憶を囲い込む（前景化するよう回転させる）。ただし、繰り返すがトークンまでは絞り込めるとは限らない。残りは第三ステップに委ねるほかない。

イメージの現実化① 凡庸化問題

第三ステップに進もう。想起の最終段階で、記憶が姿を現してくる場面である。絞り込めるところまで絞り込んだところで、待ち受けていると、ある場合は突然に、別な場合は徐々に、記憶がイメージとして像を結ぶ。そうした場面で、記憶にはどんなことが起こっているのか。

まず、テクスト上の表現を確認しよう。このステップは、選択された記憶の面全体（特定の仕方で方向づけられた）が現在平面に向かって垂直方向に「並進」することと説明される。これが記憶の「推進力（poussée）」や「前進運動（mouvement en avant）」と別なものではないことは、HTMで疑いの余地のないものになっている（113, 128-129, 136, 150-151, 168-169, 192）[27]。そして、この過程で、個人的なディテールを備えた記憶は「凝縮」し、「凡庸化」していくとされる。

ここで疑問が生じる。「並進」「前進」、そして記憶全体の「凝縮」まではいい。作業のためにいったん弛緩させた記憶の領野を、想起が終わったならまた閉じ直す必要があるからである。想起のために必要なイメージを前景化させたなら、残りは背景に回して再び識別リソースと時間的内部を現在に返さなければならない。

解釈者を悩ませてきたのは、「エピソード想起」の最終局面に、どうして「凡庸化」が入ってくるのかという点である。タイプ的な知識を問う意味記憶の想起であれば、凡庸化も納得できる。(28) ところが、エピソード想起が現実化したいのは、トークン的な個別体験である。その場合に、せっかく(一)と(二)のプロセスで目的のトークン的出来事(に近いもの)を割り出しても、最終段階でこの「凡庸化」が入ってしまえば水の泡ではないか――。ここから、一部の解釈者は、「記憶の諸平面」の話と「現実化プロセス」の話を切り分けた上で、逆円錐図が紛らわしくも、本来は別個であるこの二つを指してしまっているという風にとることで、問題を解決してきた(ドゥルーズ 2017)。だが、MTS解釈のもとでは、別な形でより包括的な解釈を提供できる。

最初に、想定される誤った解釈を退けておこう。この現実化プロセスのことを、「記憶が次第に知覚化・イメージへと変化すること」と解釈することは、厳密には誤りである。「厳密には」というのは、記憶が「イメージになる」とか「物質化する」などといった、ある意味で不用意な言い方

(27) ベルクソンにおいて記憶は、大人しく眠っているものではなく、「推進力」(MM 187[243])を持ち、自ずと物質化しようとして(石井 2001 189)、「ひたすら待ち構えて、自らの保持するイメージをそこに滑り込ませようとしている」(MM 103[136])能動的なものとして描かれる。それを封じ込めようとする現在との拮抗において、記憶の正常な働きと病理的なあり方を示すのが、彼の記憶理論の印象的な戦略である。ただし、実装レベルで考察する場合には、「推進力」を字義通りに記憶に帰属させることには、いくつかの留保が必要である。夢の場合は、推進によって現在に突破してくるというよりは弛緩によって逆円錐の底面側にイメージが生じること(ES 166)、つまり「努力」を要さないこと(ES)、凡庸化を伴う現実化は「行動が及ぼす牽引力(attraction)、行動の必要性によってすっかり説明される」(HTM 130)と述べるテクストがあること、などが理由である。

(28) ベルクソンは、「意味」というものは、イメージから切り離して抽象的に捉えられても実践上役に立たないと考えている。「イメージから完全に切り離されたとき、イメージの意味という観念がどうなるかを言うのはむずかしいばかりでなく、さらに言えば、論理的には同じ意味のことがまったく異なったイメージの諸系列に属しうる」(ES 161-162)。

をベルクソン自身が多くの箇所で許してしまっているからである。文脈的な譲歩のため、あるいは大きくざっくりとした話をするために少なくない箇所で許容されているものの、理論的な視点からみれば、間違いである。この解釈を現実化の「**変身説**」と呼ぶことにしよう。

変身説が誤りである根拠については、『物質と記憶』でも想起プロセスを示した直後の数段落で、はっきり述べられている。一言で言えばそれは、「知覚と記憶の間には**程度の差異ではなく本性の差異がある**」というものだ。確かに、見かけ上は、あたかも潜在的だった記憶が徐々にイメージの形をとってくる（「記憶を強めれば知覚になる」）ように感じられる。それはベルクソンも認めている。(29) しかし、ベルクソンは続け様に、「問題は、ほんとうに痛みの記憶ははじめから痛みであったのか、という点だ」（MM 150[199]）と問題を提起する。そして最終的にはこれに否定的な答えを出す。「純粋記憶」は、知覚的・感覚的生彩を帯びた「想起イメージ」に「なり」などしない。純粋記憶は、私たちが場面を再構成する際に、不動のまま留まっている「お手本」であって、それ自体がイメージへと「変身」するようなものではないのだ。

イメージの現実化②　「変身説」vs「模倣説」

そして、そこで代わりに持ち出すのが、「示唆／被示唆」関係である。「ある感覚の記憶とは、その感覚を示唆することができるものである。〔…〕しかし、記憶とそれが示唆する状態とは別物である」（ES 133）(30)。ベルクソンは、この「**示唆原因**（cause suggestive）」(31) というモデルを採用し、変身説を退ける。「何度も強く「熱い」と繰り返されると最後には実際に熱く感じるようになるからといって、だからそのように示唆した言葉そのものがすでに熱かったのだ、ということにはならな

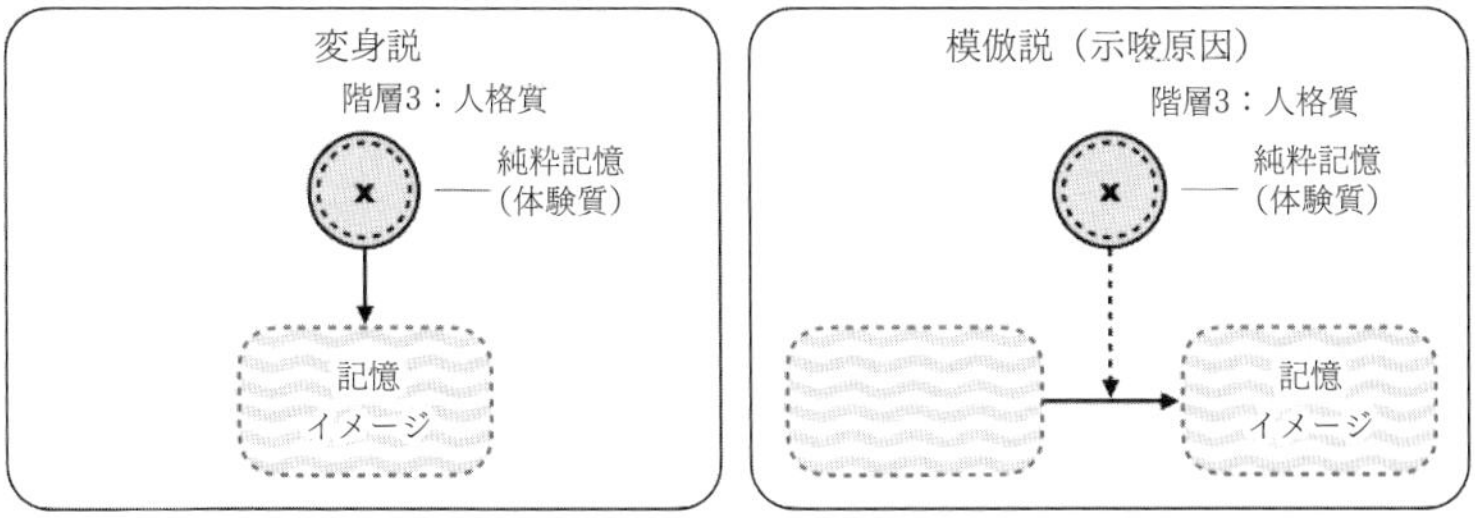

図10　現実化の変身説と模倣説：変身説は、「素材」と「調理」を純粋記憶が一手に引き受けるとする立場で、純粋記憶とイメージの間にある「根本的区別」を無視し、「程度の差異」に還元する点で批判される。模倣説は、イメージの素材はタイプ的イメージから供給し、純粋記憶は「調理」における指針としてのみ参照する。

い」（MM 150[199]）、と。[32]

ここで争点になっているのは、因果性のモデルの違いである。純粋記憶は、私たちが最終的に手にする想起イメージに対して、何らかの意味で原因として関与している。変身と示唆の違いは、

(29)　一種の譲歩としてではあれ、ベルクソンが一旦この変化を認めている点が、読者を混乱させているのは事実である。

(30)　「この記憶はまさに、生まれようとする感覚に対しては、暗示〔示唆〕を与える催眠術師の役割を演じているのだ」（MM 151[199]）。

(31)　ベルクソンが「示唆〔暗示〕」という言葉にこだわっていることは、以下のような多様な言い換え・造語から伺える。「イメージの原因ではあるものの、イメージではないもの、先ほど私たちがイメージの示唆（la suggestion de l'image）、イメージの示唆原因（la cause suggestive de l'image）、イメージを示唆する原因（la cause qui suggère l'image）と呼んでおいたもの」（HTM 54）。「初発的知覚という結果から原因へと、すなわち、示唆する記憶（souvenir suggérant）、示唆するものとしての記憶（souvenir suggestionneur）へと移行せねばならないのです」（HTM 48）。

(32)　「変身」が見かけであるという同じ論点は、HTMではよりじっくりと論じられている。「人は、記憶はやはり〔…〕より弱い知覚だ、と言います。記憶を強めていくと最終的に幻覚が得られる、というきわめて単純な理由からそう言うのです。／私たちはそれに答えて、こう言いましょう。仮に記憶がより弱い知覚でなく、知覚とは何の関係もない、絶対的に異なる何かであったとしても、すべては同じように進行するであろう、と。記憶と知覚の関係は、催眠暗示ないし催眠術師の言葉と、被暗示状態の関係に等しいのです」（HTM 46）。

それがどのような種類の原因であるかという点にある。

1章で見た「素材」と「調理」を思い起こしていただきたい。想起で最終的に得たいアウトプットは当時の場面を再び流れとして展開する「想起イメージ」である。「純粋記憶」のほうは、その内容を質としてだけ保持している。変身説は、この純粋記憶が、「素材にして調理」であると述べるのに対し、「示唆原因」を用いた立場においては、純粋記憶はあくまで「調理」の際の参照先でしかなく、「素材」にはならない。つまり、記憶の現実化とは、純粋記憶を参照しつつ、手持ちの、イメージ素材から想起イメージを「構成する」ことを指す。ベルクソンが採用しているこちらを「**模倣説**」と呼ぶのがいいだろう。[33] ベルクソンにおいて上から下への作用（下方因果）は、折り合いを含め基本的にこのモデルである。

ここで気付かねばならないのは、トークン的な想起イメージもまた、その「素材」は**タイプ的イメージ**でありうるという点だ。そして「模倣説」とは、タイプ的イメージから試行錯誤的「構成」を試みる以外に、ターゲットとするトークン的な記憶に接近する手立てはない、というものである。例えば、一昨日の晩御飯を思い出してみて欲しい。仮にそれがオムライスだったとしよう。その日、その時、その場所で、そのオムライスを食べたという経験は、確かに一回的な出来事である。しかし、そこで想起されたイメージそのものに、さして特別な点はないことにも気づかれるはずだ。それを一回的なものをたらしめているのは、あくまでもそれがまとっている「時間的色合いとニュアンス」（HTM 32）であり、3章で見たように、その正体は背景的な記憶の全体である。だから、体験を一回的たらしめているのは、必ずしもその体験の「内容」ではないのだ。

そもそも**純粋記憶**（体験質）とは、何だったか。それは、オリジナルの体験が含むすべての感覚質と、それらが実現していたすべての関係構造を質に繰り込んだもの、「流れ」を「完了化」「不動化」したものである（2章2節）。それは具体的な像ではなく、それは「どんな」体験だったかという印象・雰囲気しか示さない。だからもし、純粋記憶から想起イメージを復元しようとするなら、まずは構造の再現に必要な識別リソースの確保が先決だ。それが（一）時間的内部の移行である。そしてつぎに、イメージの素材が要る。これを提供できるのは、運動回路による非プロセスのタイプ的イメージしかない。しかし、それでよいのである。こうして「素材」が下で確保できるならば、朧げなお手本でも、ともかくも似たものを試作してみることはできる。そこで示唆原因モデルの出番である。

〔…〕記憶とそれに続く初発的知覚とのあいだに、催眠術師ないし暗示と被暗示状態のあいだにあるのと同じ関係を認める理論によってなら、〔知覚を弱めても記憶にならない理由が〕実にうまく、ごく自然に説明できます。／もし私が〔…〕記憶から、暗示〔示唆〕から出発するとすれば、仮定からして、この暗示は初発的状態（l'état naissant）を示唆し、その初発的状態は、ひとたび生じれば、強まっていくだけで幻覚的になります。（HTM 48）

（33）現代記憶哲学における主要な論争の一つに、記憶の構成的側面と保存的側面をめぐるものがある。ベルクソンは知覚の場合と同様、過去への時続きの接地（純粋記憶）と構成（示唆原因による模倣説）のハイブリッド説をとっている形になる（Schellenberg 2014, Sant'Anna 2018）。保存的側面の難点としての「共時性」問題については3章注21を参照。

記憶がただ「こんな感じだった」と示唆するものを、イメージ側は模倣し実演する。あやふやでもいったんイメージができてしまえば、こっちのものだ。体験質と体験質の「照合」による評価は下せるから、フィードバックを踏まえてどんどん仕上げていくことができるからである。だがそのためには、まずは粗雑なものでもいいから、ともかく試作品が要るのである。

重要なことは、想起を通じて、凝縮と運動、体験質とイメージのどちらかが一方的に主導権を握るという関係にない、という点である。[34] そうした「折り合い」を通じたすり合わせ・落とし所の模索が、**記憶の時間的内部**（図8右）のおかげで成り立つのである。[35]

> 構想（schéma）が一発で適切なイメージたちによって満たされるということは起こらない。ある遅延（un retard）がここから引き起こされる。というのも、構想は、要素となる複数のイメージとのあいだで、徐々に（graduellement）、新しく折り合い（modus vivendi）をつけなければならないからだ。その遅延は多くの場合、イメージへと展開されうるべく構想の側に変容がもたらされることにも起因する。この独特な遅延をなしているのは、数々の手探り、成果に差はあれ支払われた努力、イメージを構想に、構想をイメージに沿わせる順応、イメージ相互の干渉と重ね合わせといったものである。（ES 180-181）

ちょうど「持続」の時間的内部がそうであったように、「記憶」の時間的内部においても垂直的相互作用（その内実は示唆と模倣の繊細なすり合わせだ）が想起という営みを可能にしている。だからこそ、そのリアリティは甘美であり、時にひとを現在への係留から解いてしまいもするのだろう。だが同時に、それが解放する、恐るべき桁数のスケールギャップのうちには、無尽蔵ともいうべき発明と創造の鍵も控えている。[36] 私たちは、自分が何を知っているかを知らない。互いに異質な二つの時間の掛け合わせから、自分でも思いもしない言動を紡ぎ出すこともある。だからこそ、ベルクソンは、「自ら含む以上のものを自分から引き出す力」(ES 21, 31) として精神を定義することができるのである。

4 別な仕方でものを見る

「拡張記憶と運動記憶」の仕上げに、私たちの創造的知性を特徴付ける(四)「探索的認知」(「注意」と呼ばれる)の場面を見ておこう。現実に両者が極めて入り組んだかたちで発動する様が見てとれるはずである。

注意的再認と想起の違いは、どこにあるか。注意的再認では、知覚を模倣する運動図式の働きを

(34) 相対的固定という記述が見られる。「構想は、時期によっては変化を見せる。とはいえ、どの時期においても構想は相対的には定まっており (relativement fixe)、イメージの方が構想に合わせて調整される」(ES 182)。

(35) 他方で注意的再認の場合、タイプ的イメージの選別は一方的に運動図式が行う。投射のために時間的内部を要さない(非プロセス的である)のはそのためである。

(36) ベルクソンは、脳の識別可能性を圧倒的に凌駕する識別可能性を、異質的多様体としての心・人格が提供すると考えている。前者の都合で一方的に重合するタイプ的イメージでならともかく、膨張された水準では、前者から後者の全射は成り立たない。脳がわかれば心がわかるとする「**同等性仮説**」を彼が退けるのは、そのためである (ES「心と体」など)。

トリガーとして、記憶のなかからタイプ的イメージが非プロセス的に切り出される。つまり、私たちが慣れ親しんでいる知覚世界は、世界から切り出されたタイプ的知覚と、記憶から切り出された**タイプ的イメージ**からハイブリッド的に合成されることになる（図6）。それに対し、エピソード想起は、目の前の世界から一歩退いて、過去へとダイブするところからがスタートである。タイプ的イメージは手元の道具として用いつつも、それによって再現することを目指すのは、プロセス的に絞り込んだ**トークン的記憶**（個別エピソード体験）だ。この、非プロセスからプロセスへの移行は、運動記憶が反復による自動的なものからアドリブに移行することに応じている。

これほど違う二つの仕組みだが、両者が決して断絶したものでないことを、ベルクソンは見抜いている。想起に意味記憶（タイプ的イメージ）は不可欠であるし、意味記憶の探索に想起が役立つことも多々ある（ES 166）。そして当の意味記憶自体が、エピソード記憶の重合でできているのだ。なかでも注目しておきたいのが、ベルクソンが「注意」と呼んでいる現象である。

再認と想起の相互乗り入れ

「注意」とは何か。ベルクソンがその名で呼んでいる現象は、本章冒頭で挙げたような通常の意味の注意、つまり経験の一部を主題化・焦点化する働きとは異なる。そうではなく、〈観察を通じて、対象のディテールが増え、対象の置かれる文脈が多様化すること〉である。そこで本書では、これを「**探索的認知**」と呼び替える。

人間の目がカメラなら、解像度は最初から最大で、「よく見た」ところで見えなかったものが見えるようになったりはしないはずだ。だが、実際にはそれがおこる。なぜか。時間が使えるからである。ベルクソンはこのことを、注意的再認の発展編として論じている。そこでは**記憶と運動のフィードバックループ**が肝となる。「注意的再認」は、二重に拡張可能な余地を持つものであった（4章）。第一に、対象の特徴検出（運動図式）の解像度を上げる余地があり、第二に、それに応じて投射するイメージ記憶の情報量を上げる余地がある。投射によって新たな特徴検出の発見が可能になるから、この探索的認知の「回路（circuit）」は自己触媒的に回る。[37]

ベルクソンが『物質と記憶』（MM 115[151]）に描いている図に即して説明しよう。まず最小の円環AOから。Oは「対象そのもの」と呼ばれており、Aは「それを覆いに戻ってきている残像イメージ」（MM 114[150-151]）、あるいは「対象をそのまま写し取っただけのイメージ」（MM 112[148]）と言われている。図の上側に展開されるB、C、Dといった円環は、「記憶が次第に膨張していくこと」を表し、下側のB'、C'、D'は、「対象の背後に位置し、対象そのものとともに潜在的に与えられている、より深い諸原因」（MM 115[151]）と述べられる。

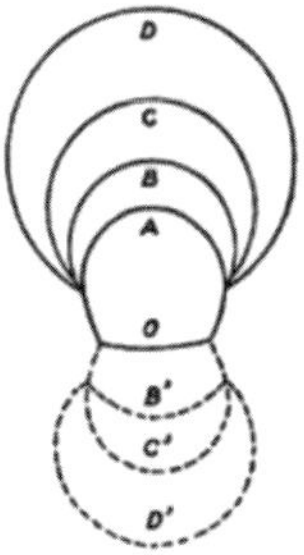

図11　探索的認知（注意）：注意的再認（B-B'）の閉じた回路が、探索的認知によってC-C'、D-D'へと拡張されるプロセスを描く。Oは対象、AはOによる生じる感覚質の総体（クオリアマップ）、B、C、Dは徐々に膨張される記憶面、B'、C'、D'は運動図式が模倣する対象側の特徴量を指す。図はMM（115[151]）。

B、C、Dが投射されるイメージであることについては、解釈上の揺れはない。解釈に余地が残るのは、それ以外の記号の指示対象である。私の解釈では、Aが示すのは「クオリアマップ」（再認に先立つ感覚質の配置のこと。4章）であり、B'、C'、D'が表すのは**運動図式が模倣する対象側の特徴量**である。Aに対応するA'がないのは、Aが運動図式発動「以前」であるのと整合的である。

探索的認知の進展はこうなる。注意的再認が発動すると、まず運動図式が、対象のB’に相当する特徴を運動的に模倣する。その結果、膨張した記憶のなかから一部の関連する記憶群が前景化される。それがBである。当たり障りのない、凡庸なタイプ的なイメージだ。普通は、これで注意的再認はおしまいだ。ほどなく経験の矛先は他のものに移り、人生は続いていく。

だが、私たちはときに立ち止まる。漠とした予感かもしれない。ちょっとした気まぐれかもしれない。自動的に繰り出された運動図式とはまた別の角度から、別の線で、対象を描き直してみる。脳内運動が変われば、記憶の回転も変わる。しかしいつもは拾わない運動的輪郭だ。イメージは普段より膨張したところからその素材を探し直さなければならないだろう。こうして出てくるのがCだ。これはより膨張された別の記憶面に対応する。

興味深いのは、こうやってより大きな円環を注意が描くとき、そこで取り出されてくるイメージが、「あるときは知覚対象そのものの細部であるが、あるときは対象をより明晰にしてくれる周囲の随伴物のほうの細部である」（強調引用者、MM 115[151]）と言われている点だ。もはや対象Oではなく、別な対象Pのディテールを思い浮かべるとなると、再認と想起の線引きは微妙になってくる。このようにして再認と想起は、互いのプロセスに食い込みあっている。

謎に出会うことができるのはなぜか

それだけではない。そもそも、なぜわざわざ記憶の膨張を伴うような探索をするのか、そのきっかけは何か、という問いにベルクソンは向き合っている。というのも、そこには「ちょっとした気まぐれ」では済まされない事情があるからである。

わたしはバラの匂いを嗅ぐ。すると、たちまち幼児期の漠然とした思い出（souvenir）が記憶に立ち戻ってくる。しかし、実を言うと、これらの思い出はバラの香りによって喚起されたのでは決してない。私は匂いそのもののうちにこれらの思い出を嗅ぐのである。私にとっては、こうしたことすべてが匂いなのである。他の人ならば、別の仕方で匂いを感じるだろう。（強調引用者、DI 121-122[181]）

「匂いのうちに思い出を嗅ぐ」という表現は、理論を知らない人の目には、何か詩的なレトリックを弄しているように見えるかもしれないが、そうではない。「匂い」は知覚であり、「嗅ぐ」は知覚動詞である。つまり、これは記憶が知覚に入り込む場面（注意的再認）の話をしているのである。後で思い出されることになる「幼児期」のエピソード記憶が、初めのバラの匂いの知覚のうちに、タイプ的イメージという形で先回りして忍び込んでいる。つまり、この引用には、再認と想起という形で、同じ記憶が二度登場しており、**想起を導いたのが、実は再認に忍びこんだ当の個人的記憶**

（37）この「注意」の理論は、再認論を補完するものとして、興味深い論点をいくつも含んでいる。［1］まず、はじめに作られるのが「ひとつの全体」（MM 115[151]）であるという点。先に粗々にでも全体が描かれ、必要と余裕がある限りにおいてその「ディテール」が埋められていく。［2］注意は「直線的なひとつの歩み」ではなく「閉じた円環（cercle fermé）」（MM 113[149]）「閉じた回路（circuit fermé）」（MM 114[150]）をなしている。［3］この「閉じ」のため、注意の進展は、部分的増築ではなく円環の「全面的な再創造」を要求する（MM 114[150]）。ベルクソンは、当時多くの理論家たちによって提唱されていたような直線的な増強モデル（マリイエ、ウォード、ハミルトン、ヴント、モーズリー、バスティアン）に対する自説の利点を強調している（MM 109-115）。

自身である次第が語られているのである。

このささやかな事例には、実は私たちの知性の生命線とも言える「文脈をこえた連想・ひらめき」というものの重要なヒントが秘められている。考えてみてほしい。そもそも想起は面倒な作業だ。いったん現在の手を止めなければならないとなれば、できれば避けて通りたい。外から要求されているわけでもないときに、今手元にない、役に立つかどうかもわからない記憶をわざわざ探しにいくということ自体、まったく動機づけを欠いているように見える。にもかかわらず、私たちはそれをする。ふと鼻をかすめた匂いを「ただのバラの匂い」で済ませることなく、おやと立ち止まり、「注意」するなどということを始めたのは、もうすでにその記憶を、知覚のなかに察知していたから、それの潜伏的介入・示唆を受けていたからではないか（ナンダッケコレ感）。諸記憶が初めから判明な多様体をなす「連合主義」のモデルでは、こうはいかないだろう。

「おや、これは……」と立ち止まるときに使うフランス語の表現がある。Ça me dit quelque chose（サ・ム・ディ・ケルクショーズ）というもので、直訳すれば「それは私に何事かを告げている」となる。目の前にある「それ」が、私のなかに何か探すべきものがあることを教えてくれる。ではその「それ」とは何か。知覚のなかには、重ね合わされたかたちで大量の記憶が入り込んでいる。その数だけ、私たちには探索的想起への通路が開いていることになるだろう——私たちがほとんど常にそれらの扉に気づかないとしても。

これらの〔凡庸化した〕イメージはまさに、或る対象に関連するすべての個人的な記憶が混ざり合い、それらがいわば互いに干渉し合うことによってしか得られないのです。〔…〕ということは、ひょっとすると、これらの〔凡庸な〕記憶、これらのイメージのそれぞれに基づいて、その構成に寄与したすべての個人的で〔時間内に〕定位された記憶を徐々に取り戻すことができるのかもしれません。(HTM 115-116)

すべての記憶は、常に、もうここにある。それは前景化されたイメージのなかに紛れ込んでいるか、そうでなければ、人格質というバックグラウンド的な質のうちに溶け込んでいる。いずれにせよ、その記憶を取り出すために、どこか別な場所に探しに出向いていく必要はない。**凝縮された記憶を緩め、必要な回転を施し、違う折り目で再び畳む。**ダメなら一からやり直す。心はそんな超高次元折り紙だ。

ベルクソンは**発明**(invention)の努力について、以下のように書いている。

知的な働きとは、意識の異なった諸平面を通して、同一の表象を抽象的なものから具体的なものへ、構想からイメージの方向に導くことである。(ES 176-177)

つまり、記憶の示唆を察知しつつも、それを困難な——模倣説で見たように——**「垂直的な運動」**(ES 166)を介してイメージへと現実化すること、これが知的創造の条件なのである。

言語を駆使する私たちの脳は、単純な感覚-運動ループを回すだけの生物とは比較にならないほどの数の運動反応(「生まれかけの運動」)を繰り出すことができる。その識別可能性の矛先を、外から記憶という上位時間階層のほうに差し向けるだけで、まったく新たな相互作用の場が切り拓かれる。記憶の情報量は私たちに同時に操作可能な識別可能性をはるかに凌駕するにもかかわらず私たちがそれを曲がりなりにも制御できるのは、(現在を疎かにするという生命の裏をかく)大胆なモードシフト、回転と並進を段階的に繰り返すという創意、そしてタイプとトークン、凝縮と重合、プロセスとシステムを柔軟に掛け合わせる技巧のゆえである。それが想像、想起、探索的認知といった多種多様な知能を発現させる。

確かに、記憶と運動のあいだには、乗り越えなければならない様々な隔たりがある。記憶からの介入が潜伏的で間接的なものにとどまるのはそれゆえだ。そもそも翻訳できないものの翻訳を無理強いしているようなところがある。だが、そもそも生物が置かれている現実は、はじめから無理なことだらけだ。数ある難関を無理くりにでもクリアして、現に私たちは意識と知性を開花させ、ここに立っている。

第7章　時間と自由

ベルクソンの最初の著作『意識に直接与えられたものについての試論』は、有名な通り名を持っている。『時間と自由』である。この名前はベルクソン生前に出版された英訳のタイトル *Time and Free Will*（直訳すると『時間と自由意志』）に由来している。[1]

実際、ベルクソン哲学は、時間概念そのものの改革を通じて、自由の問題への私たちの向き合い方を根本的に変えることを目論むものだと言っても過言ではない。そこでの自由とは、政治的自由や表現の自由といった人間主義的な価値の話ではなく、この宇宙で生じる予見不可能な新しさ、既存の枠を超えた創造性といったもののことを指している。そこで、本書の締めくくりとして、この自由の問題についてベルクソンの時間論がどのような視座を切り拓くのかを見届けていくことにしよう。

（1）　この名前と邦訳書名の経緯については、平井（2002）および、同訳書の共訳者・合田正人氏による「訳者あとがき」を参照されたい（306ページ）。

物理的決定論がどのようにして自由の脅威となるか

まずは、舞台背景として、そもそもベルクソンの意味での自由、つまり「予見不可能」な「新しさ」や「創造性」といったものが、何によって・どうして脅かされることになるのかを確認しておこう。「決定論」と呼ばれているタイプの議論である（以下では、特に「物理的決定論」を扱う）。ご存じの方は次のセクションに飛んで構わない。

決定論によれば、世界はあらかじめ決まった通りにしか物事が進行しない。私たちがどこに進学して誰と出会い、どんな病にかかりいつ死ぬか。そうした大イベントに限らず、明日何を食べるか、今日の靴下にどれを履くか、ページをめくるために伸ばした手の位置と角度と加速度に至るまで、とにかくこの宇宙で生じるいっさいが、宇宙誕生の瞬間からすでに決まっていたというのである。

その論証は思ったよりシンプルである。まず、どんなものも物質でできている。机も、蟻も、空気も、人体も、みなバラしていけば、百数十種類の原子の組み合わせにすぎない。中学の化学の時間に元素の周期表として習った、あれのことだ。地上の空気は約八割が窒素、二割が酸素、二酸化炭素など他のものが一％程度で成り立っている。人体についても、原子ベースで見ると、炭素原子が五割、酸素原子が二割、水原子が一割、窒素原子が八・五％で残りの一割強がその他、といった配合である。

さて、あらゆる原子の挙動は、物理法則によって、そして物理法則のみによって決まる。窒素原子に自分の意志はない。酸素原子にもない。その他、元素表に載っているどんな原子にも、その日の気分次第で物理法則に逆らってみようかと企てる能力はない。そうした原子で、そしてそうした原子たちだけで、この世のあらゆるものはできている。原子がどう組み合わせればどんな分子ができるかも、すべては法則によって決まっている。さらに、分子が集合して小器官や細胞になっても、物理法則に反する振る舞いはできない。最終的に、人体は、七〇〇〇𥝱《じょ》個（7×10^{27}）程度の原子でできていると言われるが、数が増えただけで話は変わらない。

そうすると、こうなる。物理法則が宇宙開闢以来不変であるとすると、宇宙に生じるあらゆることは、物理法則によって決まることになる。私たちの明日のランチも進路も恋愛も、例外ではない。いや、私たちは予想を裏切ることもできるし、気まぐれや思いつきで直前で行動を変えることだってできる。だから、決定論は当てはまらない——。そう言いたくなる人もいるだろう。だが、冷静に考えてみてほしい。他人の予想を予想するのも、そしてそれを直前で裏切って別なことをするのも、脳を用いている。脳のなかに物理法則を捻じ曲げる神秘の力が宿っているわけではない。脳も、タンパク質の塊なのだ。タンパク質でできた繊維（脳神経）のなかを電気が流れることでさまざまな演算ができる。そして最終的に手足を動かしているのも、全身の筋肉に指令を出す神経の電気信号なのだ。

気まぐれはどうだろうか。自然界でも、気まぐれに「見える」挙動はある。例えば、日本列島の南岸を流れる暖流「黒潮」は、時折大きく蛇行することが知られている。その挙動は、確かにわたしたちの現時点での計算能力を超えているかもしれない。しかし、私たち人間が計算できるかどうかと、自然界の側で実際に決まっているかどうかは別な話である。人間の計算能力によって世界そのものが決定されているかどうかが左右されるというなら、人間登場以前にはリンゴはでたらめに落下していたとでもいうのだろうか。

決まっていても、決まっていなくても不自由？

さらに、ダメ押しの論点が待っている。世界のなかに、仮に法則によって決まっていない事柄があったとしても、それは自由ということを意味しない。自分の行動がランダムに生じても、私たちはそれを自由行為とは呼ばないからである。

困ったことに、どちらの出口も塞がれているようだ。決まっていても自由ではないし、決まっていなくても自由ではない。実はこれが、現代哲学で主流の見解なのである。決定論を肯定しても否定しても自由はないという、この逃げ道のないストーリーがどうやって紡ぎ上げられているかを確認する意味で、少し具体的な例を思い描いてみることにしよう。

対比のためにまずは決定論的な世界から。あなたがふと甘いものを食べたいと思って、冷蔵庫を開ける。すると、昨日買ったプリンがある。あなたはそれを手に取って食べる。甘いものを食べたいと思ったのは、血中糖分が一定程度下がったからであり、それが下がったのは午前中の仕事量のせいである。糖分が下がった段階で甘いものを食べようと思うかどうかは、これまでの人生であなたの脳が学習した行動パターンから算出されている。さらにタンパク質でできた脳のネットワークが、どのような経験を重ねればどのような学習をするかもまた、より基礎的な神経の学習則によって決まっている、等々。こんな具合に、息が詰まるような決定の連鎖が書き下される。すべてシナリオ通りの世界のなかで、私は無自覚なままその「やらせ」のシナリオをなぞっているだけだ。こんなのは自由じゃない。確かにそう言いたくなる。

では、今度は非決定論の世界だ。そこでは原因と結果に法則的な関係が成り立たない。あなたがふと甘いものを食べたくなる。それに対応する原因はない。糖分も十分足りており、何より甘いものは大嫌いなのに、無作為に欲求が生じる。また、そこから出てくる結果も支離滅裂である。甘いものを食べたくなったはずなのに、あなたの脚は洗濯機に向かう。見れば洗濯機はさしたる理由もなしに液化している。感情も思念も筋肉の収縮も物体の運動も、先立つ状態と無関係に「自由」に勃発する。そもそも人体が一瞬先にも形を保つとは限らない。法則に従わない世界とはこんな世界だ。確かに、そこには「やらせ」はない。決められた脚本をなぞるだけの人形もいない。だがしかし、こんな状態が、あなたが求めている自由だろうか。いや違う、そう言いたくなるはずだ。

現代の研究者たちのあいだでは決定論を認めてしまう立場が優勢な状況にある。とはいえ、人間にとって自由という概念は、責任概念と深く結びついて現代社会の法律や規範に直接・間接に入り込んでいるため、ただちに全廃することはできない。そこで次善の策として、自由概念の中身を切り詰めることで、一種の概念の延命措置を施して対応する戦略が考えられているというのが現況である。(2)

1　必然と偶然の向こう側

意外なことに思われるかもしれないが、実はベルクソンもまた、先述の話に類似した議論を展開している。つまり、必然的な決定を主張する立場だけでなく、これに対抗して偶然の余地を擁護す

（2）代表的な論客であるダニエル・デネットらによって推進される「デフレ的両立論」と呼ばれる立場である。

る立場に対しても、結局のところは自由を認めることはできないという診断を下しているのだという点で不適切な概念を採用してしまっており、そのために、自由を取り損なっている。現代と違うのは、ベルクソンがそれでも自由の存在を支持する点だ。つまり、第三の立場ということになる。

（『試論』第三章）。ごく乱暴にまとめてしまえば、(3) どちらの立場も、時間と意識存在をどう捉えるか

ただし、「第三の」立場と言っても、決定論と非決定論に並ぶ立場ではない。決定と非決定、必然と偶然は、一方の否定が他方であるという関係に立つため、両者の「中間」や「残り」はない。だから、ベルクソンが示す立場はこれらと同列に並ぶ第三極なのではない。第一、第二の答案に対して第三の答えを提示しているというよりは、二つの答えが共通に前提している概念的な土台を差し替えるかたちで、問題のほうを新しく立て直すのである。

ちなみに、これは哲学の一般的なノウハウである。あらゆる理論的対立には共通前提がある。共通の枠がなければそもそも対立が成り立たないからである。例えば、ある人が「きのこの山が好き」で、別な人が「加湿器を掃除する」としても、両者に何の対立もない。同じ「食べ物」の同じ「ジャンル」について同じ「好き嫌い」の話をするという狭い共通土俵の上に乗って初めて対立になる。その証拠に、「クラシックが好き」でも対立にならないし、「そばが好き」でも対立にならない。「たけのこの里が好き」まで近づいてくれてようやく対立になるのだ。

「自由は実在するか」といった抽象的・理論的な対立においても基本的に話は同じである。議論が行き詰まりを見せているからと言って、そしてそれがどれだけ明晰で落ち度のない立論に見えるとしても、それを最終宣告のように受け取る必要はどこにもない。概念というものは階層を成して

いて、ある階層で対立する概念は、必ず下の階層の共通概念の上に成り立っている。さて、常識・先入観・パラダイムなど、通常は前提として隠れているレベルの概念をまな板の上に出してきてメンテナンスをする営みのことを、「哲学」と呼ぶ。ベルクソンは哲学者なので、ここでも哲学をしている。どのような哲学をしているのかを、見てみることにしよう。

決定論と非決定論の共通前提——分岐モデル

先ほど述べたように、ベルクソンは決定論の立場と、自由を擁護すると称する立場、つまりは偶然の余地を認める非決定論の立場の双方に対して距離をとっている。両者の共通前提とは何だろうか。以下の引用を見てほしい（図1）。

> 今仮にこれら相反する二つの解決の底を掘り起こしてみれば、一つの共通の要請が発見されるだろう。双方とも、行動Xが遂行された後に身を置いて、私の意志的活動の過程を、点Oで二つの線OXとOYに分岐する道MOによって表しているのであって、これら二つの線は、Xを終点とする連続的活動の只中で、抽象によって区別される二つの方向を象徴しているのだ。
>
> （強調引用者、DI 135[199]）

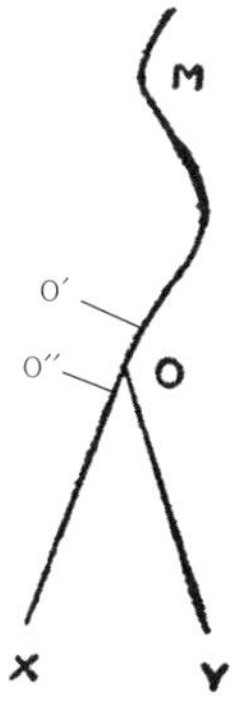

図1　分岐モデル：DI 133[197]に基づき改変

こうした二股に別れた道のイメージは、ベルクソンが

（3）詳しくは拙訳の解説（平井 2002）にまとめた。

『試論』を書いて一三〇年以上が経つ現在でも相変わらず「当たり前」のように使われ続けている。これを「**分岐モデル**」と呼ぶことにしよう。人生の「岐路」という常套句そのままに、私たちが生きていく時間の歩みを線状に表現し、「とりえた可能性・選択肢」を枝のようにして添えるこの表象の、どこに問題があるとベルクソンは考えたのだろうか。

よくなされる説明は、こういうものである。こうした分岐モデルは**時間を空間化**している。これは流れる時間そのものではなく、それを事後的に空間に写し取った軌跡に過ぎない。その意味で「抽象」の産物だ。だが、自由なる決断は流れる時間のなかでなされるものだ。だから、このような図を持ってしては、私たちの自由をちゃんと捉えることはできない——。こういった説明である。

私も、以上のような説明が間違っているとは考えていない。現にベルクソン自身、そのようなまとめ方をしているところもあるからだ。だが私は、多くの重要な論点によって補われる必要があると考えている。そうすることで初めて、時間の捉え方がなぜ自由の見え方に影響するのか、そのポイントが見えてくるからである。

補いたい論点は三つある。第一に、(A)決断する自我自身が、決断のプロセスを通じて**変容**すること。第二に、(B)自由な決断はアオリスト的(点状)の時間ではなく**未完了相**の時間を要求すること。第三に、(C)一回性と現象性の制約のためにどんな予測も現実を**先回りできない**ということ。こうした三点が織り重なって、「時間の空間化」批判へと結実している。

どんな行為が自由と呼ばれるのか(表現としての自由)

これらの点の検討に入っていく前に、まずはターゲットを確認しておこう。ベルクソンは人間がなす行為なら何でも同じように自由だとは考えていない。むしろ自由とは例外的なケースであるということ(4)、反対に、日常的な行為の大半は、準決定論的な振る舞いだと認めてさえいる。

> 行為は、私の人格がそれに関与せずとも、印象に後続して生じる。ここでは私は意識ある自動人形《オートマトン》である。〔…〕われわれの日常的活動の大半はこのように遂行されており、〔…〕多くの面で反射行動に類似した運動をわれわれの側に喚起する。連合主義が適用されるのは、これらの数は実に多いが大半は取るに足りない行動である。(DI 126-127[188])

また、後ほど詳しく見るように「複数の選択肢さえあれば自由だ」という考えにもベルクソンは首肯しない(3節)。「選択肢」には罠が山ほどある。日常の場面の多くでは、その存在そのものが後知恵の仮構であることもしばしばだし、私たちの知能は平気で自分にもっともらしい偽の「理由」を押し着せもするからだ(5)。

代わりに、ベルクソンの意味で自由が問われるのは、人生の重大な局面、「深刻な状況」(DI 139[204])における決断の場面においてである。人によって何を重視するかは異なるだろうが、進

(4)「自己自身を観察し、自分が行うことについて理性的に推論するのに申し分なく習熟したひとにあっても、自由な行為は稀れである」(DI 126[187])。

(5) 日常生活で、取るに足らない選択をする場面があるが、本人の意識の上では「無作為」に決めたつもりであっても、そうした意識上の無作為さは自由とは関係ない。「こうした瑣末な活動が何らかの決定動機に結びついていることは難なく示せるだろう」(DI 128[190])と、むしろ決定論的な仕方で述べているほどだ。「後付けの正当化」については注32も参照。

路や家族、パートナーとの関係など、腰を落ち着けた慎重な判断が要求されるケースである。こうした決断は「これまでのパターン」でテンプレ的に処理できない。人生においてそれぞれが一回的なイベントだからである。

例えば、青春時代をずっと付き添ったパートナーがいるとしよう。この人と、これからも一緒に生きていくべきなのか――。こうした問いに真摯に向き合う時期がくる。そのとき、私たちは何をするだろうか。これまで過ごしてきた様々な場面を振り返り、将来も思い描いてみるだろう。一口に愛憎と言っても、「われわれは自分なりの愛し方、憎しみ方を有していて、この愛、この憎しみはそのひとの人格全体を反映している」(DI 123[184])。だとすれば、この再検討は、全人格の問い直しを迫ることになる。今、相手に抱いているこの気持ちの正体は何だろうか。人生で譲れないものは何か。愛と信頼の重さ、家族像の輪郭、自分が、相手が、そして二人が何をどう感じ、何をどう求めようとしているのかを幾度も洗い直していくなかで、判断は揺り返し、心は乱れる。

これは、プレイヤーの前に並ぶ二つのボタンのようにして、「別れる」「別れない」という二つの選択肢が転がっているのとは違う。出来合いのプロトコルにしたがって答えを算出するわけにはいかない。メリットとデメリットをリストアップして点数化すればすんなり答えが出るというものでもない。ことが価値や感情の質である以上、その点数を評価するのに、自分の没入的なコミットが必要だからである。(6) 二つの枝が「抽象によって」しか区別されないというのはそのためだ。熟慮と反芻の過程は、そこから否応なく引き起こされる。

実際には、そこには二つの傾向も、二つの方向さえなく、一つの生きた自我が存しているのだが、この自我は、まさに躊躇することで生き、展開していくのであって、かくして遂には、熟れすぎた果実のように自由な活動がそこから落ちることになるのだ。(DI 132[196])

この熟慮プロセスのことを、ベルクソンは「連続的活動」「動的過程」「動的系列」と呼んで強調している。自由が時間と切り離せないのはこの意味においてである。そしてそこから導き出される最終的な決断は、「最も内密な感情や思考や希求の総体に、自分の過去の経験全体と等価であるような人生についての個別的な考え方に、要するに、幸福と名誉についての個人的な見解を反映している」(DI 128[189-190])。

問うものが問い返され、熟慮は連鎖反応的に私全体を巻き込んでいく。こうした事態をベルクソンは、問いに「自我全体が同化する」(MM 125[186])、「人格全体が振動する」(DI 127[188])、プラトンの言葉を借りて問いを「魂全体とともに受け取る」(DI 126[187])[7] などと描写する。そしてそこから、有名な**表現としての自由**というベルクソン独自の定式化が出てくるのである。

(6) ある内的状態・感情の強度・影響力というものは、「代数における冪指数のように」(DI 140[206])、感情に五〇とか八〇といった添字をつけて示せるような類のものではない。その強度は「状態そのものの有するある表現し難い質として意識に現れる」ものであり、「それが感じられるという点に存している」(DI 140[206]) 以上、その感受体験のインスタンスに内属的であり、「計測したり比較したり」(DI 139[205]) という外的な仕方では見積もることはできないからである。**現象質の力学**とでも言うべきものを、ベルクソンは構想している。体験と計測の違いについては、本書の序章を参照してほしい。

(7) プラトン『国家』第七巻 (518c) より。

自由な決意が発出するのは、魂全体からなのである。それと結びついた動的系列が根底的自我と同一化する傾向を増すにつれて、それだけいっそう自由になるだろう。(DI 126[186])われわれが自由であるのは、行為が自らの人格の全体から発出し、これらの行為が人格の全体を表現する場合、である。(DI 129[191])

こうした彼の自由の描き方に対してどれほどリアリティを感じるか、受け取り方にはひとによって温度差があるかもしれない。あまりに叙情的で概念的にピンとこないというひともいるだろう。そして何より、導入で紹介したような現代の議論とはかけ離れていて、接点が掴めないと感じられてもおかしくない。そこで、話を戻して、分岐モデルの批判的検討に進むことにしよう。論点は三つある。**自我の変容**、**未完了相**、そして**予見可能性**である。道具立ての整理によって、ベルクソンの記述の背景にある明確な概念枠組みが見えてくるはずである。

2 「心が決まる」とはどういうことか

一つ目の論点から見ていこう。私たちの自我は、決断へのプロセスを通して、変化する。**変化することによって決断をする**。それなのに、分岐モデルの表象は、自我に起こる変化をどこにも表現していない。Mでも、Oでも、Xでも、私は変わらず「点」で表される。分岐モデルへの一つ目の批判点だ。

けれども、熟慮するのがつねに同じ自我であり、この自我を揺り動かす二つの相反する感情もまた同じく変化しないのであれば、決定論が援用するまさに因果律の働きからしても、いかにして自我は決断できるというのか。（DI 128-129[190-191]）相反する二つの状態を経由するにつれて、自我が肥大し、豊かになり、変化するという点は銘記しなければならない。そうでなければ、どうやって自我は決断するというのか。（DI 132[195]）

熟慮と躊躇の期間を通じて自分が変わるという点にベルクソンがこだわっていることが見て取れるはずだ。先ほどのような例を自身に問いただしてみれば、きっと思い当たる節があるだろう。悩み始めた当初は、ほんとうにどうすれば良いのか見当もつかなかった。それなのに、あれこれ考えを巡らし、煮え切らない期間を過ごした果てに、ある日ふと気づけば、自分の気持ちはすっかり固まっている。今までのモヤモヤは何だったのか。もはやそれ以外はないという気分にさえなっている。そんな変化が、自分に生じている。

本当のところはどうかというと、自我は、それが第一の感情を抱くというそのことだけで、第二の感情が到来する際にはすでにいかほどか変化してしまっているのだ。熟慮の全瞬間において、自我は変容し、それゆえにまた、自我を動かす二つの感情をも変容させる。互いに浸透し合い、互いに強化し合い、自然な発展によってやがて自由な行為に到達するような諸状態から

成る一つの動的系列がこうして形成される。(DI 129[191])

私たちはコンピュータ・プログラムとは違う。同じプログラムに、同じデータを三日後に与えても答えは同じである。パソコンにデータを処理させるたびに、その影響でプログラムが書きかわっていたら大変だ。ところが、私たちの場合には、プログラムもデータも変わってしまうのだとベルクソンは言う(引用での「感情」と「自我」が、ここでのデータとプログラムに対応する)。XとYの二つの選択肢で迷っている。ある日Xに傾いていた気持ちは、別な日にはもうリアリティを感じられなくなっている。Xの意味が変わっているだけでなく、自分のほうも、**そう感じるような自分へと変貌を遂げている**のである。次の引用が決定的である。

感情そのものはと言えば、生き、展開し、ひいては絶えず変化するところの存在である。さもなければ、感情がわれわれを次第に一つの決断へと導くということは不可解な事態であることになろう。われわれの決断は即座に下されることになろう。(DI 99[148])

時間がかかることの積極的な意味

ベルクソンが、「時間がかかる」こと自体に積極的な意味があると考えていることがわかってくる。ただ単に私たちの演算能力が低いから、あるいは怠惰だから「かかってしまう」のではない。重大な決断に時間がかかるのは、**それだけの時間を要する変化が自分に起きているの**ということなのだ。

悩んでいる時間に意味がある――。巷でも耳にする言葉だが、ここでは単なる慰めの文句ではない。決断に三ヶ月かかったとしたら、三ヶ月を要するほどの変化がそこに起きている。遅延が心を作り替えているのだ。

もし私たちが固定されたプログラムなら、二つの選択肢について情報が与えられれば、あとは然るべき演算をして優劣を決定するだけである。答えはその場で出るか、出ないなら同じ計算を繰り返しても永久に出ない。

ところが、私たちは同じことを長らく思案する。行ったり来たりしているだけで、何も進展しないように思えるかもしれないが、そうではない。それは、解けない問題が解けるようにプログラムのほうが書き換わるための時間なのだ。私たちは一方に傾いたあとでまたゼロ地点に戻るようなヤジロベエではない。一方を真面目に考えたなら、そのことで私の心の地形はわずかにでも変わってしまう。もう一方に向き合うことで、また水の流れ方は変わる。不決断のあいだ、張り巡らされている水路はどれもまだ浅く脆く、水はどちらにでも流れてしまう。だがやがて、形が見えてくる。気づけば一つの川ができていて、もう他の場所を水は流れなくなっている。「心が固まった」と言えるのは、その時である。

「決定論が援用するまさに因果律の働きからしても」（DI 128-129）と述べている点を見逃さないでほしい。クオリアの時（1章3節）と同様、ベルクソンは、私たちが「因果律に反して」自由な決断をするとは考えていない。むしろ、逆だ。ベルクソンの議論は、「そう考えなければ因果律に背くことになる」という形をとっている。その理路を再構成すれば、こうなる。

〔変容の導出〕一巡目の演算で答えが出ず、かつプログラムもデータも変わらないなら、その後何回やっても答えは出ないはずだ。ところが私たちは、一巡目では答えが出せないのに何度も反芻しているうちに答えが出る。もし途中でプログラムもデータも変わっていないとしたら、これは因果律を破ることである。因果律が破られていないとすれば、私たちにおいては、プログラムかデータの少なくともどちらかが変わっているのでなければならない。

ベルクソンが思い描いている自由な行為とは、揺るぎない私がポリシーを押し通すという話ではない。やる前から答えが決まっているなら、それに要する時間は、ただの損失でしかないだろう。しかし、**変容を伴う熟慮にとっては、時間は利得なのだ。**それは、プログラム自体がデータと共に書き換えられ、新しい問いと答えのカップリングへと生まれ変わるための胚胎期間だからである。(8)一方的なトップダウンでも、盲目的なボトムアップでもない、「折り合い」の時間が、ベルクソンの思い描く自由行為に不可欠なのはそのためである。真に予見不可能な新しさは、時間の縦軸を活用する変容によってこそ実現される。もう第二の論点が見えてきている。歩みを進めることにしよう。

3　折り合いのはざまで

本書でこれまで何度か、「折り合い」モデルと未完了相については論じてきた。ここでおさらいしておこう。

分岐しているかいないかに関わらず、時間を一本の線で表象する場合には、2章図1左のような**順次的決定モデル**が暗黙のうちに想定されている。つまり、瞬間は隣接する瞬間を決定し、その瞬間は次の瞬間を決定していく、そういう考えである。各瞬間は厳密に点的でなくても構わない。各時点は、他の時点から独立に定義可能である。こうした時間の捉え方を、点的な動作を表す文法用語を拝借して「**アオリスト相**」の時間像と名付けておいた（2章）。この場合、一方の瞬間から他方の瞬間の導出が「法則」に基づくなら、向きは「読み手」の都合でしかないから同じ法則に基づいて「逆向き」の導出も可能である。

ベルクソンの**折り合いモデル**においては、決定は、全体（期間）と部分（瞬間）の双方向的な折衝を通じて行われる。それはアオリスト相ではない、**新しい時間のアスペクト**、**未完了相**（「つつある」の時間）を要求する。そのためには、まずは時間階層の厚みが十分に確保されなければならない。順次的決定モデルのように、各要素からボトムアップに決まるものではないし、逆に、全体（2章図1ではx^1）から一方的なトップダウンで決まるものでもない。未完了相という時間領域には、部分と全体が未決定のまま共同で参入することが許されており、そのなかで徐々にお互いがお互いの示唆・模倣・構成を通じて決めていくというプロセスが成立するのである。

（8） 村山（2008）は、「自らの理由を産出することそのものである行為」という形で論点を明瞭にしている。また、ベルクソンは『試論』で物理的因果性とは異なる因果性として「自発性」を論じているが、さらに一九〇〇年の通称「因果性ノート」では、両者の共通起源として感覚－運動への内属的観点を打ち出している（EP 213-222）。

また、時間の流れが置かれる位置も向きも二者のあいだで異なる。持続は下の階層を左から右に流れるのでも、右から左に流れるのでもはない。それは中央の時間的内部に位置しており、強いて言えば、この図に対して鉛直方向に決定が進んでいく。

通常の哲学的時間論で扱われる時間的延長（B系列、C系列）も時制（A系列）の区別も、一本の直線で表している時点で、どうしても順次的決定モデルの制約ないし影響を受ける。そうしたモデルを採用している限り、「分岐における決定」はパラドックスに陥ることを運命づけられている。ベルクソンはそのことを論証しているので、次にそれを確認しよう。

偶然性批判

順次的決定モデルによっては、私たちの決断を整合的に説明することはできない。これが、ベルクソンが『試論』第三章「実在的持続と偶然性」のセクションで導いた論点である。青山拓央は『時間と自由意志』第一章において、これを「分岐問題」と名付けている（2016b 34)。

ベルクソンの議論はこうである。本章図1を見てほしい。ある瞬間の状態が先立つ瞬間の状態によって定まるということは、図1の点Oは点O'によって、また点O"は点Oによって決まるということである。もし結果としてOがXに進むのであれば、「点Oに置かれるべきは中立的な活動ではなく、見かけの躊躇にも関わらず、まさにあらかじめOXの方向に向けられた活動であるだろう」（強調引用者、DI 134[198])。つまり、Oは、XとYどちらにでも進めるような状態ではなく、「O"を引き起こすような状態」にあるわけだ。そして、Oがそのような状態であることを決定しているのは、そのOの手前、O'である。

ところで、先の図ではM－Oの部分は共通だと考えられている。だが、O'↓Oの決定が同じだとすれば、右に述べた理由でOがYに向かうことはない。「点Oに達したとき、すでに自我の採るべき方向が決定されているなら、もう一方の道が開いたままであっても無駄であって、自我はその道を取ることはできない」(DI 134[198])。(9)

だから自称「自由の擁護者」が、分岐モデルの図を描くことで偶然性を守ろうとしたところで無駄である。ベルクソンの評価は実に辛辣だ。このような図を描いておきながら、Oに「中立的」な判断主体を置こうとすることは、「道半ばで止まることであり、連続的な活動の一部分だけを点Oに結晶化させることだ」(DI 134[198])、結果としてXなりYなりに到達したという事実を「どうして同様に考慮に入れないのか」(DI 134[198]) と。

これに対して、ベルクソン自身の採る第三の道はすでに示した通りである。決定論の立場も、非決定論の立場も、時間から間違っている。もちろん、ベルクソンとて、あらゆる現象が未完了相モデルに乗るべきだと考えているわけではない。ここまで示してきた通り、それには必要な時間階層の条件がある。要素的な物理事象であれば、アオリスト的時間モデルで間に合うだろう。(10)人間でさ

(9) この時、仮に各点における決定の度合いを弱めて「確率的」な要因を混ぜ入れたところで自由を救うことにならないという点は、本章冒頭で確認した通りである。

(10) ベルクソンは天文学などについては決定論を認めている。「天体の会合や、日蝕や月蝕や、きわめて多くの天体現象はあらかじめ決定されているのではなかろうか。〔…〕――われわれは苦もなくこのことを認める。ただし、この種類の予見は意志的行為の予見とはいささかの類似も有していない。さらに言えば、これから見るように、天体現象の予見を可能にしている諸々の理由こそまさに、自由な活動から発出する事実をあらかじめ決定することを妨げている理由と同じものでさえあるのだ」(DI 144-145[213])。

え普段の行いの大半はそうだという。だが、全人格を巻き込むような自由行為のケースにおいては、時間階層間の（縦方向の）相互作用[11]をいっさい考慮に入れないことは、問題の立て方の段階で不適切であるとベルクソンは考えるのである。

自我の変容に至るまで

関係してくるのは持続だけではない。論点Aで見たように、自由行為は「人格全体」の再編を要求する。これは、言うまでもなく、全記憶（階層3）を巻き込んだ大規模な再組織化だ。

先ほど日常生活の大半が機械論的に営まれるという話を紹介したように、こうした劇的な再編成は常日頃から起こるわけではない。習慣行動の体系が、私たちの経験を完成された水路へと流し込み、お決まりの会話や行動が自動的に繰り出される。ベルクソンがいわゆる習慣動作のみならず、日常のおしゃべりさえ運動記憶のオートマトンに委ねているのは、先に見た通りだ。しかしながら「自我と外的事物との接触面の下方へと掘り進むことで、われわれが、有機的に組織化された生きた知性の深みにまで入り込むならば、われわれは多くの諸観念の重合、というよりもむしろ、それらの内密な融合[12]に立ち会うことになる」（DI 101-102[152]）。自由とは、比較的稀にしか起こらない、そうしたケースを問題にしている。

自我の変容がどこまで波及するかの度合いは、『試論』の段階で「表層」と「深層」という言い方で語られていたが、人によっては漠然とした印象を与えるかもしれない。だが、『物質と記憶』以降の道具立てを援用すれば、この点をより具体的に描き出すことも可能だろう。ピースはもう揃っている。本書でこれまでに扱った内容だ。せっかくなので、おさらいがてら、習慣から自由行為までのスペクトラムのなかに、それらのピースを並べてみよう。

まずは、**本能**および**自動的再認**の世界からだ（4章）。進化ないし習慣が作り上げた、感覚－運動の緊密な連携のおかげで、身体は滞りなく自動的な活動を営んでくれる。暗くなれば瞳孔が開き、ボールが飛んで来れば避け、大騒音には身をすくませる。上の空で歯磨きをし、信号で止まり、定型のあいさつを繰り出す、そんなオートマトンとしての日常である。指揮をとるのは運動記憶で、階層3の過去全体は**人格質**（3章）としてバックグラウンド的に浸透するばかりである。これはほぼ決定論に従う状態である。

続く**注意的再認**は記憶への扉を開く重要な一歩だが、デフォルトのイメージ投射の段階では、事情はさして変わらない。運動図式はやはり自動的に特徴抽出を行い（4章）、**タイプ的イメージ**はすっかり出来上がった水路のおかげで瞬時に投射される（6章）。つまり、階層3から一部のイメージ記憶が前景化され利用されるわけだが、凡庸なタイプ的イメージを純粋にボトムアップ的に指定しているだけである。持続は開いても記憶の時間的内部は開かない。依然として準決定論の範疇にあると言えるだろう。

「結婚する」でも「親になる」でもいいから、初めて真面目に考えるようになった場面を想像し

(11) 時間的内部が開くということは、必然的に（横方向の）時間幅も伴うが、アオリスト相の時間像のままで、そのなかに幅だけ持ち込んでも大して役に立たないことは、青山（2016b 36）が指摘する通りである。

(12) 「重合（superposition）」よりも「融合（fusion）」と言い直している点は、重合が運動記憶に、融合が凝縮に対応すると考える私たちの解釈にとって示唆的である。双方が関与しているがその「組み合わせ」の配合がシフトすると考えられるからである。

てみてほしい。最初は、こうした言葉にリアリティが感じられない。なぜか。これらの概念に対して、自分の人生のなかで、通り一遍の付き合いしかしてこなかったからである。タイプ的イメージの出どころは、過去の経験だ。人の話を聞いているうちは、紋切り型の投射で分かった気になれていた。しかし、いざ自分のこととなると話は別だ。イメージが「凡庸」すぎて、これでは何も決断できない――。

そこで注意および想起の出番である。運動図式の線引きから変えてみる必要があるだろう。惰性にまかせてはいられない。記憶も拡張せねばなるまい。あれこれ思い返してみるのだ。友人たちは、親たちは、どうしていただろう。あの時、自分にどんな言葉をかけてくれただろうか――。

こうして記憶の時間的内部が開く。答えを模索して記憶の諸平面をあちこち経巡っては、逆円錐はいままで試みたこともない新たな編成・システム化に取り組むだろう。記憶の回転を主導する水路の組み直しも伴うはずだ。人格の地形図は大きく書き換わる。自我の巨視的な構造が変貌する。ボトムアップだけでは決まらない。もちろんトップダウンだけでも決まらない。これが自由行為の条件となる。ところが、線状の時間表象は、時間階層の拓くこうした「内部」を表現しえない。

4　他のいつでもない今

三つ目の論点は、予見可能性に関わる。そもそも、決定論はどうして脅威に感じられるのだろうか。その心理的な要因の一つは、自分がこれから為そうとする行為が、権利上は、「予見済み」のことだというところにある。すべてが法則通りで動いているなら、どんなに複雑な未来も、ラプラスの悪魔〔全てを計算し尽くせる仮想的な知能〕にはお見通しのはずだ。現時点での人類の科学が予見できないという事実は、慰めにならない。決まっていても予見できないことはザラにある。

こうした予見の脅威に対するベルクソンの応答は、一言で言えば、「予見は現実に追いつかない」というものである。つまり、予見できるとしても、それは実際に生じることに対して原理的に先回りできないような制約のもとにある。だから、それを恐れるのは適切な態度ではない、というのだ。そうは言われても科学は現実にめざましい予測を成功させているではないか、と戸惑う人はいるだろう。そこで、その論証を見る前に、前後の文脈を補うことで、大局的な論旨を描き出しておこう。

最初にベルクソンが指摘するのは、タイプとトークンの混同だ。予見できるのは対象が法則的に振る舞うからである。法則的なのは、それが繰り返されるタイプ的な事象だからである。ベルクソンによれば、世界は存在論的にも認識論的にも**トークンからではなく、タイプから始まる**（5章）。日常の習慣行動について彼が苦もなく決定論を認めるのは、そのためだ。[13]ところが、自由行為のケースでは、問題となっているのは明らかにトークン的、つまり一回的な行為だ。前例のない事態において法則は成り立ちようがない。だから予見もできない。

だが、これで引き下がるような決定論ではない。この立論では、人間の「行為」という非常にマ

（13）タイプ的な予測は、結局は現在の秩序についての判断でしかない。「それは友人の未来の振る舞いを予言することではなく、彼の現在の性格について、すなわち結局は彼の過去について判断を下すことである」（DI 138[204]）。

クロな現象を一つにまとめて、それをトークン的としているが、要素還元主義的な態度を崩さない論者であれば、そのこと自体を受け容れないはずだ。そして、きっとこう反論してくるだろう。人間の行為と言われているものも、バラせば無数の原子の振る舞いだ。そして、それらの原子の振る舞いの一つ一つは、いつでもどこでも繰り返されているタイプ的な振る舞いに過ぎない、と。

非決定であることは自由に必要か

結論から言えば、ベルクソン自身はそのような要素還元を妥当なものとは見做していない。そしてそのことはMTS自体にとっては本質的な論点ではあるのだが、実はここでの本筋には関わらないと私は見ている。なぜなら、ベルクソンはそもそも、**自由を擁護するために非決定性に訴えてはいない**からだ。

この点は、ベルクソン研究者のあいだでも意見が分かれるかもしれない繊細な論点なので、少し詳しく述べさせてほしい。まず、「非決定性（indétermination）」は多義的なので、ここでは必要な二つの意味を区別する。一つは、一般的な用法において決定論と対立する立場（非決定論）で用いられ、必然性に対する偶然性、つまり「そうでないことがありうる」ということを指す。これを**様相的非決定性**（あるいは単に非決定性）と呼ぼう[14]。もう一つは、一定数のベルクソン自身の用例において、流れる持続のなかで決まりつつある「折り合い」状態を指す。こちらを（未完了相《アスペクト》に由来するので）**アスペクト的未決定性**（あるいは単に未決定性）と呼ぼう[15]。両者の違いは、前者が、現実を一つの状態とカウントした上でそれに並ぶものとして別な可能性を並置するのに対して、後者が、同じ一つの現実のうちに（空間的にのみならず時間的にも）ローカルに共存している未決定性であるという点である。(16)本セクションでターゲットにしているのは前者の様相的非決定性である。

ぜひ注目してほしいのは、ベルクソンが『試論』の「実在的持続と予見可能性」のセクションで繰り広げている議論において、「予見」による議論が挫折することを運命づけられているとする、その根拠である。彼は決して、「行為に非決定性が混じり込んでいるから予見は失敗するのだ」とは述べていない。偶然性自体に対する彼の批判はすでに見た通りである。むしろ、完全な予見は本人による同時的な確認に帰着することをもってして、（先回りという意味での）予見は成り立たない、と述べているのだ。これは裏を返せば、暗に、当の本人においては、まさに「すべての先行条件」を内的に体験することを通じて、最終的な行為が一つに決まるということをむしろ示唆してさえいないだろうか。

現に、論点AやBは、自我が変容を被りつつも一つの決断という「果実」を引き出すに至る様を

（14）　ベルクソンは様相をア・プリオリなものと見做さず、時間に従属すると考える（平井 2011）。関連して、アリストテレスにおける論理的決定論（海戦問題）の解釈に時間アスペクトを援用した篠澤の研究は興味深い。「アリストテレスの形而上学＝存在論的探究は、様相（モダリティ）の問題がアスペクトの問題になることを正面切って展開しているのである」（篠澤 2017 131）。

（15）　どちらも英仏語ではindeterminacy/indétermination となるため修飾が要るが、ここでは日本語の利点を活かす。現代的には後者に「決定不全（underdetermination）」を用いる手もあるが、いずれにせよ、「決定の働きが始まる前」という意味での未決定・決定不全ではなく、「決定されつつある・決まりつつある」という「生まれかけ」の決定、「開始されてはいるが完結していない」決定のことを指す点にくれぐれも注意されたい。

（16）　「決まりつつある」最中の後者を、その内的な多様性を顧慮することなく一つの確定された状態に帰着させ、同様に「取りえた」可能的「状態」へとバラしてしまうなら前者になる（1章「コラム　単位以上と単位以下」）。

示している。それは、「他でもよかった」ような恣意的な何かではない。「他の可能性」によって代替できない「**ひとつの事実**（un fait）」（DI 129[191], 166[241]）である。[17] その事実性が自由の徴しであるときに、「他でもありえた」かどうかはなんらポイントにならない。そしてその「事実」が何から引き出されたのかと言えば、私の「全過去」であり、それらの階層をまたぐ相互作用である。これ以上望めない、自我全体という「最良の理由」（DI 128[189]）から導かれたものだ。[18] そこには注意・想起が含まれる以上、確かに一定の非決定性は紛れ込んでいる。だが、そのことは行為が自由であることの基準に積極的には効いていないのではないだろうか。

予見は自由に追いつかない

　彼の立論が示していることは、だから、少し踏み込んで言い換えれば、過去全体によって私の決断が仮に一つに決定されるとしても、そのことは恐れるべきことではない、ということになる。もちろん、これまで示してきたように、一口に「決定」と言っても、従来の立場とベルクソンとでは決定のメカニズムそのものが時間像の違いを反映してまるで異なっている。だが、そうやって「代替案」を提示するベルクソンは、「こちらの考えを取れば実は決定されていませんよ」といって人々を「安心」させようとしているのではない。彼の処方箋は、**決定の事実そのものを否定するというより、決定にまとわりつくある種の心理的なまやかしを解除する**、というものだ。余計な付随物を取り払うことができれば、解かねばならないと感じていた問題そのものが、消えてなくなる。そのことを彼は示そうとしているのである。

　そのためには、決定論に対して私たちがぼんやりとした脅威の感じを抱くその原因が、どこにあるのかを正確に見定める必要がある。私の見るところでは、ベルクソンはこの脅威が、①「過去から現在の状態が一つに決まる」という事態そのものからではなく、②「以前からそう決まっていた」、および③「私と関わりのないところで勝手に決められている」という、決定の二種類の外在性から来ると考えている。②が現在ではなく過去から決まっているという**時点的な外在性**で、③が私ではない何かによって決められているという**人称的な外在性**だ。

確かに、慣れないうちは、①決定の事実から②時点的外在性と③人称的外在性を切り離すのは、なかなか難しいかもしれない。①をイメージしようとすれば、どうしても②や③のような紋切り型の脚色がつきまとってしまう。これから為すことが「過去のゆえに一つに決まる」と言われただけで、人はただちにそれを「過去から決まっていた」と取り違えてしまうし、「何者かによって決められている」ことを連想してしまう。だが、実際にはこれらは概念的に独立で、切り離すことができる。つまり、「過去のゆえに一つに決まる」が、それは「今になるまでは決まらない」し、「私によってしか決まらない」という状況がありうる。それが自由行為のケースだというわけだ。そして、そのことを実際に示すのが、『試論』の「実在的持続と予見可能性」の議論なのである。

ベルクソンは、そこで現に、①の命題には手をつけないまま、順番に、予見の議論から②と③を切り外してみせる。その手順はこうである。予見対象となる行為者をピエールとし、予見する観察

(17) 自由の事実性テーゼと、様相との関係については注24参照。

(18) 「明白に述べられるようないかなる理由も欠如しているという事態は、われわれが深く自由であればあるほど、よりいっそう顕著になる」(DI 128[190])。しかし、それこそ、自我全体という「最良の理由」(DI 128[189]) から行為が出てきたことの証なのだとベルクソンは言う。

者をポールとする。ピエールの決断は「同一の過去のセット」――それは現在と「共時的」である――に依拠しなければならないから、予見をピエールの生前に開始することはできない。[20]また、早送りは相互浸透の効果を変えてしまうから、予見をピエールの行為より先に終わらせることはできない。[21]つまり、予見者であるポールは、予見対象であるピエールとおなじ期間にわたっておなじ内容を経験しなければならない。これが②時点的な外在性の切除に対応する。つまり、ピエールが悩みに悩んで下した決断は、（ここで条件はピエールとポールで同じだから）ピエール本人であろうと、実際の決断時点より前に見通すことはできない。[19]

次に、予見の議論から③人称的な外在性を切り外す。つまり、こうした予見を、外から他人が行うことはできない。すでに述べたように、垂直方向の相互作用では、体験の内在的な質がものを言う。最終的な行動を予見しようというときに、先立つある時点にピエールが抱いている数多の心理状態を、「将来への希望」、「親とのわだかまり」、「裏切りへの不安」などという具合に、ただ名目的に列挙したところで無駄である。「この状態の強度ならびにこの状態が他の諸状態に対して有する重要性」（DI 139[205]）を評価できなければならないからである。そして、ことがクオリアである以上、その評価は実体験による他はない。つまり「知ること」は「決めること」に介入してしまう。ゆえに誰かがそれを知るなら、その人はピエールではなく他ならぬ自分の行為を知ることになるのである。これが③人称的外在性の除外である。つまり、ピエールの決断は、いつであろうと、ピエール以外の誰かによっては予見することはできない。[22]

以上の議論により、「行為よりも先に」、「私ではない誰かが」、私の行為を予見することはできないということが導かれる。[23] つまり、時点外在的な予見も、人称外在的な予見も成り立たない。さて、その上で、改めて問い直してほしい。私の答えが私の全過去によって一つに決まるとして、その事実そのものが果たしてなお脅威と感じられるだろうか、と。[24] 私は、②と③の切除にちゃんと成功していれば、その脅威は消えるはずだと考えている。というのも、あらかじめ「決まっていた」のでも、何か別のものによって「決められている」のでもないならば、そこで「決めている」のは「今の私」をおいて他にないからである。決定論から、「過去から決まっていた」と「他の誰かによって決められる」を引き算すれば、答えは「今の私によってしか決められないことを今の私が決める」となる。[25]

(19) 「この役のいかなる細部もポールに免除するわけにはいかない。というのも、全くと取るに足らない出来事を〔…〕取るに足らないと判断できるのは、ただ最終的行為との連関においてのみで、しかも最終的行為は仮定からしていまだ与えられていないのだから」(DI 141[208])。

(20) その場合には、「両者はもはやおなじ出来事に立ち会うのではなくなるだろう」(DI 141[208-209])。

(21) 「たとえ一秒たりとも短縮する権利は諸君にはない。というのも、例えばおなじ感情の数々は、持続のあらゆる瞬間において互いに付加されて強化されるものだからだ」(DI 141[208])。

(22) 木島(2020)は、まったく別な文脈ではあるが、決定論から人称的含意を切除するという主旨の議論をおこなっており興味深い。彼は、遺伝子や脳による「決定」を無用に「擬人化」することから、決定論の脅威が出てくることを指摘した上で、それを否定するだけでなく――というのも否定するだけでは反動としての「擬物化」に陥るのが関の山だからだ――、代替となる新たな概念を構築すべきだと提唱している。

(23) 「われわれが導かれていく先がどこかということは、知能――よし超人の知能であっても――の告げうることではない。なぜなら作用は前進しつつ自らの道を創り、作用が遂行されることになる諸条件をもあらかた創ってしまうことで計算に歯向かうからである」(MR 315)。

回顧は自由を追い越してしまう

どんなに迷い躊躇した決断でも、振り返ってみれば、もう、そうする他なかったように思える。これも人を決定論的な気分に誘う心理的要因の一つだ。だが、ここまでの議論ですでに予想される通り、それはやはり、回顧的錯覚である。○○なのだからこうする他なかった――。今振り返る自分を納得させるこの申し分ない理由は、前からずっとその行為を引き起こす申し分ない理由だったように思える――推理小説を二度目に読む時のように。しかし、そのとき人は、その理由が理由になるように自分が変わったことを忘れている。しかも、未完了相の時間は、終わってしまえばアオリストへと畳まれる。人が理由を過去向きに遠くに投げすぎるのはそのためだ[26]。

確かに、その行為には「ある種の」必然性がある。私は、理由もなしにそれをしたのではなく、それをするべくしてそれをしたのだから。だが、その理由は、前の時点でも後の時点でも理由にならなかった。つまりその「必然」は、決断の時間から前に移しても後に移しても必然ではなくなる、そういう時間依存的な様相なのだ。なぜなら、その理由とは、決断のために互いに変容する諸条件と自我の全体に他ならないのだから。

ベルクソンは『自由の問題の進展』と題された１９０４－１９０５年度のコレージュ・ド・フランス講義の初回で、哲学的論争において自由が劣勢になることは、思考の特性からして宿命づけられていることを述べている。「哲学の諸理論は思弁がとる様々な形態である」のに対し、思弁に先立つ未完了的作用・行動に属する自由においては、概念や言語という枠組みそのものが不利に働くからだ。

自由主義者[27]と決定論者の間の議論では、常に決定論者が正しいように思われることになります。これは非常に理解しやすいことです。決定論者は常に思考の、狭義の思考というものの枠組みや慣習、言語というものを味方につけています。自由主義者にはそれがいっさいありません。そのため内なる感情に訴えることを強いられるわけですが、この内なる感情を表現しようとすれば、その用語を反省的思考から――言ってみれば敵である用語を――借用しなければならないのです。（EPL 27）

（24）なお、**様相的な外在性**についても考えることはできる。つまり、他の可能世界における私がこの現実世界における決断を予見できるか、という観点である。ただし先行条件が同じという縛りがあるので、この行為に関与する限りでは質的に完全に同一の複製世界である。さて、こうすることで確かに、「同じ時点で、同じ私が同じ決断を下す状況」を数的に分離できる（ピエールとポールを別人にできる）。ところが、この可能世界の私がどのような決断を下すかを求められるのは、結局その可能世界の私だけなのである。時点外在性と人称外在性が認められない状況では、実際にその場で演算＝相互作用してみなければわからないという「現実最速テーゼ」が成り立つためである（次コラム参照）。結局、他の可能世界の参照は無駄骨に終わる。ベルクソンが『試論』において強調する自由の「**事実性**」は、その決定を外在的な様相によって特徴付けることができないことを示唆するものと解釈できる。時点・人称・様相の三つ組については、柏端（2011）、永井均（2004）、青山（2016a 第二章）を参照。

（25）物理学者イリヤ・プリゴジンは、『存在から発展へ』の日本語版にしか含まれない「第十章　不可逆性と時空構造」において、ベルクソンとホワイトヘッドを引き合いに出し、現在に「圧縮不能な持続を帰すること」（1984 239）の重要性を説いている。また、章末では、「我々の問題の多くは、我々の内側の内部時間のスケールと我々の外側の外部時間のスケールとの間の対立に起因しているということも大いにありうる」（253）とＭＴＳへの示唆も与えており興味深い。

（26）ときに**決定論の倫理的効力**について語られることがある。他にやりようがなかったのなら「諦められる」という処方箋だ。しかし、この場合にも、決定論のコノテーションに伴う「ずっと前から決まっていた」という部分は不要である。

（27）ベルクソンは「こういう言葉があるとして」と断り付きで、「libertiste」という単語（フランス語で「自由」は libertéで、それに人を示す接尾辞 -iste をつけたもの）を用いている。

コラム　現実の自然こそが最速の演算である

ベルクソンの自由論が含意することの一つは、ある種の自然現象に関しては、当の自然現象自身が宇宙で最速の演算機だということだ。最近、現実の物理系の一部を計算機に組み込む物理レザバー計算というものが使われるようになっているが、そもそも、普通の意味での計算というものが、自然からの「抽象」に端を発したことを考えるとさらに興味深い。私たちの計算が、系の人為的な切り出しと対象の時間階層の薄さによって自然を出し抜く速度を稼いだのだとすれば、その路線を逆に辿り直せば上の帰結に至るわけである。「**時間的にも人称的にも外から追い越すことができない演算＝相互作用というものが存在する**」という彼の自由論を裏側から言い直しただけとはいえ、この定式化は重要な直観を私たちに与えてくれるものだろう。

あの決断を下すのに三ヶ月かかった。この試練を乗り越えるのに五年かかった。それが無駄な時間であったとか、もっとも短くてよかったなどとは、当の本人を含めて誰にも言えない。その時間を、実際にその時間をかけることでパフォーマティブに導き出したのは、本人でさえとうていその挙動の細部をモニターしきれない、巨大なＭＴＳシステム全体の再編成なのだから。

こうしたベルクソンの議論を支えているのは、まずもって、私たちのＭＴＳ構造がもつ圧倒的な複雑性である。本書で一つずつ見届けてきたように、時間階層を追加することは新しい挙動を宇宙にもたらす。識別可能性空間に次々と新しい質次元が接木される。とりわけ水路づけられた（＝独自の仕方で再編された）一連の時空パターンを一つの質へと繰り込んだ上で、そうした諸要素のあいだの自由な組織化可能性を切り開く「記憶の時間的内部」の開放は、決定的である。そして組織化の自由度も、外的に実現される関係をいったん内的な質情報に繰り込むという凝縮の仕組みが可能にしているのだった（時間徴表説）。

もう一つの支えは、現象体験の**スケール局所性**である。例えば、感覚質は、上の階層では繰り込まれてしまうし、下の階層では外的に実現された関係（振動）へと解体されてしまう。それぞれの住み処がローカルに指定されていて、そこから運び出せないようになっている。こうした事情により、ＭＴＳシステムの大規模再編の行く末については、現象質の力学が要求され、当のＭＴＳシステム自身が唯一にして最速の演算機となるのである。これを「**現実最速テーゼ**」と呼ぼう。

5　時間がかかる、時間をかける

以上、ベルクソンの自由を三つの観点で分析した。決定論・非決定論が共通して採用している分岐モデルのまずい点は、まとめると次のようになる。出来合いの判断基準から答えを割り出すのではなく、判断基準そのものの抜本的な再検討を要求されるようなケースが、人生にはある。[28] 見直されるのが幸福・愛・生といった私の人となりを特徴づけるグローバルな価値であるため、そこにはどうしても当人の過去全体が関与してくる。人格とは、過去の経験（その現象面を含む）が一定の仕方で編成された多様体に他ならないからである。その意味で、ベルクソンの考える自由行為とは、人格を書き換える変容的な経験[29]である（２節）。この変容は、その時点での過去全体の参照を要求するため事前に定義できず（３節）、現象質の力学を要求するため外から定義できない（４節）。以上か

（28）コーラ・ダイアモンド（1998）に倣って、これを「問題」と区別して「謎」と呼ぶことができる。平井（2000）を参照。

ら、「予見不可能」な「新しさ」[30]が帰結する。ベルクソンが「創造性」と呼んでいるのはこれのことである。

「時間の空間化」という批判がどういう趣旨のものであるかが、こうしてようやく具体的に理解されるだろう。それは単に「図を使っているから」という話ではない（図ならベルクソンも使っている[31]）。また、あらゆる時間表象について向けられる批判でもない。それが批判されるのは、対象を特徴づけている固有な条件——問題の変容が時間的内部を要求する変容であり、そこで起こる相互作用はその現場である未完了相現在から持ち出せないという事実——に無頓着で、当該の問題の理解を致命的な仕方でミスリードするためである[32]。

時間によって心が作られるというテーゼが絡んでくるのはここである。私という人格は、絶えず更新されていく現在のシステムに汲み尽くされるものではない。運動記憶が作る水路網はもちろん不可欠だが、いわば器でしかなく、そこを流れ満たす水、つまり現象的な質を「生み出す」ものではない。人格質の具体的な織りなされ方を決めるのは、習慣という水路である。ただしこの水路は形成途上だけ水を要し、完成と同時に干上がってしまう特殊な水路だ。その意味で出来上がった水路に対して、確かに水はほとんど無力である。しかし、この水路を溢れ出て新しいフロンティアを開拓できるのは水だけなのである。

意識と自由の発生論

ここまで一緒に辿ってきた時間クエストの旅も、お別れの時が近づいてきた。道中で私たちが出会ってきた概念や議論たちのことを、最後に思い返しておこう。

「クオリア」も、「心」も、「価値観」も、言葉で名指すのは簡単だが、言葉で問いに蓋をしてはいけない。ベルクソンが考え続けているのはいつも、それらの出どころであり、自然がどんなレシピでそれらを調理しているのかという問いなのだ。私は現に質を感じているし、私の人格というあり方が、それ自体「私であるとはどういうことか」という質である（人格質）。それは素材となる記憶たちからしか作れないし、だからその記憶はそれ自体質的でなければならない（体験質）。質的なものとしての体験をマクロな時間スケールで保存することを可能にする記憶の理論、それが純粋記憶理論である（階層3の凝縮）。

確かに、一階層の線形時間しか手持ちの道具箱になければ、過去の体験の質がどんどん残存して

(29) L・A・ポール（2017）は、「ヴァンパイアになる」という印象的な決断を例に、私の同一性そのものを問い直すような選択の実存的な意味を探る分析的論考である。

(30) この「新しさ」は「結合術」（組み合わせ）の新しさに還元されない（ジャンケレヴィッチ 1997 27）。また、単なる「逸脱」でもない。それはスケールと編成を異にする「別の秩序」なのであって、既存秩序の否定としての「無秩序」ではない。芸術家の創造がもたらす真理性および知覚の拡張についてはPM（150）を参照。また「無秩序」批判についてはEC第三章。

(31) Mellor（2012 164）は図で表すこと自体を空間化と捉えてそれを擁護している（Fischer 2021を参照）。

(32) さらに、そうした無頓着な単純化を引き起こしている手続き的な要因が、物事を事後的に捉えがちな知能のバイアスにあるとベルクソンは考えている（回顧的錯覚については5章4節を参照）。「時間がひとたび流れ去ったなら、われわれはその継起的諸瞬間を互いに外在的なものとして表象し、かくして空間を横切る一本の線に思い描く権利を有する。けれども、この線が象徴するのは流れつつある時間ではなく、流れ去った時間であることに変わりはないだろう」（DI 136[201]）。そうした理論的文脈だけではない。後付けの正当化は、私たちが日常で自らが行う行為の動機を説明する場面にさえ及ぶ。「われわれが自分の意見を正当化する際に用いる理由そのものが、われわれをして当の意見の採用を決定させた理由であることは稀である」（DI 100[151]）。

くと聞くと、現在がパンクするのではないかと心配になるかもしれない。しかし、様々な時間スケールの共存を認めることが可能であれば、それは困難ではないことに気づく。実際に、誰でも認めるように、時間の長さ／短さはスケールに相対的で、私たちの「一瞬」は、よりミクロスケールな現象からみれば途方もない期間に及ぶのだから。

脳内回路を形成し更新する運動記憶だけでなく、それを現象質の内容の観点から補完する自発的記憶という二つの記憶をベルクソンが立てた理由が、こうして見えてくる。体験の質的側面は、過ぎ去ることで消え去りはしない。理由は単純で、下の階層で過ぎ去るものは、上の階層ではまだ現在だからである。

では、オリジナルの体験が質的であるのはなぜか。二点に分けられる。まずは、流れとしての質（持続）である。アオリスト的な時間では、「体験の流れ」は説明できても「流れの体験」は説明できない。流れの体験は、階層固有の問題を解くために自然が提供した未完了相という新たな時間の場で起こる。それはアオリスト的に要素還元してしまえば失われる成分であるため、非観測領域に質（時間クオリア）として展開される（2章）。

次いで、認知の観点から見れば、私たちの体験はハイブリッドである。五感から与えられる要素的なクオリアは、それだけでは粗雑な素描、下絵にしかならない。それを補完すべく、システムは上階から大量のタイプ的イメージ記憶を織り交ぜている。過去の質を使いまわしているわけだ。こうして、私たちの体験は複合的に質化されている。

となると、そのリサイクルの起点、最初の質はどこからくるのか。それが感覚質である。こうして感覚質の凝縮説に戻り着く。ただしそこでも、クオリアが忽然と湧出するということは考えられ

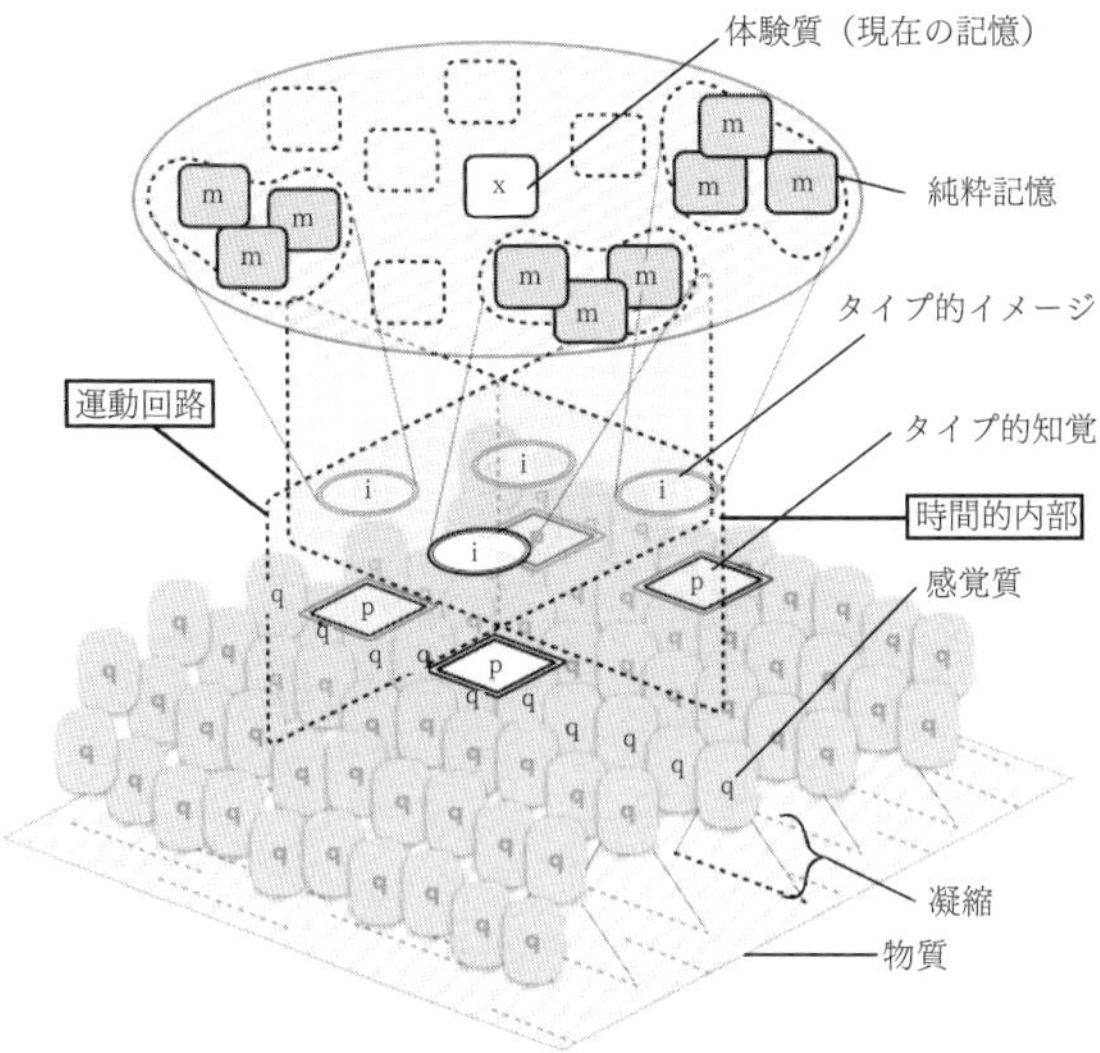

図2　時間と運動から構成される現象体験：階層1の感覚質と階層2の体験質のあいだに開かれる時間的内部が流れを産む。運動回路は過去の重ね合わせにより物質及ぶ記憶からのタイプ的切り出し（タイプ的知覚およびタイプ的イメージ）を可能にする。運動図式が一部を強調することでタイプ化を引き起こす一方で、凝縮は時間スケールギャップによってクオリアマップを与える（4章）。

ていない。素材として時間の拡張分を使っているからだ。物質自体がその時間窓の狭さのために利用していない時間的延長を、上位階層は利用する。識別可能性空間はいわば面積を増やすことなく変形され、新たに質次元が立つ。これが凝縮説であった。

物質から意識へ、必然から自由への段階的移行

ベルクソンは、伝統的な心身問題と自由の問題のどちらに対しても、対立する二項間を段階的移行によって架橋するという戦略をとっている。(33) 曰く、自由には程度があり、世界は

(33)　3章の「コラム　純粋記憶の不可侵性解釈とMTS解釈」も参照のこと。

物理的必然から始まるが、逸れていくレールの要領で、なだらかに自由へと移行する。[34] また曰く、量と質、物質と精神は持続のリズムの程度によってつながっており（『物質と記憶』第四章）、量的な物質のあり方と質的な心のあり方は、同じくなだらかなカーブを描いて接続している――。

中身を見ずに形式だけ要約してしまったとたん、このような言説は空虚な思弁と区別がつかなくなってしまう。しかし、そんな「段階的移行」は所詮、様々な要因から織りなされる複合事象を、単一尺度に射影した結果に過ぎない。議論の本体は、凝縮と重合という異なる時間のロジックの具体的な掛け合わさり方、そのただなかにしかない。本書で見てきたように、ベルクソンは持ち前の「慎重な大胆さ（une hardiesse prudente）」（ES 84）をもって、個別の論点にどっぷりと沈潜し、そこから他で見たこともないような概念や洞察を発掘して持ち帰ってくる。とりわけ記憶に関しては、繊細な現象学的な観察と、多岐にわたる病理学的な事実と、混み入った形而上学的パズルからの要求を相当に高い次元で両立させている（「三つの水準の根拠」HTM 135）。本書では、できる限り全体像を失わないかたちで、また可能な限りわかりやすく、そうした幾多の達成を跡づけることを心がけてきた。

彼の着眼のオリジナリティは、通常ただの尺度と見なされがちな時間を、運動の相互作用に立ち返って捉え直し、システムに内在的な時間スケールにおいて捉えた点にある（持続の多元論）。そして、システムの時間構造そのものを徐々に変形させることで自然が意識や自由を達成したというアイデアを、具体事象に即して練り上げていった点にある。その全ては一つの遅延から始まる。

時間は何をなし得るだろうか。素朴な良識はこう答えた。時間は、すべてが一挙に与えられるのを妨げるものだ、と。時間は遅延させる――いやむしろ時間とは遅延のことだ。それゆえ時間は、練り上げの仕事（élaboration）でなければならない。とすれば、時間こそが創造と選択の担い手ではないか。時間が実在しているということは、事物のうちに未決定な何かが存在することの証明であり、時間とはこの未決定性そのものではないだろうか。（PM 102）

この意味で、世界は時間でできている。はるか昔宇宙のどこかで、いくつかの相互作用の束にわずかな遅延が生じ、凝縮が引き起こされた。そこから先は、二種類の記憶、すなわち〈拡張〉と〈水路づけ〉という二つの時間的変形がお互いを追いかけ合うようにして、段階的な発生を紡いでいったのだろう。反復される運動は水路を引き、凝縮は新たな質次元を開発し、予見不可能な色合いやニュアンスを宇宙に添え続ける。持続を享受する生物が登場し、可変粒度のイメージを制御する知性が出現し、一回性を愛し了解する意識が眼を開く。各階層における創発はどれ一つとして以前の反復ではなく、いつも新しい。自由は、その成果にして精華なのである。

（34）　自由の程度については、平井（2002）および『物質と記憶』第四章を参照。「自由は、時間においても空間においても、必然のうちに深い根を伸ばしている」（MM 280[356]）。転轍部における逸れていくレールの比喩はベルクソンが愛用するものである（MM 250[321], EC 100[133], ES 20）。

あとがき

この本は、ベルクソン哲学に興味を抱く人々や哲学研究者はもちろんのこと、それと同じくらい、心理学、生物学、物理学、脳科学や人工知能学の分野に身を置きながら意識や心の理論化に関心を抱くすべての人にも読んでほしいと強く願っている。足りない知見を仰ぎたいからだ。私がこの本に何を込めて差し出したのかは、読んでいただければはっきりと伝わると思う。その欠陥や不足を補うような議論を、今後も是非続けたいと願っている。この拙い書物では全体像を示すことを優先したから、細部にはいくらでも粗が見つかると思う。そうした批判も歓迎だ。ただ、心と時間に関してはクオリア以外にも人類に「解けていない問題」が山ほどあって、それらは皆、時間の糸で絡み合っている。だから、どことどこがどう絡まっているのかを一度ちゃんと解いてその全容を見てみることには、一定の価値があると信じている。未来の科学にそれがなりうるかはわからない。だが、そこへと通じうるものに本書がなっていることを願っている。

もちろん、時間概念を書き換えるなんてことが、一冊の本でできると思うほど能天気でもない。

それでも、誰かがまとまったサイズの何かを描いてみせなければ何も変わらない。例えば、「一〇〇号サイズ」（およそA0ポスターの二倍）の絵の構想があるときに、その断片をいくつか描いてみせて、「残りはこんな感じで」と告げて伝わるのは、初めから同じヴィジョンを共有できている人だけだ。そうでない人には、何も届かない。ちゃんと端から端まで塗って仕上げられた一〇〇号サイズの完成品を目の前にして初めて人は、「ああ、こういうことだったのですね」となる。それは、「論文サイズ」では無理なことだ。書物の依頼を受けたとき、引き受けようと思えたのはそのためだった。ベルクソンの空間化批判は有名だ。「系列的時間」ではダメだと、皆が口々に言っていた。しかし、じゃあどんな時間なのだろうか。それがどう心や記憶や知覚や自由を説明してくれるのか。「その先」について一〇〇号の絵を描いて見せてくれたものはどこにもなかった。だから書いた。

繰り返すが、この本が決定的な解答になるとは思っていない。時間はそんな甘いものではない。ただ、「ああ、こういうことね」となって初めて、「じゃあここはどうなんですか」とか「それならこっちのほうが」といったやりとりが可能になるわけで、とにかくまずは誰かが一つサンプルを作らないと始まらない。別案も出てきようがない。そうしたたたき台の一つに、この本がなることを願っている。

概念モデルを作っては検証し、壊し、また作るというスタイルの仕事であるため、本書の完成に至るまでのプロセスで無数の「聞き手」を必要とした。論文になる手前の試作段階で、忍耐強くその「概念的治験」の被験者の役を引き受けてくれたのは、福岡大学の学生の皆さんたちだ。授業や課外の勉強会（「えむえむ」）で、「またこの話か」と飽きもせず聞いてはフィードバックをくれた。

一人一人名前を挙げきれないけれども、みんなどうもありがとうございました。おかげで本になりました。

この本の元になったいくつかの原稿について、多くの方から有益なコメントをいただいた。青山拓央さん、天野恵美理さん、天本智香さん、飯盛元章さん、伊佐敷隆弘さん、岩田直也さん、ジミー・エイムズさん、岡嶋隆佑さん、奥田太郎さん、兼本浩祐さん、木山裕登さん、小出明広さん、島崎秀昭さん、杉山直樹さん、鈴木大地さん、関口浩喜さん、袖岡さくらさん、マチルド・タアールさん、立津一樹さん、田中俊太朗さん、バリー・デイントンさん、濱田太陽さん、濱田明日郎さん、原健一さん、藤嶋晴さん、藤田尚志さん、ドニ・ペランさん、細谷暁夫さん、クルケン・ミカエリアンさん、丸岡敬和さん、丸山隆一さん、峰咲良さん、三宅岳史さん、三宅陽一郎さん、宮園健吾さん、村山達也さん、森田邦久さん、山下千春さん、吉田正俊さん、米田翼さん、ありがとうございました。特に杉山さんと村山さんには、いつも詳しく丁寧な論評をいただき、研究の励みになっています。感謝しています。

Thank you for your time. という言い方がある。あなたが費やしてくれた時間に感謝する、という意味だ。誰かのために時間を使うのは難しい。時間だけはどうやっても取り返しがつかないからだ。一人一人に、いくらかは分からないが間違いなく限りあるものとして割り当てられたその絶対的貨幣を、何に、どう使うか。どれだけ人のために使えるか——。人から受け取るたび、「ありがとう」と一緒に「すみません」と言いたくなるのは、自分がたいして差し出せていないという自覚があるからである。

武蔵野美術大学で最初に私を導いてくれたのは、二人の恩師、藤田尊潮先生と富松保文先生である。お二人には学問というものへの入り口で途方もない贈与をいただいた。マンツーマンで受けたご指導は、今なお私の学問的な基礎体力を成している。

ついで進学した東京都立大学の哲学科でも、多くの素晴らしい先生方に恵まれた。中でも指導教官である福居純先生に巡り会えたことは紛れもない僥倖だった。演習の時間にはただならぬ緊迫感が張り詰めていたが、それはいつでも人間的な何かのためではなく、ただひたすらに、要求される概念の精度と強度のためだった。思索への敬意に満ちた沈黙が無限に許されていた。結局私たちは、孤独になる自由を行使できなければ大した概念的な達成はできないし、その先でそれを分かち合うということもない。孤独でなければ分かり合えない、というのは誰でも知っていることかもしれないが、その孤独のために費やされる途方もない時間は、いったい「誰のため」だろうか。

それにしても、当時の東京都立大学で修行を積むことができたのは、本当に幸運だったと思う。同じ院生室のこちらでメルロ＝ポンティ、あちらでフレーゲ、黒板前では量子力学の勉強会が同時になされたりもしていた。小耳に挟んだ議論から会を跨いだ議論に発展したことも多々あった。その後就職し、ベルクソンやライプニッツを専門にしながらも、分析哲学や科学への興味を持ち続けることができなければ、ＰＢＪ（Project Bergson in Japan）の今の活動はなかったし、この本も書かれなかったと思う。だから、あの時のみんなと、あのかけがえのない時間たちに、ありがとうと言いたい。

修士課程の頃から、慶應義塾大学の石井敏夫先生のゼミにも通うようになった。石井さんは表面的には終始にこやかで穏やかな人だったが、思索の規律は変わらなかった。未熟だった私を見出して、ゼミや合宿に、そして程なく共同研究に誘ってくださった。誰も真似できない独特のロジックで議論を軽やかに、しかし切れ味鋭く手繰り寄せていくスタイルに、私は心底魅了されていた。どうしてあんなにも早く逝ってしまったのですか。とうの昔に先生のお歳を超えてしまいました。この本をネタにまだまだ議論したいです。

行き場を失っていた私に手を差し伸べてくれたのは、フランスの長期留学から鳴り物入りで凱旋したばかりの藤田尚志さんだった。圧倒的な博識、常人離れした言語能力、そして無尽蔵とも思える人脈は、文字通り日本におけるフランス哲学研究のあり方を根底から更新するに十分なものであったことは、すでに時代が証明していて、私がくどくど書くまでもない。そんな藤田さんが、当時の私のどこを評価してくれたのか分からないのだが、各種シンポジウムや学術イベントのたびに声をかけていただき、私は喰らいつくつもりで必死に勉強して与えられた課題をこなしてきた。彼の「信頼」が、今の僕を作ってくれているといっても過言でないと思う。人は、誰かに信じてもらえることで、自分が持てる力以上のものを引き出せる。このことを、私は藤田さんから教わった。今も迷ったときにはつい頼ってしまうけれども、いつも面倒な素振りも見せず導いてくれてありがとう。

二〇〇七年に法政大学の安孫子信先生と藤田さんが立ち上げたPBJを二〇一五年に引き継ぐことになった後も、お二人に加え、合田正人先生、杉村靖彦先生、檜垣立哉先生、そして故・金森修先生という錚々たる面々に支えていただくことがなければ、未熟極まりない私がこのような壮大なプロジェクトを舵取りするなどあり得なかった。プロジェクトはその後、近藤和敬さん、村山達也さん、三宅岳史さんをメンバーに迎えさらに充実を極めている。先生方、ほんとうにありがとうございます。

石井さんが立ち上げたベルクソン哲学研究会（年二回開催）は、五〇回を迎えてますます活況で、今やベルクソン研究者の数はフランスをはるかに凌ぐ。続々と博士論文が刊行される現在の流れも、この「ベル哲研」という自由闊達な場が醸成した側面は極めて大きい。頼もしい若手の皆さんにも感謝しています。でも、まだまだ負けないからね。

この本を持ちかけてくれたのは、青土社編集部の永井愛さんです。きっと面白い本になると励まし続けてくれたおかげで、忙しさに負けずなんとか書き上げることができました。硬い文章が少しでも分かりやすいものになっているとすれば、永井さんの根気のおかげです。ありがとうございました。

本書のアイデアを深く汲み取って壮麗な装幀を仕上げてくださった今垣知沙子さんにも、厚く感謝申し上げます。

最後に、伴侶の明菜さん。いつも両手に溢れるほどの時間を分け持たせてくれて、ありがとう。

二〇二二年六月　梅雨明けの福岡にて

平井靖史

索　引

※ボールドは脚注のページ数。

さ行

参考文献

Addyman, D. (2013). Bergson's Matter and Memory. From Time to Space. in Ardoin, P., Gontarski, S.E., and Mattison, L. (eds.). *Understanding Bergson, Understanding Modernism.* Bloomsbury.

Alexander, S. (1920). *Space, Time, and Deity: The Gifford Lectures at Glasgow 1916-1918. I & II.* Macmillan.

Arstila, V. (2016). The Time of Experience and the Experience of Time. in Mölder, B., Arstila, V., and Øhrstrøm, P. (eds.). *Philosophy and Psychology of Time. Studies in Brain and Mind.* vol 9. Springer.

Bernecker, S. (2008). *The Metaphysics of Memory.* Springer.

Bouton, Ch. and Huneman, Ph. (eds.). (2017). *Time of Nature and the Nature of Time: philosophical perspectives of time in natural sciences.* Springer.

Burnyeat, M. (2008). KINESIS vs., ENERGIA: A Much-Read Passage in (but not of) Aristotle's Metaphysics. in *Oxford Studies in Ancient Philosophy.* vol.IIIVI. 219-291.

Čapek, M. (1971). *Bergson and Modern Physics: A Reinterpretation and Re-evaluation,* Dordrecht-Holland: D. Reidel Publishing Company.

Casey, E. (1997). *The Fate of Place: A Philosophical History.* Centennial Books.

Costelloe, K. (1912). What Bergson Means By "Interpenetration". in *Proceedings of the Aristotelian Society.* New Series. 13. 131-155.

Dainton, B. (2017). Temporal Consciousness. in *Stanford Encyclopedia of Philosophy.* (https://plato.stanford.edu/entries/consciousness-temporal/)

———. (2021). Bergson and the Heptapods. in *Bergsoniana.* [En ligne], 1.

Debat, V. and Le Rouzic, A. (2019). Canalization, a central concept in biology. in *Seminars in Cell & Developmental Biology.* 88. 1-3.

Deleuze, G. (1968). *Le bergsonisme.* PUF.(＝ドゥルーズ(2017)『ベルクソニズム 新訳』檜垣立哉・小林卓也訳、法政大学出版局。)

Deppe, S. (2016). The Mind-Dependence of the Relational Structure of Time (or: What Henri Bergson Would Say to B-Theorists). in *Kriterion - Journal of Philosophy.* 30(2).

———. (2021). Combining Tense and Temporal Extension: The Potential of Bergson's 'Qualitative Multiplicity' for Conquering Problems of (Analytic) Time Metaphysics. in *Bergsoniana.* [En ligne], 1.

Fischer, F. (2021). Bergsonian Answers to Contemporary Persistence Questions. in *Bergsoniana.* [En ligne], 1.

Friedman, W. J. (1991). The Development of Children's Memory for the Time of Past Events. in *Child Development.* 62 (1). 139-155.

Garrett, B. (2011). *What is This Thing Called Metaphysics?*. Routledge.

Godfrey-Smith, P. (2016). *Other Minds: the octopus and the evolution of intelligent life*. Straus and Giroux.（＝ゴドフリー＝スミス(2018)『タコの心身問題——頭足類から考える意識の起源』夏目大訳、みすず書房。）

Goodale, M. A., and Milner, D. (1992). Separate visual pathways for perception and action. in *Trends in Neurosciences*. 15. 20-25.

Guyau, M. (1890). *La genèse de l'idee du temps*. Félix Alcan.（＝ギョイヨー(1925)『ギュイヨオ集の二　時間観念の創成』井上勇訳、聚英閣。）

Haffenden, A. M., and Goodale, M. A. (1998). The Effect of Pictorial Illusion on Prehension and Perception. in *Journal of Cognitive Neuroscience*. 10(1). 122-136.

Harnad, S. (1990). The Symbol Grounding Problem. in *Physica D*. 42. 335-346.

Hirai, Y. (2019). Event and Mind: An Expanded Bergsonian Perspective. in Kreps, D. (ed.). *Understanding Digital Events: Bergson, Whitehead, and the Experience of the Digital*. Routledge.

————. (2022). Bergson on Panpsychism. in *Parrhesia: A Journal of Critical Philosophy*. 35. (https://www.parrhesiajournal.org/)

Huxley, T. H., and Youmans, W. J. (1868). *The Elements of Physiology and Hygiene: A Text-book for Educational Institutions*. New York: Appleton.

Hyppolite, J. (1949). Aspects divers de la mémoire. in *Figure de la pensée philosophique*. PUF.（＝イポリット（1994)「ベルクソンにおける記憶の諸相」廣瀬浩司訳『現代思想』22(11)、219-232。）

James, W. (1983). *Essays in Psychology*. The Works of William James. Harvard University Press.

————. (1890). *The Principles of Psychology*. vol. 1. Henry Holt.

Jones L. A., et al. (2011). Click trains and the rate of information processing: does 'speeding up' subjective time make other psychological processes run faster?. in *Q J Exp Psychol* (Hove). 64(2). 363-80.

Jones, M. R. (2017). How we 'use' time. in Phillips, I. (ed.). T*he Routledge Handbook of Philosophy of Temporal Experience*. Routledge. 287-300.

Kukushkin, N.V., and Carew, T. J. (2017). Memory Takes Time. in *Neuron*. 2. 259.

Lesne, A. (2017). Time Variable and Time Scales in Natural Systems and Their Modeling. in Bouton, C., and Huneman, P. (ed.). (2017).

Lewin, K. (1939). Field theory and experiment in social psychology: concepts and methods. in *American Journal of Sociology*. 44(6). 868-896.

Lissauer, H. (1890). Ein Fall von Seelenblindheit nebst einem Beitrage zur Theorie derselben. in *Arch Psychiat Nervenkr*. 21. 222-70.

Loar, B. (1997). Phenomenal States. reprinted in Block, N., and Flanagan, O., & Guüzeldere, G. (eds.). The Nature of Consciousness: Philosophical Debates. Cambridge, MIT Press. 597-616.

Lotze, R. H. (1852). *Medicinische Psychologie oder Physiologie der Seele.* Weidmann.

——— (1879/1884). *Metaphysik.* Leipzig: Hirzel.

Lucas, G. R. (1985). Evolutionist Theories and Whitehead's Philosophy. in *Process Studies.* 14(4). 287-300. (http://www.jstor.org/stable/44797523)

Luce, R. D. (1986). *Response times: their role in inferring elementary mental organization.* Oxford University Press.

Maine de Biran. (1799). *Influence de l'habitude sur la faculté de penser.*

Malcolm, N. (1975). Memory as Direct Awareness of the Past. in *Royal Institute of Philosophy Lectures.* Macmillan. 9. 1-22.

Mellor, D. H. (2012). *Mind, Meaning and Reality: essays in philosophy.* Oxford University Press.

Michaelian, K. (2016). *Mental Time Travel: episodic memory and our knowledge of the personal past.* Routledge.

Milner, A. D., and Goodale, M. A. (1995). *The Visual Brain in Action.* Oxford University Press.

Miravète, S. (2011). *La durée bergsonienne comme nombre et comme morale.* Philosophie. Université Toulouse le Mirail-Toulouse IL Français. NNT: 2011TOU20023.

Moreno, A. and Mossio, M. (2015). *Biological Autonomy: a philosophical and theoretical enquiry.* Springer.

Nyiri, J. K. (2014). *Meaning and Motoricity: Essays on Image and Time.* Lang Edition.

Persaud, N., & Lau, H. (2008). Direct assessment of qualia in a blindsight participant. in *Consciousness and cognition.* 17(3). 1046-1049. (https://doi.org/10.1016/j.concog.2007.10.001)

Peterson, E. L. (2011). The excluded philosophy of evo-devo? Revisiting C. H. Waddington's failed attempt to embed Alfred North Whitehead's organicism in evolutionary biology. in *History and Philosophy of the Life Sciences.* 33(3). 301-320.

Pocheville, A. (2018). A Darwinian dream: on time, levels, and processes in evolution. in Tobias, U., and Kevin, N. L. (eds.). *Evolutionary Causation. Biological and philosophical reflections.* MIT Press.

Polster, M. R., Nadel, L. and Schacter, D. L. (1991). Cognitive neuroscience analyses of memory: A historical perspective. in *Journal of Cognitive Neuroscience.* 3(2). 95-116.

Posteraro, T. (2019a). The Virtual and the Vital: Bergson's Philosophy of Biology. dissertation. The Pennsylvania State University.

Posteraro, T. (2019b). Canalization and Creative Evolution: Images of Life in Bergson and Whitehead. Das Questões. 7(1). 52-67. (https://doi.org/10.26512/dasquestoes.v7i7.27488)

Poulet, G. (1960). Bergson et le thème de la vision panoramique des mourants. in *Revue de théologie et de philosophie.* 10(1). 23-41.

Prosser, S. (2016). *Experiencing Time.* Oxford University Press.

Sahraie, A., Weiskrantz, L., Barbur, J. L., Simmons, A., Williams, S. C., and Brammer, M. J. (1997). Pattern of neuronal activity associated with conscious and unconscious processing of

visual signals. Proceedings of the National Academy of Sciences of the United States of America. 94(17). 9406-9411. (https://doi.org/10.1073/pnas.94.17.9406)

Sant'Anna, A. (2018). The hybrid contents of memory. in *Synthese.* 197(3). 1263-1290

Satosi, W. (1969). The Concept of Time in Modern Physics and Bergson's Pure Duration. in P. A. Gunter (eds.). *Bergson and the Evolution of Physics.* The University of Tennessee Press. 62-76.

Schellenberg, S. (2014). The Relational and Representational Character of Perceptual Experience. in B. Brogaard (eds.). *Does Perception Have Content* Oxford University Press. 199-219.

Sinclair, M. (2020). *Bergson.* Routledge.

Singhal, I., and Srinivasan, N. (2021). Time and time again: a multi-scale hierarchical framework for time-consciousness and timing of cognition. in *Neuroscience of consciousness.* 2021(2). niab020.

Spitzner F. P., Dehning, J., Wilting, J., Hagemann, A. P. Neto, J., and Zierenberg, J. et al. (2021). MR. Estimator, a toolbox to determine intrinsic timescales from subsampled spiking activity. *PLoS ONE.* 16(4). e0249447.

Suzuki, D. G. (2022). The Anthropic Principle for the Evolutionary Biology of Consciousness: Beyond Anthropocentrism and Anthropomorphism. in *Biosemiotics.* 15.

Taine, H. (1864). *De l'intelligence.* II vols. Paris. Hachette.

Theau, J. (1968). *La critique bergsonienne du concept.* Paris, Presses Universitaires de France.

Tinsley, J., Molodtsov, M., and Prevedel, R. et al. (2016). Direct detection of a single photon by humans. Nature Communications. 7. 12172. (https://doi.org/10.1038/ncomms12172)

Trotignon, P. (1968). *L'Idee de vie chez Bergson et la critique de la metaphysique.* PUF.

Vrahimis, A. (2019). Sense data and logical relations: Karin Costelloe-Stephen and Russell's critique of Bergson. in *British Journal for the History of Philosophy.* 28(4). 819-844.

Waddington, C. H. (1942). Canalization of development and the inheritance of acquired characters. *Nature.* 150(3811). 563-565.

Wagner, H. R. and Srubar, I. (1984). *A BERGSONIAN BRIDGE TO PHENOMENOLOGICAL PSYCHOLOGY.* University Press of America.

Watanabe, S. (1969). The Concept of Time in Modern Physics and Bergson's Pure Duration in Gunter, P. A. Y. (eds.). *Bergson and the Evolution of Physics.* The University of Tennessee Press.

Wearden, J. H., Philpott, K., and Win, T. (1999). Speeding up and (…relatively…) slowing down an internal clock in humans. in *Behavioural processes.* 46(1). 63-73.

Wearden, J. (2016). *The Psychology of Time Perception.* Palgrave.

Weiskrantz, L. (2009). *Blindsight: A Case Study Spanning 35 Years and New Developments.* Oxford University Press.

Wolf, Y. (2021). "A Memory within Change Itself." Bergson and the Memory Theory of Temporal Experience. in *Bergsoniana.* [En ligne]. 1.

Worms, F. (1997). *L'introduction à Matière et Mémoire de Bergson*. PUF.

Yoshida, M., and Isa, T. (2015). Signal detection analysis of blindsight in monkeys. in *Scientific Reports*. 5. 10755.

Zakay, D., and Block, R.A. (1997). Temporal Cognition. *Current Directions in Psychological Science*. 6(1). 12-16.

青山拓央（2016a）『幸福はなぜ哲学の問題になるのか』太田出版。

――――（2016b）『時間と自由意志――自由は存在するか』筑摩書房。

――――（2019）『心にとって時間とは何か』講談社現代新書。

――――（2021）「エピソード記憶と言語――タイプからトークンへ」嶋田珠巳・鍛治広真編『時間と言語』三省堂、95-112。

綾部早穂・井関龍太・熊田孝恒編（2019）『心理学、認知・行動科学のための反応時間ハンドブック』勁草書房。

伊佐敷隆弘（2016）「何が記憶を一列に並べるのか？」平井・藤田・安孫子（2016）所収、252-269。

――――（2017）「時間意識の誕生――人はどうやって時間を意識する様になるのか」信原（2017）所収、109-142。

――――（2018）「持続一元論および時間の線イメージ」平井・藤田・安孫子（2018）所収、257-263。

石井敏夫（2001）『ベルクソンの記憶力理論――『物質と記憶』における精神と物質の存在証明』理想社。

――――（2007）『ベルクソン化の極北――石井敏夫論文集』理想社。

伊藤亜紗（2021）『ヴァレリー――芸術と身体の哲学』講談社学術文庫。

乾敏郎（2018）『感情とはそもそも何なのか――現代科学で読み解く感情のしくみと障害』ミネルヴァ書房。

乾敏郎・坂口豊（2020）『脳の大統一理論――自由エネルギー原理とは何か』岩波科学ライブラリー。

――――（2021）『自由エネルギー原理入門――知覚・行動・コミュニケーションの計算理論』岩波書店。

ウィトゲンシュタイン、ルートヴィヒ（1978）『哲学的考察 ウィトゲンシュタイン全集２』奥雅博訳、大修館書店。

――――（2020）『哲学探究』鬼界彰夫訳、講談社。

ウェスト、ジョフリー（2020）『スケール――生命、都市、経済をめぐる普遍的法則 上』山形浩生・森本正史訳、早川書房。

内村直之他（2016）『はじめての認知科学』新曜社。

大沢文夫（2017）『「生きものらしさ」をもとめて』藤原書店。

太田紘史（2017）「主観的な現在をめぐる哲学的論争――意識の流れからポスト・ディクション

まで」信原（2017）所収、37-80。

大森荘蔵（1992）『時間と自我』青土社。

岡嶋隆佑（2020）「初期ベルクソンにおける質と量の問題」『哲学』71、126-137。

小倉拓也（2021）「眩暈から解放へ――アンリ・マルディネのリズムの哲学をめぐって」『フランス哲学・思想研究』26、73-84。

カーネマン、ダニエル（2014）『ファスト＆スロー――あなたの意志はどのように決まるか？ 上・下』村井章子訳、早川文庫ＮＦ。

ガザニガ、マイケル・S（2014）『〈わたし〉はどこにあるのか――ガザニガ脳科学講義』藤井留美訳、紀伊國屋書店。

柏端達也（2011）「幸福の形式」戸田山和久・出口康夫編『応用哲学を学ぶ人のために』世界思想社、71-83。

金子邦彦（2019）『普遍生物学――物理に宿る生命、生命の紡ぐ物理』東京大学出版会。

兼本浩祐（2016）『脳を通って私が生まれるとき』日本評論社。

カンデル、エリック・R（2019）『なぜ脳はアートがわかるのか――現代美術史から学ぶ脳科学入門』高橋洋訳、青土社。

木岡伸夫（1984）「瞬間・同時性・持続――ベルクソンと行為的時間」『哲学論叢』11、33-42。

木島泰三（2020）『自由意志の向こう側――決定論をめぐる哲学史』講談社選書メチエ。

木山裕登（2013）「ベルクソンにおける知覚的「所与」と知覚的意味」『論集』33、197-210。

――――（2014）「ベルクソン「意識の諸平面」概念の心理学的背景」『論集』34、132-145。

ギンズバーグ、シモーナ＋ヤブロンカ、エヴァ（2021）『動物意識の誕生――生体システム理論と学習理論から解き明かす心の進化 上・下』鈴木大地訳、勁草書房。

ケーシー、エドワード（2008）『場所の運命――哲学における隠された歴史』江川隆男・堂囿俊彦・大崎晴美・宮川弘美・井原健一郎訳、新曜社。

河野与一（1952）「はしがき」ベルクソン『哲学入門・変化の知覚』岩波文庫。

コッホ、クリストフ（2014）『意識をめぐる冒険』土谷尚嗣・小畑史哉訳、岩波書店。

コニー、アール＋サイダー、セオドア（2009）『形而上学レッスン――存在・時間・自由をめぐる哲学ガイド』小山虎訳、春秋社。

サール、ジョン（1997）『志向性――心の哲学』坂本百大訳、誠信書房。

――――（2006）『マインド　心の哲学』山本貴光・吉川浩満訳、朝日出版社。

篠澤和久（2017）『アリストテレスの時間論』東北大学出版会。

島崎秀昭（2019）「ベイズ統計と熱力学から見る生物の学習と認識のダイナミクス」『日本神経回路学会誌』26（3）、72-98。

シャクター、スタンレー（2020）「記憶を求めて――脳・心・過去」北川玲訳『無意識と記憶――ゼーモン／ゴールトン／シャクター』高橋雅延・厳島行雄監修、岩波書店。

ジャンケレヴィッチ、ウラジミール（1997）『アンリ・ベルクソン 増補新版』阿部一智・桑田礼彰訳、新評論。

シュテルン、ウィリアム（2019）「心的な現前時間」村田憲郎訳『こころの科学とエピステモロ

ジー』1、19-40。(https://sites.google.com/site/epistemologymindscience/issues/issue1)

杉山直樹（2006）『ベルクソン――聴診する経験論』創元社。

鈴木宏昭編（2020）『プロジェクション・サイエンス――心と身体を世界につなぐ第三世代の認知科学』近代科学社。

スタノヴィッチ、キース・E（2008）『心は遺伝子の論理で決まるのか――二重過程モデルでみるヒトの合理性』椋田直子訳、みすず書房。

――――（2017）『現代世界における意思決定と合理性』木島泰三訳、太田出版。

セス、アニル（2022）『なぜ私は私であるのか――神経科学が解き明かした意識の謎』岸本寛史訳、青土社。

ソームズ、マーク（2021）『意識はどこから生まれてくるのか』岸本寛史・佐渡忠洋訳、青土社。

ダイアモンド、コーラ（1998）「謎なぞとアンセルムスの謎」樋口えり子訳『現代思想』26（1）、281-303。

高橋宏和（2016）『メカ屋のための脳科学入門――脳をリバースエンジニアリングする』日刊工業新聞社。

谷淳（2018）「脳型ロボット研究に基づく意識及び自由意志の統合的な理解」石渡崇文訳、平井・藤田・安孫子（2018）所収。

谷村省吾（2019）「物理学における時間」森田（2019）所収。

ダンジガー、カート（2005）『心を名づけること――心理学の社会的構成 上・下』河野哲也他訳、勁草書房。

チャーマーズ、デイヴィット・J（2020）「組み合わせ問題（抄）」山口尚訳『現代思想』48（8）、27-54。

土谷尚嗣（2021）『クオリアはどこからくるのか？――統合情報理論のその先へ』岩波科学ライブラリー。

筒井泉（2019）「時間の問題と現代物理」森田（2019）所収。

デイントン、バリー（2016）「中立一元論、時間経験、そして時間――ベルクソンへの分析的視座」平井・藤田・安孫子（2016）所収、206-238。

――――（2017）「ベルクソンにおける在ること・夢見ること・見ること」平井・藤田・安孫子（2017）所収、122-153。

――――（2018）「無時間的汎心論」平井・藤田・安孫子（2018）所収、189-223。

デリーロ、ドン（2018）『ポイント・オメガ』都甲幸治訳、水声社。

ドゥアンヌ、スタニスラス（2020）『意識と脳――思考はいかにコード化されるか』高橋洋訳、紀伊國屋書店。

――――（2021）『脳はこうして学ぶ――学習の神経科学と教育の未来』松浦俊輔訳、森北出版。

トノーニ、ジュリオ＋マッスィミーニ、マルチェッロ（2015）『意識はいつ生まれるのか――脳の謎に挑む統合情報理論』花本知子訳、亜紀書房。

トホーフト、ヘーラルト他（2015）『タイム・イン・パワーズ・オブ・テン』東辻千枝子訳、講談社。

鳥居修晃・望月登志子（2020）「開眼後における視知覚の特性と形成」『基礎心理学研究』39（1）、60-72。

永井龍男（1990）「アリストテレスにおける時間の実在性と心的活動」『中部哲学会紀要』22（51）、63-77。

永井均（2004）『私・今・そして神――開闢の哲学』講談社現代新書。

永野拓也（2018）「関係と偶然――『物質と記憶』をめぐる「持続」解釈の試み」平井・安孫子・藤田（2018）所収、363-385。

中山康雄（2021）「プロセスと〈内部からの視点〉――ベルクソン時間論の検証」『アルケー』29、4-16。

西村正秀（2014）「知覚経験は時間的に延長しているのか」『彦根論叢』400、120-135。

――――（2020）「フッサールの時間意識理論における延長主義的契機」『アルケー』28、112-123。

ネーゲル、トマス（1989）『コウモリであるとはどのようなことか』永井均訳、勁草書房。

信原幸弘編（2017）『時間・自己・物語』春秋社。

信原幸弘・太田紘史編（2014）『意識篇 シリーズ 新・心の哲学Ⅱ』勁草書房。

バードン、エイドリアン（2021）『時間をめぐる哲学の冒険――ゼノンのパラドクスからタイムトラベルまで』佐金武訳、ミネルヴァ書房。

濱田明日郎（2021）「ベルクソン『物質と記憶』第四章において物質の等質性はどのように可能か」『フランス哲学・思想研究』26、202-213。

原健一（2020）「「意識の諸平面」の理論におけるベルクソンの哲学的方法について――『物質と記憶』の一般観念論をめぐって」『哲学』71、208-219。

バレット、リサ・フェルドマン（2019）『情動はこうしてつくられる――脳の隠れた働きと構成主義的情動理論』高橋洋訳、紀伊國屋書店。

檜垣立哉（2000）『ベルクソンの哲学――生成する実在の肯定』勁草書房。

――――（2017）「過去は何故そのまま保存されるのか――『物質と記憶』の記述の多層性について」平井・藤田・安孫子（2017）所収、99-111。

平井靖史（2000）「概念創造としての出逢い――ドゥルーズと生の哲学」『理想』664。

――――（2002）「解説」ベルクソン『意識に直接与えられたものについての試論』合田正人・平井靖史訳、ちくま学芸文庫。

――――（2006）「イマージュのもうひとつの〈内〉」『哲学の探究』33、99-116。

――――（2011）「自由にとって時間とは何か――ベルクソンにおける可能性なき自由について」『西日本哲学会年報』19、161-186。

――――（2016a）「序論」平井・藤田・安孫子（2016）所収、15-39。

――――（2016b）「現在の厚みとは何か？――ベルクソンの二重知覚システムと時間存在論」平井・藤田・安孫子（2016）所収、175-203。

――――（2017a）「時間の何が物語りえないのか――ベルクソン哲学から展望する幸福と時間」時間学の構築編集委員会編『物語と時間 時間学の構築Ⅱ』恒星社厚生閣、37-58。

――――（2017b）「〈時間的に拡張された心〉における完了相の働き――ベルクソンの汎質論と

現象的イメージ」平井・藤田・安孫子（2017）所収、160-185。

――――（2018）「時間は何を保存するか――ベルクソンにおける出来事個体の数的同一性の創設とイメージの問題」平井・藤田・安孫子（2018）所収、224-256。

――――（2019）「「スケールに固有」なものとしての時間経験と心の諸問題」森田（2019）所収。

――――（2020a）「ベルクソンの汎質論」『現代思想』48（8）、138-151。

――――（2020b）「ベルクソンの意識概念」『哲学論文集』56、77-107。

――――（2021）「線形時間なしにいかにして過去を語るか」『現代思想』49（15）、150-163。

平井靖史・青山拓央・岡嶋隆佑・藤田尚志・森田邦久（2021a）「ベルクソンと現代時間哲学 上」『人文論叢』53（2）、495-528。

――――（2021b）「ベルクソンと現代時間哲学 下」『人文論叢』53（3）、941-969。

平井靖史・原健一・ペラン、ドニ（2022）「デジャヴュと記憶――ベルクソンと現代記憶哲学」『人文論叢』53（4）、1075-1115。

平井靖史・藤田尚志・安孫子信編（2016）『ベルクソン『物質と記憶』を解剖する――現代知覚理論・時間論・心の哲学との接続』書肆心水。

――――（2017）『ベルクソン『物質と記憶』を診断する――時間経験の哲学・意識の科学・美学・倫理学への転回』書肆心水。

――――（2018）『ベルクソン『物質と記憶』を再起動する――拡張ベルクソン主義の諸展望』書肆心水。

ファインバーグ、トッド・E＋マラット、ジョン・M（2017）『意識の進化的起源――カンブリア爆発で心は生まれた』鈴木大地訳、勁草書房。

――――（2020）『意識の神秘を暴く――脳と心の生命史』鈴木大地訳、勁草書房。

ブオノマーノ、ディーン（2018）『脳と時間――神経科学と物理学で解き明かす〔時間〕の謎』村上郁也訳、森北出版。

藤田尚志（2017）「記憶の場所の論理――『物質と記憶』における超図式論と憑在論」平井・藤田・安孫子（2017）所収。

――――（2021）「リズム哲学がベルクソンに負うもの」『フランス哲学・思想研究』26、61-72。

――――（2022）『ベルクソン 反時代的哲学』勁草書房。

プリゴジン、イリヤ（1984）『存在から発展へ――物理科学における時間と多様性』小出昭一郎・安孫子誠也訳、みすず書房。

古田徹也（2020）『はじめてのウィトゲンシュタイン』ＮＨＫブックス。

フレッス、ポール（1960）『時間の心理学――その生物学・生理学』原良雄・佐藤幸治訳、創元社。

ベイトソン、グレゴリー（2000）『精神の生態学』佐藤良明訳、新思索社。

ペッペル、エルンスト（1995）『意識のなかの時間』田山忠行・尾形敬次訳、岩波書店。

ホーヴィ、ヤコブ（2021）『予測する心』佐藤亮司監訳、勁草書房。

ポール、Ｌ・Ａ（2017）『今夜ヴァンパイアになる前に――分析的実存哲学入門』奥田太郎・薄井尚樹訳、名古屋大学出版会。

細谷暁夫「現代物理学における「いま」」森田（2019）所収。

マクタガート、ジョン・E（2017）『時間の非実在性』永井均訳、講談社学術文庫。

松浦和也（2018）『アリストテレスの時空論』知泉書館。

松田文子編（2004）『時間を作る、時間を生きる——心理的時間入門』北大路書房。

松田文子他編（1996）『心理的時間——その広くて深いなぞ』北大路書房。

マッハ、エルンスト（1969）『マッハ力学——力学の批判的発展史』伏見譲訳、講談社。

————（1977）『時間と空間』野家啓一編訳、法政大学出版局。

ミケル、ポール＝アントワーヌ（2018）「ベルクソンにおける現働的なものと潜在的なもの」天野恵美理訳、平井・藤田・安孫子（2018）所収、68-80。

ミケル、ポール＝アントワーヌ＋デューリング、エリー（2016）「われらベルクソン主義者　京都宣言」藤田尚志訳、平井・藤田・安孫子（2016）所収、337-366。

水波誠（2006）『昆虫——驚異の微小脳』中公新書。

三宅岳史（2012）『ベルクソン 哲学と科学との対話』京都大学学術出版会。

————（2021）「実証的形而上学と拡張ベルクソン主義」『アルケー』29、17-29。

武藤整司（1994）「デカルトにおける創造と持続」『高知大学学術研究報告 人文科学編』43、139-163。

村田憲郎（2020）「シュテルン、フッサールと「ロッツェ的想定」——ギャラガーの議論から」『こころの科学とエピステモロジー』2020年2（1）、70-75。

村山達也（2008）「ベルクソン『直接与件』における自由をめぐる四つのテーゼ」『実存思想論集』23、157-174。

————（2009）「ベルクソン『直接与件』における問題と実在」『哲学』60、279-293。

メルロ＝ポンティ、モーリス（1974）『知覚の現象学』竹内芳郎・小木貞孝・木田元・宮本忠雄訳、みすず書房。

茂木健一郎（2001）「クオリアと人間の知性」『日本ファジィ学会誌』13（4）、356-363。

森田邦久編（2019）『〈現在〉という謎——時間の空間化批判』勁草書房。

山内志朗（2008）『普遍論争——近代の源流としての』平凡社ライブラリー。

山口尚（2019）『幸福と人生の意味の哲学——なぜ私たちは生きていかねばならないのか』トランスビュー。

山下尚一（2021）「かたちと流れのあいだ——ソヴァネにおけるリズムのあらわれの問題」『フランス哲学・思想研究』26、49-60。

吉田健太郎（2000）「デカルトと連続創造説」『愛知教育大学研究報告 人文・社会科学編』49、33-41。

吉田善章（2020）「物理学が生み出す「空間」と「モデル」」とりわけ「付論：「計る」ということ」『ひとおもい』2、110-134。

吉田正俊・田口茂（2018）「自由エネルギー原理と視覚的意識」『神経科学回路学会誌』25（3）、53-70。

米田翼（2022）『生ける物質——アンリ・ベルクソンと生命個体化の思想』青土社。

ライル、ギルバート（1987）『心の概念』坂本百大・井上治子・服部裕幸訳、みすず書房。

本書は書き下ろしです。

平井靖史（ひらい・やすし）

慶應義塾大学文学部・教授。専門はベルクソン・ライプニッツなど近現代哲学。
編著に Bergson's Scientific Metaphysics（Bloomsbury)、共編著に『〈持続〉の力――ベルクソン『時間と自由』の切り開く新地平』、『ベルクソン『物質と記憶』を解剖する』、『ベルクソン『物質と記憶』を診断する』、『ベルクソン『物質と記憶』を再起動する』（以上、書肆心水）など。共訳書にベルクソン『意識に直接与えられたものについての試論』（ちくま学芸文庫)、ベルクソン『時間観念の歴史』（書肆心水)、ベルクソン『記憶理論の歴史』（書肆心水）などがある。

世界は時間でできている
――ベルクソン時間哲学入門

2022年7月28日　第1刷発行
2024年7月28日　第6刷発行

著　者　平井靖史
発行者　清水一人
発行所　青土社
101-0051　東京都千代田区神田神保町1-29　市瀬ビル
電話　03-3291-9831（編集部）　03-3294-7829（営業部）
振替　00190-7-192955

装　幀　今垣知沙子
印刷・製本　双文社印刷
組　版　フレックスアート

ISBN978-4-7917-7488-3 C0010 Printed in Japan